新唐書

宋 歐陽修 宋 祁 撰

第一五册

卷一三二至卷一五二（傳）

中華書局

唐書卷一百三十二

列傳第五十七

劉子玄 貺 餗 迅 吳兢 韋述 蔣乂 係 伸 柳芳 登 冕 沈既濟 傳師

劉子玄名知幾，以玄宗諱嫌，故以字行。年十二，父藏器爲授古文尚書，業不進，父怒，楚督之。及聞爲諸兄講春秋左氏，冒往聽，退輒辨析所疑，歎曰：「書如是，兒何怠！」父奇其意，許授左氏。踰年，遂通覽羣史。與兄知柔俱以善文詞知名。擢進士第，調獲嘉主簿。武后證聖初，詔九品以上陳得失。子玄上書，譏「每歲一赦，或一歲再赦，小人之幸，君子之不幸」。又言：「君不虛授，臣不虛受。妄受不爲忠，妄施不爲惠。今羣臣無功，遭遇輒遷，至都下有『車載斗量，杷椎椀脫』之諺。」又謂：「刺史非三載以上不可徙，宜課功殿，明賞罰。」后嘉其直，不能用也。

時吏橫酷，淫及善人，公卿被誅死者踵相及。子玄悼士無良而甘於禍，作思慎賦以刺時。蘇味道、李嶠見而歎曰：「陸機豪士之流乎，周身之道盡矣！」子玄與徐堅、元行冲、吳兢等善，嘗曰：「海內知我者數子耳。」

累遷鳳閣舍人，兼脩國史。中宗時，擢太子率更令，介直自守，累歲不遷。會天子西還，子玄自乞留東都，三年，或言子玄身史臣而私著述，驛召至京，領史事。遷祕書少監。時宰相韋巨源、紀處訥、楊再思、宗楚客、蕭至忠皆領監脩，子玄病長官多，意尙不一，而至忠數責論次無功，又仕偃蹇，乃奏記求罷去。因爲至忠言「五不可」，曰：「古之國史，皆出一家，未聞藉功于衆。唯漢東觀集羣儒，纂述無主，條章不建。今史司取士滋多，人自爲荀、袁，家自爲政、駿。每記一事，載一言，閣筆相視，含毫不斷，頭白可期，汗靑無日。一不可。漢郡國計書上太史，副上丞相，後漢公卿所撰，先集公府，乃上蘭臺，故史官載事爲廣。今史臣唯自詢采，二史不注起居，百家弗通行狀。二不可。史局深籍禁門，所以杜顏面，防請謁也。今作者如林，儻示褒貶，曾未絕口，而朝野咸知。孫盛取嫉權門，王劭見讎貴族，常人之情，不能無畏。三不可。古者史氏各有指歸，故司馬遷退處士，進姦雄；班固抑忠臣，飾主闕。今史官注記，類稟監脩，或須直辭，或當隱惡，十羊九牧，其令難行。四不可。今監者不肯指授，脩者又不遵奉，務相推避，以延歲月。五不可。」又言：「朝廷厚用其才而薄其禮。」至忠得書，悵惜不許。楚客等惡其言訐切，謂諸史官曰：「是子作書，欲致吾何地？」

始，子玄脩武后實錄，有所改正，而武三思等不聽。自以爲見用於時而志不遂，乃著史通內外四十九篇，譏評今古。徐堅讀之，歎曰：「爲史氏者宜置此坐右也。」又嘗自比楊雄者四：「雄好雕蟲小伎，老而爲悔；吾幼喜詩賦而壯不爲，期以述者自名。雄準易作經，當時笑之；吾作史通，俗以爲愚。雄著書見尤於人，作解嘲；吾亦作釋蒙。雄少爲范逡、劉歆所器，及聞作經，以爲必覆醬瓿；吾始以文章得譽，晚談史傳，由是減價。」其自感概如此。

子玄內負有所未盡，乃委國史於吳兢，別撰劉氏家史及譜考。上推漢爲陸終苗裔，非堯後；彭城叢亭里諸劉，出楚孝王囂曾孫居巢侯般，不承元王。按據明審，議者高其博。嘗曰：「吾若得封，必以居巢紹司徒舊邑。」後果封居巢縣子。鄉人以其兄弟六人俱有名，號其鄉曰高陽，里曰居巢。

累遷太子左庶子、兼崇文館學士。皇太子將釋奠國學，有司具儀：從臣著衣冠，乘馬。子玄議：「古大夫以上皆乘車，以馬爲騑服。魏、晉後以牛駕車。江左尚書郎輒輕乘馬，則御史劾治。顏延年罷官，乘馬出入閭里，世稱放誕。此則乘馬宜從褻服之明驗。今陵廟巡謁、王公册命、士庶親迎，則盛服冠履，乘輅車。他事無車，故貴賤通乘馬。比法駕所幸，侍臣皆馬上朝服。且冠履惟可配車，故博帶褒衣、革履高冠，是車中服。韈而鐙，跣而鞍，非唯不師於古，亦自取驚流俗。馬逸人顚，受嗤行路。」太子從之，因著爲定令。

開元初，遷左散騎常侍。嘗議孝經鄭氏學非康成注，舉十二條左證其謬，當以古文爲正；易無子夏傳，老子書無河上公注，請存王弼學。宰相宋璟等不然其論，奏與諸儒質辯。博士司馬貞等阿意，共黜其言，請二家兼行，惟子夏易傳請罷。詔可。會子貺爲太樂令，抵罪，子玄請於執政，玄宗怒，貶安州別駕。卒，年六十一。

子玄領國史且三十年，官雖徙，職常如舊。禮部尙書鄭惟忠嘗問：「自古文士多，史才少，何耶？」對曰：「史有三長：才、學、識，世罕兼之，故史者少。夫有學無才，猶愚賈操金，不能殖貨；有才無學，猶巧匠無楩柟斧斤，弗能成室。善惡必書，使驕君賊臣知懼，此爲無可加者。」時以爲篤論。子玄善持論，辯據明銳，視諸儒皆出其下，朝有論著輒豫。歿後，帝詔河南就家寫史通，讀之稱善。追贈工部尙書，謚曰文。

六子：貺、餗、彙、秩、迅、迥。

貺字惠卿。好學，多所通解。子玄卒，有詔訪其後，擢起居郎。歷右拾遺內供奉。獻續說苑十篇，以廣漢劉向所遺，而刊落怪妄。貺嘗以竹書紀年序諸侯列會皆舉謚，後人追脩，非當時正史。如齊人殲于遂，鄭棄其師，皆孔子新意，師春一篇錄卜筮事，與左氏合，知按春秋經傳而爲也，因著外傳云。子滋、浹。

滋字公茂。通經術，喜持論。以蔭歷漣水令。楊綰薦材堪諫官，累授左補闕。久之，去，養親東都。河南尹李廙奏補功曹，母喪解。服除，以司勳員外郎判南曹，勤職奉法，進至給事中。興元元年，以吏部侍郎知南選。時大盜後，旱蝗相仍，吏不能詣京師，故命滋至洪州調補，以振職聞。貞元二年，擢左散騎常侍、同中書門下平章事。爲相無所設施，廉抑畏愼而已。明年罷。又明年，復爲吏部侍郎，遷尙書。會御史中丞韋貞伯劾奏：「吏選不實，澄覆疏舛，吏因得爲姦。」詔與侍郎杜黃裳奪階。卒，贈陝州大都督，謚曰貞。

浹亦有學稱。生子敦儒，家東都。母病狂易，非笞掠人不能安，左右皆亡去，敦儒日侍疾，體常流血，母乃能下食，敦儒怡然不爲痛隱。留守韋夏卿表其行，詔標闕于閭。元和中，權德輿復薦之，乃授左龍武軍兵曹參軍，分司東都。在母喪，毀瘠幾死，時謂劉孝子。後爲起居郎，達禮好古，有祖風云。

餗字鼎卿。天寶初，歷集賢院學士，兼知史官。終右補闕。父子三人更涖史官，著史例，頗有法。

稟，左散騎常侍，終荊南節度使。子贊，以蔭仕爲鄠丞。杜鴻漸自劍南還，過鄠，廚驛豐給。楊炎薦稟名儒子〔二〕，擢浙西觀察判官。炎入相，進歙州刺史，政幹彊濟。野媼將爲虎噬，幼女呼號搏虎，俱免。觀察使韓滉表贊治有異行，加金紫，徙常州。滉輔政，分所統爲三道，以贊爲宣州刺史、都團練觀察使，治宣十年。贊本無學，弟以剛猛立威，官吏重足一迹。宣既富饒，即厚斂，廣貢奉以結恩。又不能訓子，皆驕傲不度，素業衰矣。卒，贈吏部尙書，謚曰敬。

迴以剛直稱，第進士，歷殿中侍御史，佐江淮轉運使。時新更安史亂，迴餽運財賦，力于職。大曆初，爲吉州刺史，治行尤異。累遷給事中。

秩字祚卿。開元末，歷左監門衞錄事參軍事，稍遷憲部員外郞。坐小累，下除隴西司馬。安祿山反，哥舒翰守潼關，楊國忠欲奪其兵，秩上言：「翰兵天下成敗所繫，不可忽。」房琯見其書，以比劉更生。至德初，遷給事中。久之，出爲閬州刺史。貶撫州長史，卒。所著政典、止戈記、至德新議等凡數十篇。

迅字捷卿。歷京兆功曹參軍事。常寢疾，房琯聞，憂不寐，曰：「捷卿有不諱，天理欺矣！」陳郡殷寅名知人，見迅歎曰：「今黃叔度也！」劉晏每聞其論，曰：「皇王之道盡矣！」上元中，避地安康，卒。迅續詩、書、春秋、禮、樂五說。書成，語人曰：「天下滔滔，知我者希。」終不以示人云。

吳兢，汴州浚儀人。少厲志，貫知經史，方直寡諧比，惟與魏元忠、朱敬則游。二人者當路，薦兢才堪論譔，詔直史館，脩國史。遷右拾遺內供奉。

神龍中，改右補闕。節愍太子難，姦臣誣構安國相王與謀，朝廷大恐。兢上言：「文明後，皇運不殊如帶。陛下龍興，恩被骨肉，相王與陛下同氣，親莫加焉。今賊臣日夜陰謀，必欲寘之極法。相王仁孝，遭荼苦哀毀，以陛下爲命，而自託於手足。若信邪佞，委之於法，傷陛下之恩，失天下望。芟刈股肱，獨任胸臆，可爲寒心。自昔翦伐宗支，委任異姓，未有不亡者。秦任趙高，漢任王莽，晉家自相魚肉，隋室猜忌子弟，海內麋沸，驗之覆車，安可重跡？且根朽者葉枯，源涸者游竭。子弟，國之根源，可使枯竭哉！皇家枝幹，夷芟略盡。陛下即位四年，一子弄兵被誅，一子以罪謫去，惟相王朝夕左右。『斗粟』之刺，蒼蠅之詩，不可不察。伏願陛下全常棣之恩，慰罔極之心，天下幸甚！」

兢累遷起居郎，與劉子玄、徐堅等並職。玄宗初立，收還權綱，銳於決事，羣臣畏伏。兢慮帝果而不及精，乃上疏曰：

自古人臣不諫則國危，諫則身危。臣愚食陛下祿，不敢避身危之禍。比見上封事者，言有可采，但賜束帛而已，未嘗蒙召見，被拔擢。其忤旨，則朝堂決杖，傳送本州，或死於流貶。由是臣下不敢進諫。古者設誹謗木，欲聞己過。今封事，謗木比也。使所言是，有益於國；使所言非，無累於朝。陛下何遽加斥逐，以杜塞直言？道路流傳，相視怪愕。夫漢高帝赦周昌桀、紂之對，晉武帝受劉毅桓、靈之譏，況陛下豁達大度，不能容此狂直耶？夫人主居尊極之位，顓生殺之權，其爲威嚴峻矣。開情抱，納諫諍，下猶懼不敢盡，奈何以爲罪？且上有所失，下必知之。故鄭人欲毀鄉校，而子產不聽也。陛下初即位，猶有褚无量、張廷珪、韓思復、辛替否、柳澤、袁楚客等數上疏爭時政得失。自頃上封事，往往得罪，諫者頓少。是鵲巢覆而鳳不至，理之然也。臣誠恐天下骨鯁士以讜言爲戒，橈直就曲，斲方爲刓，偷合苟容，不復能盡節忘身，納君於道矣。

夫帝王之德，莫盛於納諫。故曰：「木從繩則正，后從諫則聖。」又曰：「朝有諷諫，猶髮之有梳。猛虎在山林，藜藿爲之不采。」忠諫之有益如此。自古上聖之君，恐不聞己過，故堯設諫鼓，禹拜昌言。不肖之主，自謂聖智，拒諫害忠，桀殺關龍逢而滅於湯，紂殺王子比干而滅於周，此其驗也。夫與治同道罔不興，與亂同道罔不亡。人將疾，必先不甘魚肉之味；國將亡，必先不甘忠諫之說。嗚呼，惟陛下深監于茲哉！隋煬帝驕矜自負，以爲堯、舜莫己若，而諱亡憎諫，乃曰：「有諫我者，當時不殺，後必殺之。」大臣蘇威欲開一言，不敢發，因五月五日獻古文尚書，帝以爲訕己，即除名。蕭瑀諫無伐遼，出爲河池郡守〔三〕。董純諫無幸江都，就獄賜死。自是蹇諤之士，去而不顧，外雖有變，朝臣鉗口，帝不知也。身死人手，子孫剿絕，爲天下笑。太宗皇帝好悅至言，時有魏徵、王珪、虞世南、李大亮、岑文本、劉洎、馬周、褚遂良、杜正倫、高季輔，咸以切諫，引居要職。嘗謂宰相曰：「自知者爲難。如文人巧工，自謂己長，若使達者大匠詆訶商略，則蕪辭拙跡見矣。天下萬機，一人聽斷，雖甚憂勞，不能盡善。今魏徵隨事諫正，多中朕失，如明鑑照形，美惡畢見。」當是時，有上書益於政者，皆黏寢殿之壁，坐望臥觀，雖狂瞽逆意，終不以爲忤。故外事必聞，刑戮幾措，禮義大行。陛下何不遵此道，與聖祖繼美乎？夫以一人之意，綜萬方之政，明有所不燭，智有所不周，上心未諭於下，下情未達於上。伏惟以虛受人，博覽兼聽，使深者不隱，遠者不塞，所謂「闢四門、明四目」也。其能直言正諫不避死亡之誅者，特加寵榮，待以不次，則失之東隅，冀得之桑榆矣。

尋以母喪去官。服除，自陳脩史有緒，家貧不能具紙筆，願得少祿以終餘功。有詔拜諫議大夫，復脩史。睿宗崩，實錄留東都，詔兢馳驛取進梓宮。以父喪解，宰相張說用趙冬曦代之。終喪，爲太子左庶子。

開元十三年，帝東封太山，道中數馳射爲樂。兢諫曰：「方登岱告成，不當逐狡獸，使有垂堂之危、朽株之殆。」帝納之。明年六月，大風，詔羣臣陳得失。兢上疏曰：「自春以來，亢陽不雨，乃六月戊午，大風拔樹，壞居人廬舍。傳曰：『敬德不用，厥災旱。上下蔽隔，庶位踰節，陰侵於陽，則旱災應。』又曰：『政悖德隱，厥風發屋壞木。』風，陰類，大臣之象。恐陛下左右有姦臣擅權，懷謀上之心。臣聞百王之失，皆由權移於下，故曰：『人主與人權，猶倒持太阿，授之以柄。』夫天降災異，欲人主感悟，願深察天變，杜絕其萌。且陛下承天后、和帝之亂，府庫未充，冗員尙繁，戶口流散，法出多門，賕謁大行，趨競彌廣。此弊未革，寔陛下庶政之闕也，臣不勝惓惓。願斥屛羣小，不爲慢游，出不御之女，減不急之馬，明選擧，愼刑罰，杜僥倖，存至公，雖有旱風之變，不足累聖德矣。」

始，兢在長安、景龍間任史事，時武三思、張易之等監領，阿貴朋佞，釀澤浮辭，事多不實。兢不得志，私撰唐書、唐春秋，未就。至是，丐官筆札，冀得成書。詔兢就集賢院論次。時張說罷宰相，在家脩史。大臣奏國史不容在外，詔兢等赴館撰錄。進封長垣縣男。久之，坐書事不當，貶荆州司馬，以史草自隨。蕭嵩領國史，奏遣使者就兢取書，得六十餘篇。累遷洪州刺史，坐累下除舒州。天寶初，入爲恆王傅。雖年老衰僂甚，意猶願還史職。李林甫嫌其衰，不用。卒，年八十。

兢敍事簡核，號良史。晚節稍疏牾，時人病其太簡。初與劉子玄撰定武后實錄，敍張昌宗誘張說誣證魏元忠事，頗言「說已然可，賴宋璟等邀勵苦切，故轉禍爲忠，不然，皇嗣且殆」。後說爲相，讀之，心不善，知兢所爲，卽從容謬謂曰：「劉生書魏齊公事，不少假借，奈何？」兢曰：「子玄已亡，不可受誣地下。兢實書之，其草故在。」聞者歎其直。說屢以情蘄改，辭曰：「徇公之情，何名實錄？」卒不改。世謂今董狐云。

韋述，弘機曾孫。家廚書二千卷，述爲兒時，誦憶略徧。父景駿，景龍中爲肥鄉令，述從到官。元行沖，景駿姑子也，爲時儒宗，常載書數車自隨。述入其室觀書，不知寢食，行沖異之，試與語前世事，孰復詳諦，如指掌然。使屬文，受紙輒就。行沖曰：「外家之寶也。」擧進士，時述方少，儀質陋侻，考功員外郎宋之問曰：「童子何業？」述曰：「性嗜書，所撰唐春秋三十篇，恨未畢，它唯命。」之問曰：「本求茂才，乃得遷、固。」遂上第。

開元初，爲櫟陽尉。祕書監馬懷素奏述與諸儒卽祕書續七志，五年而成。述好譜學，見柳冲所撰姓族系錄，每私寫懷之，還舍則又繕錄，故於百氏源派爲詳，乃更撰開元譜二十篇。累除右補闕。張說既領集賢院，薦述爲直學士，遷起居舍人。從封太山，奏東封記，有詔褒美。先是，詔脩六典，徐堅構意歲餘，歎曰：「吾更脩七書，而六典歷年未有所適。」及蕭嵩引述撰定，述始摹周六官領其屬，事歸於職，規制遂定。初，令狐德棻、吳兢等譔武德以來國史，皆不能成。述因二家參以後事，遂分紀、傳，又爲例一篇。嵩欲蚤就，復奏起居舍人賈登、著作佐郎李銳助述紬績。逮成，文約事詳，蕭穎士以爲譙周、陳壽之流。改國子司業，充集賢學士，累遷工部侍郎，封方城縣侯。

述典掌圖書，餘四十年，任史官二十年，澹榮利，爲人純厚長者，當世宗之。接士無貴賤與均。蓄書二萬卷，皆手校定，黃墨精謹，內祕書不逮也。古草隸帖、祕書、古器圖譜無不備。安祿山亂，剽失皆盡，述獨抱國史藏南山。身陷賊，汚僞官。賊平，流渝州，爲刺史薛舒所困，不食死。廣德初，甥蕭直爲李光弼判官，詣闕奏事稱旨。因理述「蒼卒奔逼，能存國史，賊平，盡送史官于休烈，以功補過，宜蒙恩宥」。有詔贈右散騎常侍。

韋氏之顯者，孝友、詞學則承慶、嗣立，邃音樂有萬石，達禮儀則叔夏，史才博識有述。所著書二百餘篇行於時。弟逌、迪，學業亦亞述。與逌對爲學士，與迪並禮官，搢紳高之。時趙冬曦兄弟亦各有名。張說嘗曰「韋、趙兄弟，人之杞梓」云。

蔣乂字德源，常州義興人，徙家河南。祖瓌，開元中弘文館學士。父將明，天寶末，辟河中使府。安祿山反，以計佐其帥，全幷、潞等州。兩京陷，被拘，乃陽狂以免。虢王巨引致幕府，歷侍御史，擢左司郎中、國子司業、集賢殿學士。

乂性鋭敏，七歲時，見庾信哀江南賦，再讀輒誦。外祖吳兢位史官，乂幼從外家學，得其書，博覽彊記。逮冠，該綜羣籍，有史才，司徒楊綰尤稱之。將明在集賢，值兵興，圖籍穀舛，白宰相請引乂入院，助力整比。宰相張鎰亦奇之，署集賢小職。乂料次踰年，各以部分，得善書二萬卷。再遷王屋尉，充太常禮院脩撰。貞元九年，擢右拾遺、史館脩撰。德宗重其職，先召見延英，乃命之。

張孝忠子茂宗尚義章公主，母亡，遺占丏成禮。帝念孝忠功，即日召爲左衞將軍，許主下降。乂上疏，以爲：「墨縗禮本緣金革，未有奪喪尙主者。繆盭典禮，違人情，不可爲法。」

帝令中使者諭茂宗之母之請，乂意殊堅。帝曰：「卿所言，古禮也。今俗借吉而婚不爲少。」對曰：「俚室窮人子，旁無至親，乃有借吉以嫁，不聞男冒凶而娶。陛下建中詔書，郡、縣主當婚，皆使有司循典故，毋用俗儀。公主春秋少，待年不爲晚，請茂宗如禮便。」帝曰：「更思之。」會太常博士韋彤、裴堪諫曰：「婚禮，主人几筵聽命，稱事立文，謂之嘉，所以承宗廟，繼後嗣也。喪禮，創巨者日久，痛甚者愈遲，二十五月而畢，謂之凶，所以送死報終，示有節也。故夫義婦聽，父慈子孝。昔魯侯改服，晉襄墨縗，緣金革事則有權變。安有釋縗服，衣冕裳，去堊室，行親迎，以凶瀆嘉，爲朝廷爽法？」疏入，帝迂其言，促行前詔，然心嘉乂有守。

十八年，遷起居舍人，轉司勳員外，皆兼史任。帝嘗登凌煙閣，視左壁頹剝，題文漫缺，行纔數字，命錄以問宰相，無能知者。遽召乂至，答曰：「此聖曆中侍臣圖贊。」帝前口以誦補，不失一字。帝歎曰：「雖虞世南默寫列女傳，不是過。」會詔問神策軍建置本末，中書討求不獲，時集賢學士甚衆，悉亡以對。乃訪乂，乂條據甚詳。宰相高郢、鄭珣瑜歎曰：「集賢有人哉！」明日，詔兼判集賢院事。父子爲學士，儒者榮之。

順宗既葬，議祧廟，有司以中宗中興之君，當百代不遷。宰相問乂，乂曰：「中宗卽位，春秋已壯，而母后簒奪以移神器，賴張柬之等國祚再復，蓋曰反正，不得爲中興。凡非我失之，自我復之，爲中興，漢光武、晉元是也。自我失之，因人復之，晉孝惠、孝安是也。今中宗與惠、安二帝同，不可爲不遷主。」有司疑曰：「五王有安社稷功，若遷中宗，則配饗永絕。」乂曰：「禘祫功臣，乃合食太廟。中宗廟雖毀，而禘祫並陳太廟，此則五王配食與初一也。」由是遷廟遂定。遷兵部郎中。與許孟容、韋貫之刪正制敕三十篇，爲開元格後敕。李錡誅，詔宗正削一房屬籍。宰相召乂問：「一房自大功可乎？」答曰：「大功，錡之從父昆弟。其祖神通有功，配饗於廟，雖裔孫之惡，而忘其勳，不可。」「自期可乎？」曰：「期者錡昆弟。其父若幽死社稷，今以錡連坐，不可。」執政然之。故罪止錡及子息，無旁坐者。

未幾，改祕書少監，復兼史館脩撰，與獨孤郁、韋處厚脩德宗實錄。以勞遷右諫議大夫。裴垍罷宰相，而李吉甫惡垍，以嘗監脩，故授乂太常少卿。久之，遷祕書監，累封義興縣公。卒，年七十五，贈禮部尚書，謚曰懿。

乂在朝廷久，居史職二十年。每有大政事議論，宰相未能決，必咨訪之，乂據經義或舊章以參時事，其對允切該詳。初以是被遇，終亦忤貴近，介介不至顯官。然資質樸直，遇權臣秉政，輒數歲不遷。嘗疏裴延齡罪惡及拒王叔文，當世高之。結髮志學，老而不厭，雖甚寒暑，卷不釋于前，故能通百家學，尤明前世沿革。家藏書至萬五千卷。初名武，憲宗時因進見，請曰：「陛下今日偃武脩文，羣臣當順承上意，請改名乂。」帝悅。時討王承宗兵方罷，乂恐天子銳於武，亦因以諷。它日，帝見侍御史唐武曰：「命名固多，何必曰武？」乂既改之矣。」更曰慶。羣臣乃知帝且厭兵云。乂論譔百餘篇。

五子：係、伸、偕知名，仙、佶皆位刺史。

係善屬文，得父典實。大和初，授昭應尉，直史館。明年，拜右拾遺、史館脩撰，與沈傳師、鄭澣、陳夷行、李漢參撰憲宗實錄。轉右補闕。宋申錫被誣，文宗怒甚，係與左常侍崔玄亮涕泣苦諍，申錫得不死。歷膳部員外、工禮兵三部郎中，皆兼史職。開成末，轉諫議大夫。宰相李德裕惡李漢，以係友婿，出爲桂管觀察使，人安其治。復坐漢貶唐州刺史。宣宗立，召爲給事中、集賢殿學士判院事。轉吏部侍郎，歷興元、鳳翔節度使。懿宗初，拜兵部尙書，以弟伸位丞相，懇辭，乃檢校尙書右僕射，節度山南東道，封淮陽郡公。徙東都留守，卒。

子曙，字耀之。咸通末，由進士第署鄂岳團練判官，除虞、工二部員外，改起居郎。黃巢之難，曙闔門無嗟類，以是絕意仕進，隱居沈痛。中和二年，表請爲道士，許之。

伸字大直，第進士。大中二年，以右補闕爲史館脩撰，轉駕部郎中，知制誥。白敏中領邠寧節度，表伸自副，加右庶子。入知戶部侍郞。九年，爲翰林學士，進承旨。十年，改兵部侍郞，判戶部。

宣宗雅信愛伸，每見必咨天下得失。伸言：「比爵賞稍易，人且偷。」帝愕然曰：「偷則亂矣。」伸曰：「否，非遽亂，但人有覬心，亂由是生。」帝嗟嘆，伸三起三留，曰：「它日不復獨對卿矣。」伸不諭。未幾，以本官同中書門下平章事。踰四月，解戶部，加中書侍郞。懿宗卽位，兼刑部尚書，監脩國史。咸通二年，出爲河中節度使、同中書門下平章事，徙宣武。俄以太子少保分司東都。七年，用爲華州刺史。再遷太子太傅，表乞骸骨，以本官致仕。卒，贈太尉。

偕以父任，歷右拾遺、史館脩撰，轉補闕、主客郞中。初，柳芳作唐曆，大曆以後闕而不錄，宣宗詔崔龜從、韋澳、李荀、張彥遠及偕等分年撰次，盡元和以續云。累遷太常少卿。大中八年，與盧耽、牛叢、王渢、盧告撰次文宗實錄。蔣氏世禪儒，唯伸及係子兆能以辭章取進士第，然不爲文士所多。三世踵脩國史，世稱良筆，咸云「蔣氏日曆」，天下多藏焉。

柳芳字仲敷，蒲州河東人。開元末，擢進士第，由永寧尉直史館。肅宗詔芳與韋述綴輯吳兢所次國史，會述死，芳緒成之，興高祖，訖乾元，凡百三十篇。敍天寶後事，棄取不倫，史官病之。

上元中，坐事徙黔中。後歷左金吾衞騎曹參軍、史館脩撰。然芳篤志論著，不少選忘厭。承寇亂，史籍淪缺。芳始謫時，高力士亦貶巫州，因從力士質開元、天寶及禁中事，具識本末。時國史已送官，不可追刊，乃推衍義類，倣編年法，爲唐曆四十篇，頗有異聞。然不立褒貶義例，爲諸儒譏訕。改右司郎中、集賢殿學士，卒。

子登、冕。

登字成伯。淹貫羣書，年六十餘，始仕宦。元和初，爲大理少卿，與許孟容等刊正敕格。以病改右散騎常侍，致仕。卒，年九十餘，贈工部尙書。

子璟，字德輝。寶曆初，第進士、宏詞，三遷監察御史。時郊廟告祭，吏部以雜品攝上公。璟據開元、元和詔書，太尉以宰相攝事，司空、司徒以僕射、尙書、師、傅攝，餘司不及差限，請如舊制，從之。累遷吏部員外郎。文宗開成初，爲翰林學士。初，芳永泰中按宗正諜，斷自武德，以昭穆系承撰永泰新譜二十篇。璟因召對，帝歎新譜詳悉，詔璟攟摭永泰後事綴成之。復爲十篇，戶部供筆札稟料。遷中書舍人。武宗立，轉禮部侍郎。璟爲人寬信，好接士，稱人之長，游其門者它日皆顯於世。會昌二年，再主貢部，坐其子招賄，貶信州司馬，終郴州刺史。

冕字敬叔。博學富文辭，且世史官，父子並居集賢院。歷右補闕、史館脩撰。坐善劉晏，貶巴州司戶參軍。還爲太常博士。昭德王皇后崩，冕與張薦議皇太子宜依晉魏卒哭除服，左補闕穆質請依禮期而除，冕議見用。德宗旣親郊，重愼祠事，動稽典禮。冕以吏部郎中攝太常博士，與薦及司封郎中徐岱、倉部郎中陸質脩飭儀矩。帝疑郊廟每升輒去劍履及象劍尺寸、祝語輕重，冕據禮以對，本末詳明，天子嘉異。

久之，以論議勁切，執政不善，出爲婺州刺史。十三年，兼御史中丞、福建觀察使。自以久疏斥，又性躁狷，不能無恨，乃上表乞代，且推明朝覲之意，曰：「臣竊感江漢朝宗之誼，鹿鳴君臣之讌，頌聲之作，王道本始。國家自兵興，不遑議禮，方牧未朝，讌樂久缺。臣限一切之制，例無朝集，目不覩朝廷之禮，耳不聞宗廟之樂，足不踐軒墀之地，十有二年于茲矣。夫朝會，禮之本也。唐、虞之制，羣后四朝，以明黜陟。商、周之盛，五歲一見，以考制度。漢法，三載上計，以會課最。聖唐稽古，天下朝集，三考一見，皆以十月上計京師，十一月禮見，會尚書省應考績事，元日陳貢棐，集於考堂，唱其考第，進賢以興善，簡不肖以黜惡。自安史亂常，始有專地；四方多故，始有不朝；戎臣恃險，或不悔過。臣忝牧圉之寄，憤不朝之臣，思一入覲，率先天下，使君臣之義，親而不疏；朝覲之禮，廢而復舉。誠恐負薪，溘先朝露，覲禮不展，臣之憂也。比聞諸將帥亡歿者衆，臣自憚何德以堪久長。鄉國，人情之不忘也；闕庭，臣子所戀也；朝覲，國家大禮也。三者，臣之大願。」表累上，其辭哀切，德宗許還。會晃奏閩中本南朝畜牧地，可息羊馬，置牧區於東越，名萬安監，又置五區於泉州，悉索部內馬驢牛羊合萬餘游畜之。不經時，死耗略盡，復調充之。民間怨苦。坐政無狀，代還。卒，贈工部尚書。

沈既濟，蘇州吳人。經學該明。吏部侍郎楊炎雅善之，既執政，薦既濟有良史才，召拜左拾遺、史館脩撰。

初，吳兢撰國史，爲則天本紀，次高宗下。既濟奏議，以爲：「則天皇后進以彊有，退非德讓，史臣追書，當稱爲太后，不宜曰上。中宗雖降居藩邸，而體元繼代，本吾君也，宜稱皇帝，不宜曰廬陵王。睿宗在景龍前，天命未集，假臨大寶，於誼無名，宜曰相王，未容曰帝。

且則天改周正朔，立七廟，天命革矣。今以周廁唐，列爲帝紀，考于禮經，是謂亂名。中宗嗣位在太后前，而敍年製紀反居其下，方之躋僖公，是謂不智。昔漢高后稱制，獨有王諸呂爲負漢約，無遷鼎革命事，時孝惠已歿，子非劉氏，不紀呂后，尙誰與哉？議者猶謂不可。況中宗以始年即位，季年復祚，雖尊名中奪，而天命未改，足以首事表年，何所拘閡而列爲二紀？魯昭公之出，春秋歲書其居曰：『公在乾侯。』君在，雖失位，不敢廢也。請省天后紀合中宗紀，每歲首，必書孝和在所以統之，曰：『皇帝在房陵，太后行其事，改某制。』紀稱中宗而事述太后，名不失正，禮不違常矣。夫正名所以尊王室，書法所以觀後嗣。且太后遺制，自去帝號，及孝和上謚，開元册命，而后之名不易。今祔陵配廟，皆以后禮，而獨承統于帝，是有司不時正，失先旨。若后姓氏名諱、才藝智略、崩葬日月，宜入皇后傳，題其篇曰則天順聖武皇后云。」議不行。

德宗立，銳于治。建中二年，詔中書、門下兩省，分置待詔官三十，以見官、故官若同正、試、攝九品以上者，視品給俸，至稟餼、幹力、什器、館宇悉有差；權公錢收子，贍用度。既濟諫曰：「今日之治，患在官煩，不患員少；患不問，不患無人。兩省官自常侍、諫議、補闕、拾遺四十員，日止兩人待對，缺員二十一員未補。若謂見官不足與議，則當更選其人。若廣聰明以收淹滯，先補其缺，何事官外置官？夫置錢取息，有司之權制，非經治法。今置員三十，大抵費月不減百萬，以息準本，須二千萬得息百萬，配戶二百，又當復除其家，且得入流，所損尤甚。今關輔大病，皆言百司息錢毀室破產，積府縣，未有以革。臣計天下財賦耗斁大者唯二事：一兵資，二官俸。自它費十不當二者一。所以黎人重困，杼軸空虛。何則？四方形勢，兵未可去，資費雖廣，不獲已爲之。又益以閑官冗食，其弊奈何？藉舊而置猶可，若之何加焉？」事遂寢。

炎得罪，既濟坐貶處州司戶參軍。後入朝，位禮部員外郎，卒。撰建中實錄，時稱其能。

子傳師。

傳師字子言。材行有餘，能治春秋，工書，有楷法。少爲杜佑所器。貞元末，舉進士。時給事中許孟容、禮部侍郎權德輿樂挽轂士，號「權、許」。德輿稱之於孟容，孟容曰：「我故人子，盍不過我？」傳師往見，謝曰：「聞之丈人，脫中第，則杲公舉矣，故不敢進。」孟容曰：「如子，可使我急賢詣子，不可使子因舊見我。」遂擢第。德輿門生七十人，推爲顏子。復登制科，授太子校書郎，以鄠尉直史館，轉左拾遺、左補闕、史館脩撰，遷司門員外郎，知制誥。召入翰林爲學士，改中書舍人。翰林缺承旨，次當傳師，穆宗欲面命，辭曰：

「學士、院長參天子密議，次爲宰相，臣自知必不能，願治人一方，爲陛下長養之。」因稱疾出。帝遣中使敦召。李德裕素與善，開曉諄切，終不出。遂以本官兼史職。俄出爲湖南觀察使。

方傳師與脩憲宗實錄，未成，監脩杜元穎因建言：「張說、令狐峘在外官論次國書，今藁史殘課，請付傳師卽官下成之。」詔可。

寶曆二年，入拜尙書右丞。復出江西觀察使，徙宣州。傳師於吏治明，吏不敢罔。愼重刑法，每斷獄，召幕府平處，輕重盡合乃論決。嘗擇邸吏尹倫，遲魯不及事，官屬屢白易之，傳師曰：「始吾出長安，誡倫曰：『可闕事，不可多事。』倫如是足矣。」故所莅以廉靖聞。入爲吏部侍郎，卒，年五十九，贈尙書。

傳師性夷粹無競，更二鎭十年，無書賄入權家。初拜官，宰相欲以姻私託幕府者，傳師固拒曰：「誠爾，願罷所授。」故其僚佐如李景讓、蕭寘、杜牧，極當時選云。治家不威嚴，閨門自化。兄弟子姓，屬無親疏，衣服飲食如一。問餉姻家故人，帑無儲錢，鬻宅以葬。

子詢，字誠之，亦能文辭，會昌初第進士，補渭南尉。累遷中書舍人，出爲浙東觀察使，除戶部侍郎，判度支。咸通四年，爲昭義節度使，治尙簡易，人皆便安。奴私侍兒，詢將戮之，奴懼，結牙將爲亂，夜攻詢，滅其家。贈兵部尙書、左散騎常侍。劉潼代爲節度，馳至，剞奴心，祭其靈坐。

贊曰：唐興，史官秉筆衆矣。然垂三百年，業鉅事叢，簡策挐繁，其間巨盜再興，圖典焚逸，大中以後，史錄不存。雖論著之人，隨世裒掇，而疏舛殘餘，本末顛倒。故聖主賢臣，叛人佞子，善惡汩汩，有所未盡，可爲永愾者矣。又舊史之文，猥釀不綱，淺則入俚，簡則及漏。寧當時儒者有所諱而不得騁耶？或因淺仍俗不足於文也？亦有待于後取當而行遠耶？何知幾以來，工訶古人而拙於用己歟！自韓愈爲順宗實錄，議者閧然不息，卒竄定無完篇，乃知爲史者亦難言之。游、夏不能措辭於春秋，果可信已！

校勘記

〔一〕楊炎薦彙名儒子　舊書卷一三六劉贊傳「彙」作「贊」。按上下文乃述贊之經歷，作「贊」較宜。

〔二〕出爲河池郡守　「河池」，各本原作「河西」。據本書卷一〇一及舊書卷六三蕭瑀傳、通鑑卷一八二、全唐文卷二九八吳兢上玄宗皇帝納諫疏改。

唐書卷一百三十三

列傳第五十八

郭虔瓘　郭知運 英傑 英乂　王君㚟　張守珪 獻誠 獻恭 煦 獻甫　王忠嗣　牛仙客

郭虔瓘，齊州歷城人。開元初，錄軍閥，遷累右驍衞將軍，兼北庭都護、金山道副大總管。明年，突厥默啜子同俄特勒圍北庭，虔瓘飭壘自守。同俄單騎馳城下，勇士狙道左突斬之。虜亡酋長，相率丐降，請悉軍中所資贖同俄死，聞已斬，舉軍慟哭去。虔瓘以功授冠軍大將軍、安西副大都護，封潞國公。建募關中兵萬人擊餘寇，遂前功，有詔募士給公乘，在所續食。將作大匠韋湊上言：「漢徙豪族以實關中，今畿輔戶口逋耗，異時戎虜入盜，丁壯悉行，不宜更募驍勇，以空京甸，資荒服。萬人所過，遞馱熟饔，亙六千里，州縣安所供億？秦、隴以西，多沙磧，少居人，若何而濟？縱有克獲，其補幾何？儻稽天誅，則誤大事。」

不省。既而虔瓘果不見虜，還，遷涼州刺史、河西節度大使，進右威衞大將軍。四年，奏家奴八人有戰功，求爲游擊將軍，宰相劾其恃功亂綱紀，不可聽，罷之。

陝王爲安西都護，詔虔瓘爲副。虔瓘與安撫招慰十姓可汗使阿史那獻數持異，交訴諸朝。玄宗遣左衞中郎將王惠齎詔書諭解曰：「朕聞師克在和，不在衆，以虔瓘、獻宿將，當捨嫌窒隙，戮力國家。自開西鎭，列諸軍，戍有定區，軍有常額，卿等所統，蕃漢雜之，在乎善用，何必加募？或云突騎施圍石城，獻所致也；葛邏祿稱兵，虔瓘所沮也。大將不協，小人以逞，何功可圖？昔相如能詘廉頗，寇恂不吝賈復，宜各曠然，終承朕命。今賜帛二千段及他珍器，俾諒朕意。」虔瓘奉詔。久之，卒軍中。以張孝嵩爲安西副都護。

孝嵩，偉姿貌，及進士第，而慷慨好兵。在安西勸田訓士，府庫盈饒。徙太原尹，卒。以黃門侍郎杜暹代。

郭知運字逢時，瓜州晉昌人。長七尺，猿臂虎口，以格鬬功累補秦州三度府果毅。從郭虔瓘破突厥有功，加右驍衞將軍，封介休縣公。

吐蕃將坌達延、乞力徐寇渭源，盜牧馬，詔知運與薛訥、王晙等相掎角，敗之。進階冠軍大將軍，兼臨洮軍使，封太原郡公，賜賚萬計。徙隴右諸軍節度大使、鄯州都督。突厥降戶阿悉爛、跌跌思泰率衆叛，執單于副都護張知運〔一〕，詔以朔方兵追擊，至黑山呼延谷敗之，虜棄仗走，取副都護還。詔知運兼隴右經略使，營柳城。開元五年，大破吐蕃，獻俘京師。明年，復出，將輕兵丙夜至九曲，獲精甲、名馬、犛牛甚衆。旣獻獲，詔分賜文武五品以上淸官及朝集使三品者。進兼鴻臚卿，攝御史中丞。六州胡康待賓反，率王晙討平之。拜左武衞大將軍，授一子官，賜金帛。九年，卒于軍，年五十五，贈涼州都督。知運屯西方，戎夷畏憚，與王君㚟功名略等，時號「王郭」。帝詔中書令張說紀其功於墓碑。上元中，配饗太公廟。永泰初，謚曰威。

子英傑、英乂。

英傑字孟武，爲左衞將軍、幽州副總管。開元二十三年，長史薛楚玉遣英傑與裨將吳克勤、烏知義、羅守忠帥萬騎及奚衆討契丹，屯榆關。契丹酋長可突于拒戰都山下，奚衆貳，官軍不利，知義、守忠引麾下遁去，英傑、克勤力戰死。其下尙六千人，殊死戰，虜示以英傑首，終不屈，師遂殲。

英乂字元武，以武勇有名河、隴間，累遷諸衞員外將軍。哥舒翰見之曰：「是當代吾節制者。」祿山亂，拜秦州都督、隴右採訪使。賊將高嵩擁兵入汧、隴，英乂僞勞之，且具饗，既而伏兵發，盡虜其衆。至德二年，加隴右節度使。召還，改羽林軍大將軍，掌衞兵。以喪去職。史思明陷洛陽，謀掠陳、蔡，詔英乂統淮南節度兵。賊叩陝、虢，又改陝西節度、潼關防禦使。進御史大夫，兼神策軍節度使。代宗即位，以檢校戶部尚書兼大夫。雍王率諸將討賊洛陽，留英乂殿于陝。東都平，權知留守，無檢御才，其麾下與朔方、回紇遂大掠都城及鄭、汝，環千里無居人。

以功實封三百戶，召拜尙書右僕射，封定襄郡王。日驕蹇，爲侈汏。陰事宰相元載以久其權。未幾，嚴武死成都，乃拜劍南節度使。自以有內主，故肆志無所憚。初，玄宗在蜀時舊宮爲道士祠，冶金作帝象，盡繪乘輿侍衞，每尹至，先拜祠，後視事。英乂愛其地勝選，輒壞繪像自居之，衆始不平。又教女伎乘驢擊毬，鈿鞍寶勒及它服用，日無慮數萬費，以資倡樂，未嘗問民間事，爲政苛暴，人以目相謂。怨崔寧不已同也，出兵襲寧，不克。寧因人之怨，率麾下五千直擣成都。英乂拒戰，衆皆反戈內攻，乃奔簡州，次靈池，普州刺史韓澄斬首送寧，遂屠其家。

王君㚟字威明，瓜州常樂人。初事郭知運爲別奏，累功至右衞副率。知運卒，代爲河西隴右節度使、右羽林軍將軍，判涼州都督事。

開元十四年，吐蕃酋悉諾邏寇大斗拔谷，君㚟間其怠，率秦州都督張景順乘冰度青海襲破之。以功遷大將軍，封晉昌縣伯；拜其父壽爲少府監，聽不事。君㚟凱旋，玄宗宴君㚟及妻夏於廣達樓，賜金帛，夏亦自以戰功封武威郡夫人。俄而吐蕃陷瓜州，執刺史田元獻及壽，殺居人，取資糧，進攻玉門軍，使人靳君㚟曰：「將軍常自以忠勇，今不一進戰，奈何？」君㚟登陴西向哭，兵不敢出。

初，涼州有回紇、契苾、思結、渾四部，世爲酋長，君㚟微時，數往來，爲所輕。及節度河西，回紇等頗鞅鞅，恥爲下。君㚟怒，數督過之。既怨望，潛遣人至東都言狀。君㚟間驛奏四部有叛謀，帝使中人卽訊，回紇不能自直。於是瀚海大都督回紇承宗流瀼州，渾大得流吉州，賀蘭都督契苾承明流藤州，盧山都督思結歸國流瓊州，而承宗黨瀚海州司馬護輸等益不平，思有以復怨。會吐蕃使間道走突厥，君㚟率騎到肅州掩取之，還至甘州，護輸狙兵發，奪君㚟節，殺左右親吏，剖其心，曰：「是始謀者。」君㚟引帳下力戰，兵盡乃死。輸欲以尸奔吐蕃，追兵至，乃棄尸去。帝痛惜之，贈特進、荊州大都督。以喪還京師，官護其葬。詔張說刻文墓碑，帝自書以寵之。

始，吐蕃寇瓜州，分遣莽布支攻常樂，令賈師順乘城守。俄而瓜州陷，悉諾邏并兵攻之。數日，虜衆有姻家在城中，使夜見師順曰：「州已失守，虜悉衆來，孤城渠可久，不早降以全噍類乎？」師順曰：「吾受天子命守此，義不可下賊。」數日，又說師順曰：「明府不降，吾衆且還，宜有以贈我。」師順請脫士卒衣襦。悉諾邏知無有，乃夜徹營去，毀瓜州城。師順開門收器械，復完守備。吐蕃果使精騎還襲，見有備，乃去。以功遷鄯州都督、隴右節度使。師順，岐州人，終左領軍將軍。

張守珪，陝州河北人。姿榦瓌壯，慷慨尚節義，善騎射。以平樂府別將從郭虔瓘守北庭〔三〕。突厥侵輪臺，遣守珪往援，中道逢賊，苦戰，斬首千餘級，禽頡斤一人。開元初，虜復攻北庭，守珪從儳道奏事京師，因上書言利害，請引兵出蒲昌、輪臺夾擊賊。再遷幽州良杜府果毅。時盧齊卿爲刺史，器之，引與共榻坐，謂曰：「不十年，子當節度是州，爲國重將，願以子孫託，可僚屬相期邪？」稍遷建康軍使。

王君㚟死，河西震懼，詔以守珪爲瓜州刺史、墨離軍使，督餘衆完故城。版築方立，虜奄至，衆失色。守珪曰：「創痍之餘，詎可矢石相确，須權以勝之。」遂置酒城上，會諸將作樂。虜疑有備，不敢攻，引去，守珪縱兵擊敗之。於是脩復位署，招流冗使復業。有詔以瓜州爲都督府，即詔守珪爲都督。州地沙堉不可蓺，常瀦雪水漑田。是時，渠堨爲虜毁，材木無所出。守珪密禱于神，一昔水暴至，大木數千章塞流下，因取之，脩復堰防，耕者如舊，州人神之，刻石紀事。遷鄯州刺史、隴右節度使。徙幽州長史、河北節度副大使。俄加採訪處置等使。

契丹、奚連年梗邊，牙官可突于，胡有謀者，前長史趙含章、薛楚玉等不能制，守珪至，每戰輒勝，虜遂大敗。帝喜，詔有司告九廟。契丹酋屈剌及突于恐懼，乃遣使詐降。守珪得其情，遣右衞騎曹王悔詣部計事，屈剌無降意，徙帳稍西北，密引突厥衆將殺悔以叛。契丹別帥李過折與突于爭權不叶，悔因間誘之，夜斬屈剌及突于，盡滅其黨，以衆降。守珪次紫蒙川，大閲軍實，賞將士，傳屈剌、突于首於東都。

二十三年，入見天子，會藉田畢，即酺燕爲守珪飲至，帝賦詩寵之。加拜輔國大將軍、右羽林大將軍，賜金綵，授二子官，詔立碑紀功。

久之，復討契丹餘黨于捺祿山，鹵獲不訾。會裨將趙堪、白眞陀羅等彊使平盧軍使烏知義度湟水邀叛奚，且蹂其稼，知義辭不往，眞陀羅矯詔脅之。知義與虜鬬，不勝，還，守珪匿其敗，但上克獲狀。事頗泄，帝遣謁者牛仙童按實，守珪逼眞陀羅自殺，厚賂使者，還奏如狀。後仙童以贓敗，事逮守珪，以功貶括州刺史，疽發背死。

子獻誠。

獻誠，天寶末，陷安祿山，授僞署。後事史思明，將兵數萬守汴州。東都平，史朝義走還汴，獻誠不內，籍所統兵以州降，詔卽拜汴州刺史，封南陽郡公。改寶應軍左廂兵馬使，更封鄧國公。既來朝，代宗禮賜尤渥。擢山南西道節度使，討南山劇賊高玉，禽之。俄兼劍南東川節度。時崔旰殺郭英乂，獻誠率衆戰梓州，大敗。大曆三年，以疾歸京師，舉其弟獻恭自代。以檢校戶部尙書知省事，病甚，固乞辭位，卒。

始，獻誠喜功名，爲政寬裕，有機略，隨方制變，而簡廉不逮於父。

從弟獻恭，數有軍功，以右羽林軍代爲節度使。大曆末，破吐蕃於岷州。久之，拜東都留守，累遷檢校吏部尙書。德宗欲徙盧杞爲饒州刺史，給事中袁高上還詔書，苦爭。獻恭見帝曰：「高所奏宜聽。」帝不答。復前曰：「高乃陛下良臣，當優異之。」上遂不徙杞。世咨其不橈。

子煦，積閥亦至夏州節度使。元和八年，振武軍逐節度使李進賢，屠其家及判官嚴澈。憲宗怒，詔煦以本軍進討，許以便宜，賜縑三萬爲軍資，河東王鍔遣兵五千爲援。煦入，捕亂卒蘇國珍等數百人，誅之。卒，贈太子太保。

獻誠從弟獻甫，以軍功試光祿卿、殿中監，從河中節度使賈耽討梁崇義有勞。德宗西幸，又從渾瑊討朱泚，戰多，累遷至金吾將軍、檢校工部尙書。李懷光叛，吐蕃盜邊，獻甫領禁兵戍咸陽累年，兵農悅安。

貞元四年，代韓游瓌領邠寧節度使。邠寧軍素驕，憚獻甫嚴，因游瓌去，遂縱掠，邀范希朝爲帥。都將楊朝晟誅首亂者，獻甫乃得入。於是斷山浚塹，選巖要地築烽堡。請復鹽州及洪門、洛原鎭屯兵，詔可。獻甫遣兵馬使魏茪逐吐蕃，築鹽、夏二城，虜衆畏，不敢入寇。十二年，加檢校尙書左僕射。卒，贈司空。

王忠嗣，華州鄭人。父海賓，太子右衞率、豐安軍使。開元二年，吐蕃寇隴右，詔隴右防禦使薛訥率杜賓客、郭知運、王晙、安思順禦之。以海賓爲先鋒，戰武階，追北至壕口，殺其衆。進戰長城堡，諸將娼其功，按兵顧望，海賓戰死，大軍乘之，斬賊萬七千級，獲馬七萬、牛羊四十萬。玄宗憐其忠，贈左金吾大將軍。

忠嗣時年九歲，始名訓，授尙輦奉御。入見帝，伏地號泣，帝撫之曰：「此去病孤也，須壯而將之。」更賜今名，養禁中。肅宗爲忠王，帝使與游。及長，雄毅寡言，有武略，上與論兵，應對蠭起，帝器之，曰：「後日爾爲良將。」試守代州別駕，大猾閉門自斂，不敢干法。數以輕騎出塞，忠王言於帝曰：「忠嗣敢鬭，恐亡之。」由是召還。信安王禕在河東，蕭嵩出河西，數引爲麾下。帝以其年少，有復讎志，詔不得特將。嵩入朝，忠嗣曰：「從公三年，無以歸報天子。」乃請精銳數百襲虜。會贊普大會閱武鬱標川，其下欲還，忠嗣不從，提刀略陣，斬數千人，獲羊馬萬計。嵩上其功，帝大悅。累遷左威衞將軍、代北都督，封清源縣男。與皇甫惟明輕重不得，構忠嗣罪，貶東陽府左果毅。河西節度使杜希望欲取吐蕃新城〔三〕，有言忠嗣才者，希望以聞，詔追赴河西，進拔其城。忠嗣録多，授左威衞郎將，專知兵馬。俄吐蕃大出，欲取當新城，晨壓官軍陣，衆不敵，舉軍皆恐。忠嗣單馬進，左右馳突，獨殺數百人，賊衆囂相蹂，軍麾翼掩之，虜大敗。拜左金吾衞將軍，領河東節度副使、大同軍使，尋爲節度使。二十九年，節度朔方，兼靈州都督。天寶元年，北討奚怒皆，戰桑乾河，三遇三克，耀武漠北，高會而還。時突厥新有難，忠嗣進軍磧口經略之。烏蘇米施可汗請降，忠嗣以其方彊，特文降耳，乃營木剌、蘭山，諜虛實。因上平戎十八策，縱反間於拔悉密與葛邏祿、回紇三部，攻多羅斯城，涉昆水，斬米施可汗，築大同、靜邊二城，徙清塞、橫野軍實之，併受降、振武爲一城，自是虜不敢盜塞。徙河東節度使，進封縣公。

忠嗣本負勇敢，及爲將，乃能持重安邊，不生事，嘗曰：「平世爲將，撫衆而已。吾不欲竭中國力以幸功名。」故訓練士馬，隨缺繕補。有漆弓百五十斤，每弢之，示無所用。軍中士氣盛，日夜思戰，忠嗣縱諜間，伺虜隙，時時出奇兵襲敵，所向無不克，故士亦樂爲用。軍每出，召屬長付以兵，使授士卒，雖弓矢亦誌姓名其上。軍還，遺弦亡鏃，皆按名第罪。以是部下人自勸，器甲充牣。自朔方至雲中袤數千里，據要險築城堡，斥地甚遠。自張仁亶後四十餘年，忠嗣繼其功。

俄爲河西、隴右節度使，權朔方、河東節度，佩四將印，勁兵重地，控制萬里，近世未有也。又授一子五品官。後數出戰青海、積石，虜輒奔破。又討吐谷渾於墨離，平其國。乃固讓朔方、河東二節度，許之。

帝方事石堡城，詔問攻取計，忠嗣奏言：「吐蕃舉國守之，若頓兵堅城下，費士數萬，然後可圖，恐所得不讎所失，請厲兵馬，待釁取之。」帝意不快。而李林甫尤忌其功，日鉤摭過咎。會董延光建言請下石堡，詔忠嗣分兵應接，忠嗣不得已爲出軍，而士無賞格，延光不悅。河西兵馬使李光弼入說曰：「大夫愛惜士卒，有拒延光心，雖名受詔，實奪其謀。然大夫已付萬衆，而不立重賞，何以賈士勇？且大夫惜數萬段賜，以啓讒口，有如不捷，歸罪大夫，大夫先受禍矣。」忠嗣曰：「吾固審得一城不足制敵，失之未害於國。吾忍以數萬人命易一官哉！明日見責，不失一金吾、羽林將軍，歸宿衞；不者，黔中上佐耳。」光弼謝曰：「大夫乃行古人事，光弼又何言！」趨而出。延光過期不克，果訴忠嗣沮兵。又安祿山城雄武，扼飛狐塞，謀亂，請忠嗣助役，因欲留其兵；忠嗣先期至，不見祿山而還。數上言祿山且亂，林甫益惡之，陰使人誣告「忠嗣嘗養宮中，云吾欲奉太子」。帝怒，召入付三司訊驗，罪應死。哥舒翰方有寵，白上，請以官爵贖忠嗣罪，帝意解，貶漢陽太守。久之，徙漢東郡，卒，年四十五。後翰引兵攻石堡，拔之，死亡略盡，如忠嗣言，故當世號爲名將。

初，在朔方，至互市，輒高償馬直，諸蕃爭來市，故蕃馬寖少，唐軍精。及鎭河、隴，又請徙朔方、河東九千騎以實軍。迄天寶末，益滋息。寶應元年，追贈兵部尙書。

贊曰：以忠嗣之才，戰必破，攻必克，策石堡之得不當所亡，高馬直以空虜資，論祿山亂有萌，可謂深謀矣。然不能自免於讒，卒死放地。自古忠賢，工謀於國則拙於身，多矣，可勝吒哉！

牛仙客，涇州鶉觚人。初爲縣小吏，令傅文靜器之，會爲隴右營田使，引與計事，積功遷洮州司馬。河西節度使王君㚟召爲判官。君㚟死，仙客獨得免。蕭嵩代節度，復委以軍政。仙客淸勤不懈，接士大夫以信。及嵩還執政，因薦之。稍遷太僕少卿，判涼州別駕，知節度留後事，俄爲節度使。開元二十四年，代信安王禕爲朔方行軍大總管。

始在河西，嗇事省用，倉庫積鉅萬，器械犀銳。崔希逸代之，卽以聞。帝令刑部員外郎張利馳傳覆視，如狀。帝悅，將用爲尙書，宰相張九齡持不可，乃封隴西郡公，實封戶二百。李林甫探知帝旨，稱其材。會九齡罷，故以工部尙書、同中書門下三品，知門下事，遙領河東節度副大使。

爲相謹身無它，與時沈浮，唯唯恭愿。前後錫與，緘庋不敢用。百司諮決，無所處可，輒曰：「如令式。」帝旣用仙客，知時議不歸，乘間以問高力士，力士曰：「仙客本胥史，非宰相器。」帝忿然曰：「朕且用康䜣！」蓋恚言也。有爲䜣言者，䜣以爲實，喜甚。久之，封豳國公，加左相。卒，贈尙書右丞相，謚曰貞簡。

校勘記

〔一〕執單于副都護張知運　各本原無「副」字，與下文「取副都護還」不合。據本書卷五玄宗紀、卷二一五下突厥傳、舊書卷一〇三郭知運傳補。

〔二〕平樂府別將　「將」，各本原作「駕」。按唐折衝府有「別將」，無「別駕」。據舊書（衲本）卷一〇三張守珪傳及冊府卷三八四改。

〔三〕新城　各本原作「新羅城」，與下文「欲取當新城」不合。本書卷二一六上吐蕃傳、冊府卷三八四、通鑑卷二一四及金石萃編卷一〇〇王忠嗣碑均作「新城」。「羅」字衍，今刪。

唐書卷一百三十四

列傳第五十九

宇文融　韋堅　楊慎矜　王鉷 盧鉉

宇文融，京兆萬年人，隋平昌公弢裔孫。祖節，明法令，貞觀中，爲尚書右丞，謹幹自將。江夏王道宗以事請節，節以聞，太宗喜，賚絹二百，勞之曰：「朕比不置左右僕射，正以公在省耳。」永徽初，遷黃門侍郎、同中書門下三品，代于志寧爲侍中。坐房遺愛友善，貶桂州，卒。

融明辯，長於吏治。開元初，調富平主簿。源乾曜、孟温繼爲京兆，賢其人，厚爲禮。時天下戶版刓隱，人多去本籍，浮食閭里，詭脫繇賦，豪弱相并，州縣莫能制。融由監察御史陳便宜，請校天下籍，收匿戶羨田佐用度。玄宗以融爲覆田勸農使，鉤檢帳符，得僞勳亡丁甚衆。擢兵部員外郎，兼侍御史。融乃奏慕容琦、韋洽、裴寬、班景倩、庫狄履温、賈晉等二十九人爲勸農判官，假御史，分按州縣，括正丘畝，招徠戶口而分業之。又兼租地安輯戶口使。於是諸道收沒戶八十萬，田亦稱是。歲終，羨錢數百萬緡。帝悅，引拜御史中丞。然吏下希望融旨，不能無擾，張空最，務多其獲，而流客頗脫不止。初，議者以生事，沮詰百端，而帝意向之，宰相源乾曜等佐其舉。又集羣臣大議，公卿雷同不敢異，唯戶部侍郎楊瑒以爲籍外取稅，百姓困弊，得不酬失。瑒坐左遷。融乃自請馳傳行天下，事無巨細，先上勸農使，而後上臺省，臺省須其意，乃行下。融所過，見高年，宣天子恩旨，百姓至有感涕者。使還言狀，帝乃下詔：「以客賦所在，並建常平倉，益貯九穀，權發斂；官司勸作農社，使貧富相恤。凡農月，州縣常務一切罷省，使趨刈穫。流亡新歸，十道各分官屬存撫，使遂厥功。復業已定，州縣季一申牒，不須挾名。」

中書令張說素惡融，融每建白，說輒引大體廷爭。融揣說不善，欲先事中傷之。張九齡謂說曰：「融新用事，辯給多詐，公不可以忽。」說曰：「狗鼠何能爲！」會帝封太山還，融以選限薄冬，請分吏部爲十銓。有詔融與禮部尚書蘇頲、刑部尚書韋抗、工部尚書盧從愿、右散騎常侍徐堅、蒲州刺史崔琳、魏州刺史崔沔、荆州長史韋虛心、鄭州刺史賈曾、懷州刺史王丘分總，而不得參事，一決於上。融奏選事，說屢卻之，融怒，乃與御史大夫崔隱甫等廷劾說引術士解禱及受賕，說由是罷宰相。融畏說且復用，訾詆不已。帝疾其黨，詔說致仕，放隱甫于家，出融爲魏州刺史。

方河北大水，卽詔領宣撫使，俄兼檢校汴州刺史、河南北溝渠隄堰決九河使。又建請墾九河故地爲稻田，權陸運本錢，收其子入官。興役紛然，而卒無成功。入爲鴻臚卿，兼戶部侍郎。明年，進黃門侍郎、同中書門下平章事。融曰：「使吾執政得數月久，天下定矣。」乃薦宋璟爲右丞相，裴耀卿爲戶部侍郎，許景先爲工部侍郎，當時長其知人。而性卞急，少所推下。旣居位，日引賓客故人與酣飲。然而神用警敏，應對如響，雖天子不能屈。信安王禕節度朔方，融畏其權，諷侍御史李宙劾奏之。禕密知，因玉眞公主、高力士自歸。翌日，宙通奏，帝怒，罷融爲汝州刺史。居宰相凡百日去，而錢穀亦自此不治。帝思之，讓宰相曰：「公等暴融惡，朕旣罪之矣，國用不足，將奈何？」裴光庭等不能對，卽使有司劾融交不逞，作威福，其息受贓饋狼藉，乃貶融平樂尉。歲餘，司農發融在汴州給隱官息錢巨萬，給事中馮紹烈深文推證，詔流于巖州。道廣州，遷延不行，爲都督耿仁忠所讓，惶恐上道，卒。

初，融廣置使額以侈上心，百姓愁恐。有司寖失職，自融始。帝猶思其舊功，贈台州刺史。其後言利得幸者踵相躡，皆本於融云。

子審，字審。融之貶也，審與兄弟侍母京師。及聞融再貶，不告其家，徒步號泣省父，使者憐之，以車共載達于巖州。後擢進士第，累遷大理評事。以夏楚大小無制，始創杖架，以高庳度杖長短，又鑄銅爲規，齊其巨細。楊國忠顓政，殺嶺南流人，以中使傳口敕行刑，畏議者嫉其酷，乃以審爲嶺南監決處置使，活者甚衆。後終永、和二州刺史。

韋堅字子全，京兆萬年人。姊爲惠宣太子妃，妹爲皇太子妃，中表貴盛，故仕最早。繇祕書丞歷奉先、長安令，有幹名。見宇文融、楊慎矜父子以聚斂進，乃運江、淮租賦，所在置吏督察，以佐國稟，歲終增鉅萬。玄宗咨其才，擢爲陜郡太守、水陸運使。漢有運渠，起關門〔一〕，西抵長安，引山東租賦，汔隋常治之。堅爲使，乃占咸陽，壅渭爲堰，絕灞、滻而東，注永豐倉下，復與渭合。初，滻水銜苑左，有望春樓，堅于下鑿爲潭以通漕，二年而成。帝爲升樓，詔羣臣臨觀。堅豫取洛、汴、宋山東小斛舟三百首貯之潭，篙工柁師皆大笠、侈袖、芒屨，爲吳、楚服。每舟署某郡，以所產暴陳其上。若廣陵則錦、銅器、官端綾繡；會稽則羅、吳綾、絳紗；南海瑇瑁、象齒、珠琲、沈香；豫章力士甆飲器、茗鐺、釜；宣城空青、石綠；始安蕉葛、蚺膽、翠羽；吳郡方文綾。船皆尾相銜進，數十里不絕。關中不識連檣挾櫓，觀者駭異。先是，人間唱得体紇那歌，有「揚州銅器」語。開元末，得寶符於桃林，而陝尉崔成甫以堅大輸南方物與歌語叶，更變爲得寶歌，自造曲十餘解，召吏唱習。至是，衣缺胯衫、錦半臂、絳冒額，立艫前，倡人數百，皆巾幨鮮治，齊聲應和，鼓吹合作。船次樓下，堅跪取諸郡輕貨上於帝，以給貴戚、近臣。上百牙盤食，府縣教坊音樂迭進，惠宣妃亦出寶物供具。帝大悅，擢堅左散騎常侍，官屬賞有差，蠲役人一年賦，舟工賜錢二百萬，名潭曰廣運。堅進兼江淮南租庸、轉運、處置等使，又兼御史中丞，封韋城縣男。

堅妻，姜皎女，李林甫舅子也。初甚昵比，既見其寵，惡之。堅亦自以得天子意，銳於進，又與左相李適之善，故林甫授堅刑部尚書，奪諸使，以楊慎矜代之。堅失職，稍怨望。河西、隴右節度使皇甫惟明數於帝前短林甫，稱堅才，林甫知之。惟明故爲忠王友，王時爲皇太子矣。正月望夜，惟明與堅宴集，林甫奏堅外戚與邊將私，且謀立太子。有詔訊鞫，林甫使楊慎矜、楊國忠、王鉷、吉溫等文致其獄，帝惑之，貶堅縉雲太守，惟明播川太守，籍其家。堅諸弟訴枉，帝大怒。太子懼，表與妃絕。復貶堅江夏別駕。未幾，長流臨封郡。弟蘭爲將作少匠，冰鄠令，芝兵部員外郎，子諒河南府戶曹，皆謫去。歲中，遣監察御史羅希奭就殺之，殺惟明於黔中，惟堅妻得原。從坐十餘人，倉部員外郎鄭章、右補闕內供奉鄭欽說、監察御史豆盧友楊惠、嗣薛王瑒皆免官被竄。

堅始鑿潭，多壞民冢墓，起江、淮，至長安，公私騷然。及得罪，林甫遣使江、淮，鉤索堅罪，捕治舟夫漕史，所在獄皆滿。郡縣剝斂償輸，責及隣伍，多裸死牢戶。林甫死，乃止。

楊愼矜，隋齊王暕曾孫。祖正道，從蕭后入突厥，及破頡利可汗，乃得歸，爲尙衣奉御。父隆禮，歷州刺史，善檢督吏，以嚴辯自名。開元初，爲太府卿，封弘農郡公。時御府財物羨積如丘山，隆禮性詳密，出納雖尋尺皆自按省，凡物經楊卿者，號無不精麗，歲常愛省數百萬。任職二十年，年九十餘，以戶部尙書致仕，卒。

愼矜沈毅任氣，健而才。初爲汝陽令，有治稱。隆禮罷太府，玄宗訪其子可代父任者，宰相以愼餘、愼矜、愼名皆得父淸白。帝喜，擢愼矜監察御史，知太府出納，愼餘太子舍人，主長安倉，愼名大理評事，爲含嘉倉出納使，被眷尤渥。

愼矜遷侍御史，知雜事，高置風格。始議輸物有汙傷，責州縣償所直，轉輕齎入京師，自是天下調發始煩。天寶二年，權判御史中丞、京畿採訪使，太府出納如故。於時李林甫用事，愼矜進非其意，固讓不敢拜，乃授諫議大夫、兼侍御史，更以蕭諒爲中丞。諒爭輕重不平，罷爲陝郡太守。林甫知愼矜爲己屈，卒授御史中丞，兼諸道鑄錢使。韋堅之獄，王鉷等方文致，而愼矜依違不甚力，鉷恨之，雖林甫亦不悅。鉷父與愼矜外兄弟也，故與鉷狎。及爲侍御史，繇愼矜所引，後遷中丞，同列，愼矜猶以子姓畜之，鉷負林甫勢，滋不平。會愼矜擢戶部侍郎，仍兼中丞，林甫疾其得君，且逼己，乃與鉷謀陷之。

明年，愼矜父冢草木皆流血，懼，以問所善胡人史敬忠。敬忠使身桎梏，裸而坐林中厭之；又言天下且亂，勸愼矜居臨汝，置田爲後計。會婢春草有罪，將殺之，敬忠曰：「勿殺，賣之可市十牛，歲耕田十頃。」愼矜從之。婢入貴妃姊家，因得見帝。帝愛其辯惠，留宮中，寖侍左右。帝常問所從來，婢奏爲愼矜家所賣。帝曰：「彼乏錢邪？」對曰：「固將死，賴史敬忠以免。」帝素聞敬忠挾術，間質其然。婢具言敬忠夜過愼矜，坐廷中，步星變，夜分乃去；又白厭勝事。帝怒。而婢漏言於楊國忠，國忠、鉷方睦，陰相語。始，愼矜奪鉷職田，辱詬其母，又嘗私語讖書，鉷銜之，未有發也。至聞國忠語，乃喜，且欲嘗帝以取驗。異時奏事，數稱引愼矜，帝悖然曰：「爾親邪，毋相往來！」鉷知帝惡甚，後見愼矜，輒慢侮不爲禮，愼矜怒。鉷乃與林甫作飛牒，告愼矜本隋後，蓄讖緯妖言，與妄人交，規復隋室。帝方在華清宮，聞之震怒，收愼矜尙書省，詔刑部尙書蕭炅、大理卿李道邃、殿中侍御史盧鉉楊國忠雜訊。馳遣京兆士曹參軍吉溫繫愼餘、愼名於洛陽獄考治。捕太府少卿張瑄致會昌傳舍，劾瑄與愼矜共解圖讖，搒掠不服。鉉遣御史崔器索讖書，於愼矜下妻臥內得之，詬曰：「逆賊所寘固密，今得矣！」以示愼矜，愼矜曰：「它日無是，今得之，吾死，命矣夫！」

溫又誘敬忠首服語言，愼矜不能對。有詔杖敬忠，賜愼矜、瑨死，籍其家，子女悉置嶺南。姻黨通事舍人辛景湊、天馬副監万俟承暉、閑廄使殿中監韋衢等坐竄徙者十餘族，所在部送，近親不得仕京師。

遣御史顏眞卿馳洛陽決獄。愼餘、愼名聞兄死，皆哭，旣讀詔，輟哭。愼名曰：「奉詔不敢稽死，但寡姊垂白，作數行書與別。」眞卿許之。索筆，曰：「拙於謀己，兄弟併命，姊老孤煢，何以堪此！」遂縊，手指天而絕。愼矜兄弟友愛，事姊如母，儀幹皆秀偉，愛賓客，標置不凡，著稱於時。愼名嘗覩鑑歎曰：「兄弟皆六尺餘，此貌此才，欲見容當世，難矣！胡不使我少體弱邪？」世哀其言。寶應初，愼矜、王琚、韋堅皆復官爵。

王鉷，中書舍人瑨側出子也。初爲鄠尉，遷監察御史，擢累戶部郎中。數按獄深文，玄宗以爲才，進兼和市和糴、長春宮、戶口色役使，拜御史中丞、京畿關內採訪黜陟使。林甫方興大獄，撼東宮，誅不附己者，以鉷險刻，可動以利，故倚之，使鷙擊狠噬。鉷所摧陷，多抵不道。又厚誅斂，嚮天子意，人雖被蠲貸，鉷更奏取脚直，轉異貨，百姓間關輸送，乃倍所賦。又取諸郡高戶爲租庸脚士，大抵貲業皆破，督責連年，人不賴生。帝在位久，妃御服玩脂澤之費日侈，而橫與別賜不絕于時，重取於左右藏。故鉷迎帝旨，歲進錢鉅億萬，儲禁中，以爲歲租外物，供天子私帑。帝以鉷有富國術，寵遇益厚，以戶部侍郎仍御史中丞，加檢察內作、閑廄使，苑內、營田、五坊、宮苑等使，隴右羣牧、支度營田使。

天寶八載，方士李渾上言見太白老人告玉版祕記事，帝詔鉷按其地求得之，因是羣臣奉上帝號。明年，鉷爲御史大夫，兼京兆尹，加知總監、栽接使。於是領二十餘使，中外畏其權。鉷於第左建大院，文書叢委，吏爭入求署一字，累數日不得者。天子使者賜遺相望，聲焰薰灼。帝寵任鉷亞林甫，而楊國忠不如也。然鉷畏林甫，謹事之。安祿山怙寵，見林甫白事，稍自怠，林甫欲示之威，託以事召王大夫，俄而鉷至，趨進俯伏，祿山不覺自失，鉷語久，祿山益恭。故林甫雖忌其盛，亦以附己親之。

子準，爲衞尉少卿，以鬭雞供奉禁中，林甫子岫，亦親近，準驕甚，凌岫出其上。過駙馬都尉王繇，以彈彈其巾，折玉簪爲樂，既置酒，永穆公主親視供具。萬年尉韋黃裳、長安尉賈季鄰等候準經過，饌具倡樂必素辦，無敢迕意。

鉷事嫡母孝，而與弟銲友愛。銲疾鉷官達，常忿慢不弟，鉷終不異情。銲歷戶部郎中。鉷與銲召術士語不軌，術士驚，引去。鉷畏事泄，託它事捕殺之以絕口。王府司馬定安公主子韋會竊語於家〔三〕，左右往白鉷，鉷遣季鄰收會長安獄，夜縊死，以尸還家。會姻屬權近，而惕息不敢言。

鉷封太原縣公，兼殿中監。爲中丞也，與楊國忠同列，用林甫薦爲大夫，故國忠不悅。銲與邢縡善，縡，鴻臚少卿璹子也，以功名相期，鉷因銲亦交縡。十一載四月，縡與銲謀引右龍武軍萬騎燒都門、誅執政作難。先二日事覺，帝召鉷付告牒。鉷意銲與縡連，故緩其事，但督兩縣尉捕賊。賈季隣逢銲於路，銲謂曰：「我與縡有舊，今反，恐妄相引，君勿受。」既至，縡與其黨持弓刃突出格鬭，鉷與國忠繼至，縡黨相語曰：「勿鬭大夫。」或白國忠曰：「賊語陰相謂不可戰。」會高力士以飛龍小兒甲騎四百至，斬縡，盡禽其黨。國忠奏鉷與謀，帝不信，林甫亦爲鉷言，故帝原銲不問。然欲鉷請銲罪，使國忠諷之，鉷良久曰：「弟爲先人所愛，義不欲捨而謀存。」帝聞頗怒，而陳希烈固爭當以大逆。鉷未知，方上表自解，有詔希烈訊鉷矣，有司不肯通奏。鉷見林甫，林甫曰：「事後矣。」俄而銲至，國忠問曰：「大夫與否？」未及應，侍御史裴冕叱銲曰：「上以大夫故官君五品，君爲臣不忠，爲弟不誼。大夫豈與反事乎？」國忠愕然曰：「與，固不可隱；不與，不可妄。」銲乃曰：「兄不與。」獄具，詔銲杖死，鉷賜死三衞廚。冕請國忠，以其尸歸斂葬之。諸子悉誅，家屬徙遠方。有司籍第舍，數日不能徧，至以寶鈿爲井幹，引泉激霤，號「自雨亭」，其奢侈類如此。鉷兄錫，見諸弟貴盛，不肯仕，鉷彊之，爲太子僕。至是，貶東區尉，死於道，時人傷焉。

初，鉷附楊愼矜以貴，已而佐林甫陷愼矜，覆其家。凡五年，而鉷亦族矣。

盧鉉者，本以御史事韋堅爲判官，堅被劾，鉉發其私以結林甫。又善張瑄，及按愼矜，則誣瑄死。至鉷得罪，方爲閑廏判官，妄曰：「大夫以牒索馬五百，我不與。」衆疾其反覆，貶廬江長史。它日，見瑄如平生，乃曰：「公何得來此？願假須臾。」卒死。

贊曰：開元中，宇文融始以言利得幸。於時天子見海內完治，偃然有攘卻四夷之心，融度帝方調兵食，故議取隱戶剩田，以中主欲。利說一開，天子恨得之晚，不十年而取宰相。雖後得罪，而追恨融才有所未盡也。孟子所謂「上下征利而國危」者，可不信哉！天寶以來，外奉軍興，內蠱豔妃，所費愈不貲計。於是韋堅、楊愼矜、王鉷、楊國忠各以裒刻進，剝下益上，歲進羨緡百億萬爲天子私藏，以濟橫賜，而天下經費自如，帝以爲能，故重官累使，尊顯烜赫。然天下流亡日多於前，有司備員不復事。而堅等所欲既充，還用權娼以相屠脅，四族皆覆，爲天下笑。

夫民可安而不可擾，利可通而不可竭。觀數子乃欲擾而竭之，斂怨基亡，則向所謂利者，顧不反哉！鉷、國忠後出，橫虐最甚，當方毒，天下復思融云。

校勘記

〔一〕漢有運渠起關門　「關」，各本原作「闕」，本書卷五三食貨志及舊書卷一〇五韋堅傳作「關」。按「關」卽潼關，「闕」爲形誤。今改。

〔二〕定安公主子韋會繫語於家　「定安」，各本原作「安定」，舊書卷一〇五王鉷傳作「定安」。通鑑卷二一六同舊書，胡注：「定安公主，中宗女，下嫁王同皎，生繇；又嫁韋濯，生會。」按「安定」爲唐高祖女，此當是「定安」，據改。

唐書卷一百三十五

列傳第六十

哥舒翰 曜　高仙芝　封常清

哥舒翰，其先蓋突騎施酋長哥舒部之裔。父道元，爲安西都護將軍、赤水軍使，故仍世居安西。翰少補效轂府果毅，家富于財，任俠重然諾，縱蒱酒長安市。年四十餘，遭父喪，不歸。不爲長安尉所禮，慨然發憤，游河西，事節度使王倕。倕攻新城，使翰經略，稍知名。又事王忠嗣，署衙將。翰能讀左氏春秋、漢書，通大義。疏財，多施予，故士歸心。爲大斗軍副使，佐安思順，不相下。忠嗣更使討吐蕃，副將倨見，翰怒，立殺之，麾下爲股抃。遷左衞郎將。

吐蕃盜邊，與翰遇苦拔海。吐蕃枝其軍爲三行，從山差池下，翰持半段槍迎擊，所嚮輒披靡，名蓋軍中。擢授右武衞將軍，副隴右節度，爲河源軍使。先是，吐蕃候積石軍麥熟，歲來取，莫能禁。翰乃使王難得、楊景暉設伏東南谷。吐蕃以五千騎入塞，放馬褫甲，將就田，翰自城中馳至壘鬬，虜駭走，追北，伏起，悉殺之，隻馬無還者。翰嘗逐虜，馬驚，陷于河，吐蕃三將欲刺翰，翰大呼，皆擁矛不敢動，救兵至，追殺之。翰有奴曰左車，年十六，以旅力聞。翰工用槍，追及賊，擬槍於肩，叱之，賊反顧，翰刺其喉，剔而騰之，高五尺許，乃墮，左車卽下馬斬其首，以爲常。

會忠嗣被罪，帝召翰入朝，部將請齎金帛以救忠嗣，翰但齎襆裝，曰：「使吾計從，奚取於是？不行，用此足矣。」翰至，帝虛心待，與語，異之，拜鴻臚卿，爲隴右節度副大使。翰已謝，卽極言忠嗣之枉。帝起入禁中，翰叩頭從帝，且泣。帝寤，爲末貸其罪，忠嗣不及誅。朝廷稱其義。

踰年，築神威軍青海上，吐蕃攻破之。更築於龍駒島，有白龍見，因號應龍城。翰相其川原宜畜牧，謫罪人二千戍之，由是吐蕃不敢近青海。天寶八載，詔翰以朔方、河東羣牧兵十萬攻吐蕃石堡城。數日未克，翰怒，捽其將高秀巖、張守瑜，將斬之。秀巖請三日期，如期而下。遂以赤嶺爲西塞，開屯田，備軍實。加特進，賜賚彌渥。十一載，加開府儀同三司。

翰素與安祿山、安思順不平，帝每欲和解之。會三人俱來朝，帝使驃騎大將軍高力士宴城東，翰等皆集。詔尚食生擊鹿，取血瀹腸爲熱洛何以賜之。翰母，于闐王女也。祿山謂翰曰：「我父胡，母突厥；公父突厥，母胡。族類本同，安得不親愛？」翰曰：「諺言『狐向窟嘷，不祥』，以忘本也。兄既見愛，敢不盡心。」祿山以翰譏其胡，怒罵曰：「突厥敢爾！」翰欲應之，力士目翰，翰託醉去。

久之，進封涼國公，兼河西節度使。攻破吐蕃洪濟、大莫門等城，收黃河九曲，以其地置洮陽郡，築神策、宛秀二軍。進封西平郡王，賜音樂、田園，又賜一子五品官，裨將賞拜有差。宰相楊國忠惡祿山，白發其反狀，故厚結翰。俄進太子少保。翰耆酒，極聲色，因風痹，體不仁。既疾廢，遂還京師，闔門不朝請。

十四載，祿山反，封常清以王師敗。帝乃召見翰，拜太子先鋒兵馬元帥，以田良丘爲軍司馬，蕭昕爲判官，王思禮、鉗耳大福、李承光、高元蕩、蘇法鼎、管崇嗣爲屬將，火拔歸仁、李武定、渾萼、契苾寧以本部隸麾下，凡河、隴、朔方、奴剌等十二部兵二十萬守潼關。師始東，先驅牙旗觸門，墮注旄，干折，衆惡之。天子御勤政樓臨送，詔翰以軍行，過門毋下，百官郊餞，旌旗亙二百里。翰惶恐，數以疾自言，帝不聽。然病痼不能事，以軍政委良丘，使王思禮主騎，李承光主步。三人爭長，政令無所統一，衆攜弛，無鬬意。明年，進拜尚書左僕射、同中書門下平章事。祿山遣子慶緒攻關，翰擊走之。

始，安思順度祿山必反，嘗爲帝言，得不坐。翰既惡祿山，又怨思順。及是，知重兵在己，有所論請，天子重違，因僞爲賊書遺思順者，使關邏禽以獻。翰因疏七罪，請誅之。有詔思順及弟元貞皆賜死，徙放其家。國忠始懼。或說翰曰：「祿山本以誅國忠故稱兵，今若留卒三萬守關，悉精銳度滻水誅君側，此漢挫七國計也。」思禮亦勸翰。翰猶豫未發，謀頗露。國忠大駭，入見帝曰：「兵法，安不忘危。大兵在潼關而無後殿，萬有一不利，京師危矣。」卽募牧兒三千人，日夜訓練，以劍南列將分統之。又募萬人屯灞上，使腹心杜乾運爲帥。翰疑圖己，表請乾運兵隸節下，因詭召乾運計事者，至軍，卽斬首梟牙門，并其軍。國忠愈恐，謂其子曰：「吾無死所矣！」

然翰亦不自安，又謀久不決。數奏言：「祿山雖竊據河朔，不得人心，請持重以敝之，待其離隙，可不血刃而禽。」賊將崔乾祐守陝郡，仆旗鼓，羸師以誘戰。覘者曰：「賊無備，可圖也。」帝信之，詔翰進討。翰報曰：「祿山習用兵，今始爲逆，不能無備，是陰計誘我。賊遠來，利在速戰。王師堅守，毋輕出關，計之上也。且四方兵未集，宜觀事勢，不必速。」

當是時，祿山雖盜河、洛，所過殘殺，人人怨之，淹時月不能進尺寸地。又郭子儀、李光弼兵益進，取常山十數郡。祿山始悔反矣，將還幽州以自固。而國忠計迫，謬說帝趣翰出潼關復陝、洛。時子儀、光弼遙計曰：「翰病且耄，賊素知之，諸軍烏合不足戰。今賊悉銳兵南破宛、洛，而以餘衆守幽州，吾直擣之，覆其巢窟，質叛族以招逆徒，祿山之首可致。若師出潼關，變生京師，天下怠矣。」乃極言請翰固關無出軍。而帝入國忠之言，使使者趣戰，項背相望也。翰窘不知所出。六月，引而東，慟哭出關，次靈寶西原，與乾祐戰。由關門七十里，道險隘，其南薄山，北阻河，賊以數千人先伏險。翰浮舟中流以觀軍，謂乾祐兵寡，易之，促士卒進，道岨無行列。賊乘高頹石下擊，殺士甚衆。翰與良丘登北阜，以軍三萬夾河鳴鼓，思禮等以精卒居前，餘軍十萬次之。乾祐爲陣，十十五五，或却或進，而陌刀五千列陣後。王師視其陣無法，指觀嗤笑，曰：「禽賊乃會食。」

及戰，乾祐旗少偃，如欲遯者，王師懈，不爲備。伏忽起薄戰，皆奮死鬬。翰以氈蒙馬車，畫龍虎，飾金銀爪目，將駭賊，掎戈矢逐北。賊負薪塞路，順風火其車，熛焱熾突，騰煙如夜，士不復相辨，自相鬬殺，尸血狼籍，久乃悟，又棄甲奔山谷及陷河死者十一二。有糧艘百餘，軍爭濟，艘輒沈，至縛矛盾乘以度，喧叫振天地。賊乘之，奔潰略盡。始，關門有三塹，廣二丈，深一丈，士馬奔蹴相壓迮，少選塹平，後至者踐之以入。

既敗，翰引數百騎絕河還營，羸兵裁八千，至潼津，收散卒復守關。乾祐進攻，於是火拔歸仁等紿翰出關，翰曰：「何邪？」曰：「公以二十萬衆，一日覆沒，持是安歸？公不見高仙芝等事乎？」翰曰：「吾寧效仙芝死，汝舍我。」歸仁不從，執以降賊，械送洛陽，京師震動，由是天子西幸。祿山見翰責曰：「汝常易我，今何如？」翰俯伏謝罪曰：「陛下撥亂主。今天下未平，李光弼在土門，來瑱在河南，魯炅在南陽，臣爲陛下以尺書招之，三面可平。」祿山悅，卽署司空、同中書門下平章事。執火拔歸仁，曰：「背主忘義，吾不爾容。」斬之。翰以書招諸將，諸將皆讓翰不死節。祿山知事不可就，囚之。東京平，安慶緒以翰度河。及敗，乃殺之。

翰爲人嚴，少恩。軍行未嘗卹士飢寒，有咯民椹者，痛笞辱之。監軍李大宜在軍中，不治事，與將士樗蒱、飲酒、彈箜篌琵琶爲樂，而士米粃不饜。帝令中人袁思藝勞師，士皆訴衣服穿空，帝卽斥御服餘者，製袍十萬以賜其軍，翰藏庫中，及敗，封鐍如故。

先是，有客梁愼初遺翰書，請壁勿戰以屈賊，翰善之，奏爲左武衞胄曹參軍，留幕府。及翰與國忠貳，愼初曰：「難將作矣。」乃遁去。翰失守，華陰、馮翊、上洛郡官吏皆潰。帝遣劍南將劉光庭等將新募兵萬餘人往助翰，未至而翰被縛云。其後贈太尉，謚曰武愍。

子曜，字子明。八歲，玄宗召見華淸宮，擢尙輦奉御。累遷光祿卿。以翰陷賊，哀憤號慟，故吏裴冕、杜鴻漸等見之歎息。

李光弼討河北，曜請行，拜鴻臚卿，爲光弼副。降安太清、救宋州有功，改殿中監，襲封，爲東都鎮守兵馬使。德宗立，召爲左龍武大將軍。李希烈陷汝州，以周晃爲僞刺史。詔拜曜東都、汝州行營節度使，將鳳翔、邠寧、涇原、奉天、好畤兵萬人討希烈。帝召見，問曰：「卿治兵孰與父賢？」對曰：「先臣，安敢比。但斬長蛇，殪封豕，然後待罪私室，臣之願也。」帝曰：「爾父在開元時，朝廷無西憂；今朕得卿，亦不東慮。」及行，帝祖通化門。是日，牙干折。時以翰出師已如此，而斬持旗者，卒以敗，今曜復爾，人憂之。

曜擊賊，收汝州，禽晃以獻，斬其將二人。希烈退保許州。詔城襄城，曜以疲人版築不如按甲持重以挫之，帝不許。有詔督戰。曜進次潁橋，雷震軍中七馬斃，曜懼，還屯襄城。希烈遣衆萬人縱火攻柵，殪人于塹以薄壘，曜苦戰破之。居數月，希烈自率兵三萬圍曜，築甬道屬城，矢集如雨。帝遣神策將劉德信以兵三千援之，又詔河南都統李勉出兵相掎角。勉以「希烈在外，許守兵少，乘虛襲之，希烈自解」，乃遣部將與德信趨許，未至，有詔切讓，使班師。德信等惶惑還，軍無斥候，至扈澗，爲賊設伏詭擊，死者殆半，器械輜重皆亡。德信走汝州。勉恐東都危，使將李堅華以兵四千往守，賊梗道，不得入。汴兵沮，襄城圍益急。帝乃詔普王以荆、襄、江西、鄂、沔之師討蔡州，詔涇原節度使姚令言救襄城。未行，京師亂，帝幸奉天。襄城陷，曜走洛陽。會母喪，奪爲東都畿、汝節度使。遷河南尹。曜拙於統御，而銳殺戮，士畏而不懷。貞元元年，部將叛，夜焚河南門，曜挺身免。帝以汴州刺史薛珏代之，召入爲鴻臚卿。終右驍衞上將軍，贈幽州大都督。子七人，俱以儒聞。晅，茂才高第，有節概。崿、巘、峴皆明經擢第。

高仙芝，高麗人。父舍雞，初以將軍隸河西軍，爲四鎭校將。仙芝年二十餘，從至安西，以父功補游擊將軍。數年，父子並班。仙芝美姿質，善騎射，父猶以其儒緩憂之。初事節度使田仁琬、蓋嘉運等，不甚知名。後事夫蒙靈詧，乃善遇之。開元末，表爲安西副都護、四鎭都知兵馬使。

小勃律，其王爲吐蕃所誘，妻以女，故西北二十餘國皆羈屬吐蕃。自仁琬以來三討之，皆無功。天寶六載，詔仙芝以步騎一萬出討。是時步兵皆有私馬自隨，仙芝乃自安西過撥換城，入握瑟德，經疏勒，登葱嶺，涉播密川，遂頓特勒滿川，行凡百日。特勒滿川，即五識匿國也。仙芝乃分軍爲三，使疏勒趙崇玭自北谷道、撥換賈崇瓘自赤佛道、仙芝與監軍邊令誠自護密俱入，約會連雲堡。堡有兵千餘。城南因山爲栅，兵九千守之。城下據婆勒川。會川漲，不得度，仙芝殺牲祭川，命士人齎三日糒集水涯，士不甚信。既涉，旗不霑，韉不濡。兵已成列，仙芝喜，告令誠曰：「嚮吾方涉，賊擊我，我無類矣。今既濟而陣，天以賊賜我也。」遂登山挑戰，日未中，破之。拔其城，斬五千級，生禽千人，馬千餘匹，衣資器甲數萬計。仙芝欲遂深入，令誠懼，不肯行。仙芝留羸弱三千使守，遂引師行。三日，過坦駒嶺，嶺峻絕，下四十里。仙芝恐士憚險不敢進，乃潛遣二十騎，衣阿弩越胡服來迎，先語部校曰：「阿弩越胡來迎，我無慮矣。」既至，士不肯下，曰：「公驅我何去？」會二十人至，曰：「阿弩越胡來迎，已斷娑夷橋矣。」仙芝即陽喜，令士盡下。娑夷河，弱水也。既行三日，越胡來迎。明日，至阿弩越城。遣將軍席元慶以精騎一千先往，謂小勃律王曰：「不闕若城，吾假道趨大勃律耳。」城中大酋領皆吐蕃腹心，仙芝密令元慶曰：「若酋領逃者，弟出詔書呼之，賜以繒綵，至，皆縛以待我。」元慶如言。仙芝至，悉斬之。王及妻逃山穴，不可得；仙芝之招喻，乃出降，因平其國。急遣元慶斷娑夷橋，其暮，吐蕃至，不克度。橋長度一箭所及者，功一歲乃成。八月，仙芝以小勃律王及妻自赤佛道還連雲堡，與令誠俱班師。於是拂菻、大食諸胡七十二國皆震懾降附。

仙芝遣判官王庭芬奏捷京師。軍至河西，靈詧怒，不迎勞。既見，罵曰：「高麗奴，于闐使爾何從得之？」仙芝懼，且謝曰：「中丞力也。」又曰：「焉耆鎮守使、安西副都護、都知兵馬使，皆何從得之？」答曰：「亦中丞力也。」靈詧曰：「審若此，捷書不待我而敢卽奏，何邪？奴當斬，顧新立功，故貸爾。」仙芝不知所爲。令誠密言狀於朝，且曰：「仙芝立功而以憂死，後孰爲朝廷用者？」帝乃擢仙芝鴻臚卿、假御史中丞，代靈詧爲四鎮節度使，而詔靈詧還，靈詧懼。仙芝朝夕見，輒趨走，靈詧益慚。副都護程千里、衙將畢思琛、行官王滔康懷順陳奉忠等皆嘗譖仙芝於靈詧者。旣視事，呼千里嫚罵曰：「公面雖男兒，而心似婦女，何邪？」謂琛曰：「爾奪吾城東千石種田，憶之乎？」對曰：「公見賜者。」仙芝曰：「爾時吾畏汝威，豈憐汝而賜邪？」又召滔，欲捽辱。良久，皆釋，曰：「吾不恨矣。」由是舉軍安之。俄加左金吾衞大將軍，與一子五品官。

九載，討石國，其王車鼻施約降，仙芝爲俘獻闕下，斬之，由是西域不服。其王子走大食，乞兵攻仙芝於怛邏斯城，以直其冤。仙芝爲人貪，破石，獲瑟瑟十餘斛、黃金五六橐駝，良馬寶玉甚衆，家貲累鉅萬。然亦不甚愛惜，人有求輒與，不問幾何。

尋除武威太守，代安思順爲河西節度使，羣胡固留思順，更拜右羽林軍大將軍，封密雲郡公。祿山反，榮王爲元帥，仙芝副之，領飛騎、彍騎及朔方等兵，出禁財募關輔士五萬，繼封常清東討。帝御勤政樓，引榮王受命，宴仙芝以下。帝又幸望春亭勞遣，詔監門將軍邊令誠監軍。次陝郡，而常清敗還。仙芝急，乃開太原倉，悉以所有賜士卒，焚其餘，引兵趨潼關。會賊至，甲仗資糧委於道，彌數百里。既至關，勒兵繕守具，士氣稍稍復振。賊攻關不得入，乃引還。

初，令誠數私於仙芝，仙芝不應，因言其逗撓狀以激帝，且云：「常清以賊搖衆，而仙芝棄陝地數百里，朘盜稟賜。」帝大怒，使令誠卽軍中斬之。令誠已斬常清，陳尸於蘧蒢。仙芝自外至，令誠以陌刀百人自從，曰：「大夫亦有命。」仙芝遽下，曰：「我退，罪也，死不敢辭。然以我爲盜頡資糧，誣也。」謂令誠曰：「上天下地，三軍皆在，君豈不知？」又顧麾下曰：「我募若輩，本欲破賊取重賞，而賊勢方銳，故遷延至此，亦以固關也。我有罪，若輩可言；不爾，當呼枉。」軍中咸呼曰：「枉！」其聲殷地。仙芝視常清尸曰：「公，我所引拔，又代吾爲節度，今與公同死，豈命歟！」遂就死。

封常清，蒲州猗氏人。外祖教之讀書，多所該究。然孤貧，年過三十，未有名。夫蒙靈詧爲四鎭節度使，以高仙芝爲都知兵馬使。嘗出軍，奏傔從三十餘人，衣褠鮮明，常清慨然投牒請豫。常清素瘠，又脚跛，仙芝陋其貌，不納。明日復至，仙芝謝曰：「傔已足，何庸復來？」常清怒曰：「我慕公義，願事鞭靮，故無媒自前，公何見拒深乎？以貌取士，恐失之子羽。公其念之。」仙芝猶未納，乃日候門下，仙芝不得已，竄名傔中。

會達奚諸部叛，自黑山西趣碎葉，有詔邀擊。靈詧使仙芝以二千騎追躡。達奚行遠，人馬疲，禽馘略盡。常清於幕下潛作捷布，具記井泉次舍、克賊形勢謀略，條最明審。仙芝取讀之，皆意所欲出，乃大駭，卽用之。軍還，靈詧迎勞，仙芝已去奴襪帶刀，而判官劉眺、獨孤峻爭問：「向捷布誰作者？公幕下安得此人？」答曰：「吾傔封常清也。」眺等驚，進揖常清坐，與語，異之，遂知名。以功授疊州戍主，仍爲判官。

仙芝破小勃律，代靈詧爲安西節度使，常清以從戰有勞，擢慶王府錄事參軍事，爲節度判官。仙芝征討，常知後務。常清才而果，胸無疑事。仙芝委家事於郎將鄭德詮，其乳母子也，威動軍中。常清嘗自外還，諸將前謁。德詮見常清始貴，易之，走馬突常清麾士去。常清命左右引德詮至廷中，門輒閉，因離席曰：「吾起細微，中丞公過聽，以主留事，郎將安得無禮？」因叱曰：「須暫假郎將死，以肅吾軍。」因杖死，以面仆地曳出之。仙芝妻及乳母哭門外救請，不能得，遽以狀白仙芝，仙芝驚，及見常清，憚其公，不敢讓。常清亦不謝。會大將有罪，又殺二人，軍中莫不股慄。仙芝節度河西，復請爲判官。久之，擢安西副大都護、安西四鎭節度副大使，知節度事。未幾，改北庭都護，持節伊西節度使。常清性勤儉，耐勞苦，出軍乘騾，私廄裁二馬，賞罰分明。

天寶末入朝，而安祿山反，帝引見，問何策以討賊。常清見帝憂，因大言曰：「天下太平久，人不知戰。然事有逆順，勢有奇變，臣請馳至東京，悉府庫募驍勇，挑馬箠度河，計日取逆胡首以獻闕下。」天子壯之。明日，以常清爲范陽節度副大使，乘馹赴東京。常清募兵得六萬人，然皆市井庸保，乃部分旗幟，斷河陽橋以守。賊移書平原，令太守顏眞卿以兵七千防河。眞卿馳使司兵參軍事李平入奏。常清取平表發視，即倚帳作書遺眞卿，勸堅守，且傳購祿山檄數十函與之，眞卿得，以分曉諸郡。

祿山度河，陷滎陽，入罌子谷，先驅至葵園。常清使驍騎拒之，殺拓羯數十百人。賊大軍至，常清不能禦，退入上東門，戰不利。賊鼓而進，劫官吏。再戰於都亭驛，又不勝；引兵守宣仁門，復敗。乃自提象門出，伐大木塞道以殿，至穀水，西奔陝。語高仙芝曰：「賊鋭甚，難與爭鋒。潼關無兵，一夫奔突則京師危，不如急守潼關。」仙芝從之。

敗書聞，帝削常清官，使白衣隸仙芝軍效力。仙芝使衣黑衣監左右部軍。及邊令誠以詔書至，示之，常清曰：「吾所以不死者，恐汙國家節，受戮賊手。今死乃甘心。」始，常清敗，徑入關，欲見上陳討賊事。至渭南，有詔赴潼關。常清憂懼，爲表以謝，且言：「自東京陷，三遣使表論成敗，不得對。」又言：「臣死後，望陛下無輕此賊，則社稷安。」至是臨刑，以表授令誠而死。人多哀之。

贊曰：祿山裒百關驍虜，乘天下忘戰，主德耄勤，故提戈內譟，人情崩潰。常淸乃驅市人數萬以嬰賊鋒，一戰不勝，卽奪爵土。欲入關見天子論成敗事，使者三輩上書，皆不報，回斬于軍。仙芝棄陝守關，遏賊西勢，以喪地被誅。玄宗雖爲左右蒙暓，然荒奪其明亦甚矣。卒使叛將得藉口，執翰以降賊。嗚呼，非天孰其惡，使亂四海，畀黔首而殘之邪！彼二將奚誅焉？

唐書卷一百三十六

列傳第六十一

李光弼 弟光進 荔非元禮 郝廷玉 李國臣 白孝德 張伯儀 白元光 陳利貞 侯仲莊 柏良器 烏承玭

李光弼，營州柳城人。父楷洛，本契丹酋長，武后時入朝，累官左羽林大將軍，封薊郡公。吐蕃寇河源，楷洛率精兵擊走之。初行，謂人曰：「賊平，吾不歸矣。」師還，卒于道，贈營州都督，謚曰忠烈。

光弼嚴毅沈果，有大略，幼不嬉弄，善騎射。起家左衞親府左郎將，累遷左淸道率，兼安北都護，補河西王忠嗣府兵馬使，充赤水軍使。忠嗣遇之厚，雖宿將莫能比。嘗曰：「它日得我兵者，光弼也。」俄襲父封。以破吐蕃、吐谷渾功，進雲麾將軍。朔方節度使安思順表爲副，知留後事，愛其材，欲以子妻之，光弼引疾去。隴右節度使哥舒翰異其操，表還長安。

安祿山反，郭子儀薦其能，詔攝御史大夫，持節河東節度副大使，知節度事，兼雲中太守。尋加魏郡太守、河北採訪使。光弼以朔方兵五千出土門，東救常山，次眞定，常山圍結子弟執賊將安思義降。自顏杲卿死，郡爲戰區，露胔蔽野，光弼酹而哭之，出爲賊幽閉者，厚恤其家。

時賊將史思明、李立節、蔡希德攻饒陽，光弼得思義，不殺，問其計，答曰：「今軍行疲勞，逢敵不可支，不如按軍入守，料勝而出。虜兵猋銳，弗能持重，圖之萬全。」光弼曰：「善。」據城待。明日，思明兵二萬傅堞，光弼兵不得出，乃以勁弩五百射之，賊退，徙陣稍北。光弼出其南，夾滹沱而軍。思明雖數困，然恃近救，解鞍休士。是日，饒陽賊五千至九門，光弼諜知之，提輕兵，斂旗鼓，伺賊方飯，襲殺之且盡。思明懼，引去，以奇兵斷饋道。馬食薦藉，光弼命將取芻行唐，賊鈔擊之，兵負戶戰，賊不能奪。會郭子儀收雲中，詔悉衆出井陘，與光弼合擊賊九門西，思明大敗，挺身走趙郡，立節中流矢死，希德走鉅鹿。收稾城等十縣，遂攻趙。詔加光弼范陽大都督府長史、范陽節度使。思明繇鼓城入博陵，殺官吏。景城、河間、信都、清河、平原、博平六郡結營自守，以附光弼。光弼急攻趙，一日拔之。士多鹵掠，光弼坐譙門，收所獲，悉歸之民，城中大悅。進圍博陵，未下。與子儀合擊思明於嘉山，大破之。光弼以范陽本賊巢窟，當先取之，揠賊根本。會潼關失守，乃拔軍入井陘。

肅宗卽位，詔以兵赴靈武，更授戶部尙書、同中書門下平章事，節度如故。光弼以景城、河間兵五千入太原。前此，節度使王承業政弛謬，侍御史崔衆主兵太原，每侮狎承業，光弼素不平。及是，詔衆以兵付光弼。衆素狂易，見光弼長揖，不卽付兵，光弼怒，收繫之。會使者至，拜衆御史中丞。光弼曰：「衆有罪，已前繫，今但斬侍御史。若使者宣詔，亦斬中丞。」使者內詔不敢出，乃斬衆以徇，威震三軍。

至德二載，思明、希德率高秀巖、牛廷玠將兵十萬攻光弼。時銳兵悉赴朔方，而麾下卒不滿萬，衆議培城以守，光弼曰：「城環四十里，賊至治之，徒疲吾人。」乃徹民屋爲擂石車，車二百人挽之，石所及輒數十人死，賊傷十二。思明爲飛樓，障以木幔，築土山臨城，光弼遣穴地頹之。思明宴城下，倡優居臺上斬指天子，光弼遣人隧地禽取之。思明大駭，徙牙帳遠去，軍中皆視地後行。又濬溝營地，將沈其軍，乃陽約降。至期，以甲士守陴，遣裨校出，若送款者，思明大悅。俄而賊數千沒于壍，城上鼓譟，突騎出乘之，俘斬萬計。思明畏敗，乃去，留希德攻太原。光弼出敢死士搏賊，斬首七萬級，希德委資糧遁走。

初，賊至，光弼設公幄城隅以止息，經府門不顧。圍解，閱三昔乃歸私寢。收淸夷、橫野等軍。賊別將攻好時，破大橫關，光弼追敗之。加檢校司徒，尋遷司空，封鄭國公，食實戶八百。

乾元年，入朝，詔朝官四品以上郊謁，進兼侍中。與九節度圍安慶緒於相州，大戰鄴西，敗之。光弼與諸將議：「思明勒兵魏州，欲以怠我，不如起軍逼之。彼懲嘉山之敗，不敢輕出，則慶緒可禽。」觀軍容使魚朝恩固謂不可。既而思明來援，光弼拒賊，戰尤力，殺略大當。會諸將驚潰，各引歸，所在剽掠，獨光弼整衆還太原。帝貸諸將罪，以光弼兼幽州大都督府長史，知諸道節度行營事。又代子儀爲朔方節度使。未幾，爲天下兵馬副元帥。

光弼以河東騎五百馳東都，夜入其軍，且謂賊方闚洛，當扼虎牢，帥師東出河上。檄召兵馬使張用濟，用濟憚光弼嚴，教諸將逗留其兵。用濟單騎入謁，光弼斬之，以辛京杲代。復追都將僕固懷恩，懷恩懼，先期至。會滑汴節度使許叔冀戰不利，降賊，思明乘勝西嚮。光弼敦陣徐行，趨東京，謂留守韋陟曰：「賊新勝，難與爭鋒，欲詘之以計。然洛無見糧，危偪難守，公計安出？」陟曰：「益陝兵，公保潼關，可以持久。」光弼曰：「兩軍相敵，尺寸地必爭。今委五百里而守關，賊得地，勢益張。不如移軍河陽，北阻澤、潞，勝則出，敗則守，表裏相應，賊不得西，此猨臂勢也。夫辨朝廷之禮，我不如公；論軍旅勝負，公不如我。」陟不能答。判官韋損曰：「東都乃帝宅，公當守之。」光弼曰：「汜水、崿嶺盡爲賊蹊，子能盡守乎？」遂檄河南縱官吏避賊，閈無留人，督軍取戰守備。

思明至偃師，光弼悉軍趨河陽，身以五百騎殿。賊游騎至石橋，諸將曰：「並城而北乎？

當石橋進乎？」光弼曰：「當石橋進。」甲夜，士持炬徐引，部曲重堅，賊不敢逼。已入三城，衆二萬，軍纔十日糧，與卒伍均少棄甘。賊憚光弼，未敢犯宮闕，頓白馬祠，治壍溝，築月城以守。賊攻光弼，與戰中潬西，破逆黨，斬千級，溺死者甚衆，生執五千人。初，光弼謂李抱玉曰：「將軍能爲我守南城二日乎？」抱玉曰：「過期何若？」曰：「棄之。」抱玉許諾。即紿賊曰：「吾糧盡，明日當降。」賊喜，斂兵待期。抱玉已繕完，卽請戰。賊忿欺，急攻之。抱玉出奇兵夾擊，俘獲過當，賊帥周摯引却。光弼自將治中潬，樹壁掘壍。摯捨南城攻中潬，光弼遣荔非元禮戰羊馬〔二〕，賊大潰。摯收兵復振，與安太淸合衆三萬攻北城。光弼斂軍入，登陴望曰：「彼軍雖銳，然方陣而囂，不足虞也，日中當破。」乃出戰，及期未決，召諸將曰：「彼彊而可破者，亂也。今以亂擊亂，宜無功。」因問：「賊陣何所最堅？」曰：「西北隅。」召郝廷玉曰：「爲我以麾下破之。」曰：「廷玉所將步卒，請騎五百。」與之三百。復問其次，曰：「東南隅。」召論惟貞，辭曰：「蕃將也，不知步戰，請鐵騎三百。」與之二百。乃出賜馬四十，分給廷玉等。光弼執大旗曰：「望吾旗，麾若緩，可觀便宜。若三麾至地，諸軍畢入，生死以之，退者斬！」既而馮堞望廷玉軍不能前，趣左右取其首來。廷玉曰：「馬中矢，非卻也。」乃命易佗馬。有裨將援矛刺賊，洞馬腹，中數人，又有迎賊不戰而卻者，光弼召援矛者賜絹五百匹，不戰者斬。光弼麾旗三，諸軍爭奮，賊衆奔敗，斬首萬餘級，俘八千餘人，馬二千，軍資器械以億計，禽周摯、徐璜玉、李秦授，惟太清挺身走。思明未知，猶攻南城，光弼驅所俘示之，思明大懼，築壘以拒官軍。始，光弼將戰，內刀于鞾，曰：「戰，危事。吾位三公，不可辱于賊。萬有一不捷，當自刎以謝天子。」及是，西向拜舞，三軍感動。太清襲懷州，守之。

上元元年，加太尉、中書令。進圍懷州，思明來救，光弼再逐北。思明見兵河清，聲度河絕餉路。光弼壁野水度，既夕還軍，留牙將雍希顥守，曰：「賊將高暉、李日越，萬人敵也，賊必使劫我。爾留此，賊至勿與戰，若降，與偕來。」左右竊怪語無倫。是日，思明果召日越曰：「光弼野次，爾以鐵騎五百夜取之，不然，無歸！」日越至壘，使人問曰：「太尉在乎？」曰：「去矣。」「兵幾何？」曰：「千人。」「將爲誰？」曰：「雍希顥。」日越謂其下曰：「我受命云何，今顧獲希顥，歸不免死。」遂請降。希顥與俱至，光弼厚待之，表授特進，兼右金吾大將軍。高暉聞，亦降。或問：「公降二將何易也？」光弼曰：「思明再敗，恨不得野戰，聞我野次，彼固易之，命將來襲，必許以死。希顥無名，不足以爲功。日越懼死，不降何待？高暉材出日越之右，降者見遇，貳者得不思奮乎？」諸軍決丹水灌懷州，未下。光弼令廷玉由地道入，得其軍號，登陴大呼，王師乘城，禽太清、楊希仲，送之京師，獻俘太廟。進食實戶一千五百。

思明使諜宣言賊將士皆北人，謳吟思歸。朝恩信然，屢上賊可滅狀。詔諭光弼，光弼固言賊方銳，未可輕動。僕固懷恩媢光弼功，陰佐朝恩陳掃除計。使者來督戰，光弼不得已，令李抱玉守河陽，出師次北邙。光弼使傅山陣，懷恩曰：「我用騎，今迫險，非便地，請陣諸原。」光弼曰：「有險，可以勝，可以敗；陣于原，敗斯殲矣。且賊致死于我，不如阻險。」懷恩不從。賊據高原，以長戟七百，壯士執刀隨之，委物僞遁。懷恩軍爭剽獲，伏兵發，官軍大潰。懷州復陷，光弼度河保聞喜，抱玉以兵寡，棄河陽。光弼請罪，帝以懷恩違令覆軍，優詔召光弼入朝。懇讓太尉，更拜開府儀同三司、中書令、河中尹、晉絳等州節度使。未幾，復拜太尉，兼侍中、河南副元帥，知河南、淮南東西、山南東、荆南五道節度行營事，鎮泗州。帝爲賦詩以餞。

朝義乘邙山之捷，進略申、光等十三州，光弼輿疾就道，監軍使以兵少，請保揚州。光弼曰：「朝廷以安危寄我，賊安知吾衆寡？若出不意，當自潰。」遂疾驅入徐州。時朝義圍李岑於宋州，使田神功擊走之。初，神功平劉展，逗留淮南，尙衡、殷仲卿相攻兗、鄆間，來瑱擅襄陽，及光弼至屯，朝義走，神功還河南，瑱、衡、仲卿踵入朝，其爲諸將憚服類此。寶應元年，進封臨淮郡王。光弼收許州，斬賊嬴千級，縛僞將二十二人。朝義分兵攻宋州，光弼破走之。

浙東賊袁晁反台州，建元寶勝，以建丑爲正月，殘剽州縣。光弼遣麾下破其衆於衢州。

廣德元年，遂禽晁，浙東平。詔增實封戶二千，與一子三品階，賜鐵券，名藏太廟，圖形凌煙閣。

相州、北邙之敗，朝恩羞其策繆，故深忌光弼切骨，而程元振尤疾之。二人用事，日謀有以中傷者。及來瑱爲元振讒死，光弼愈恐。吐蕃寇京師，代宗詔入援，光弼畏禍，遷延不敢行。及帝幸陝，猶倚以爲重，數存問其母，以解嫌疑。帝還長安，因拜東都留守，察其去就。光弼以久須詔書不至，歸徐州收租賦爲解。帝令郭子儀自河中輦其母還京。二年，光弼疾篤，奉表上前後所賜實封，詔不許。將吏問後事，答曰：「吾淹軍中，不得就養，爲不孝子，尙何言哉！」取所餘絹布分遺部將。薨，年五十七。部將卽以其布遂爲光弼行喪，號哭相問。帝遣使弔卹其母，贈太保，謚曰武穆，詔百官送葬延平門外。

光弼用兵，謀定而後戰，能以少覆衆。治師訓整，天下服其威名，軍中指顧，諸將不敢仰視。初，與郭子儀齊名，世稱「李郭」，而戰功推爲中興第一。其代子儀朔方也，營壘、士卒、麾幟無所更，而光弼一號令之，氣色乃益精明云。

子彙，有志操，廉介自將。從賈耽爲裨將，奏兼御史大夫。元和初，分徐州苻離爲宿州，光弼有遺愛，擢彙爲刺史。後遷涇原節度使，罷軍中雜徭，出奉錢贖將士質賣子，還其家。卒，贈工部尙書。

光弼弟光進，字太應。初爲房琯裨將，將北軍戰陳濤斜，兵敗，奔行在，肅宗宥之。代宗即位，拜檢校太子太保，封涼國公。吐蕃入寇，至便橋，郭子儀爲副元帥；光進及郭英乂佐之。自至德後與李輔國並掌禁兵，委以心膂。光弼被譖，出爲渭北、邠寧節度使。永泰初，封武威郡王。累遷太子太保，卒。

母李，有鬚數十，長五寸許，封韓國太夫人，二子節制皆一品。死葬長安南原，將相奠祭凡四十四幄，時以爲榮。

光弼所部將李懷光、僕固懷恩、田神功、李抱玉、董秦、哥舒曜、韓游瓌、渾釋之、辛京杲自有傳。若荔非元禮、郝廷玉、李國臣、白孝德、張伯儀、白元光、陳利貞、侯仲莊、柏良器，皆章章可稱列者，附次左方。

荔非元禮起裨將，累兼御史中丞。光弼守河陽，周摯攻北城，光弼方壁中潬，摯聞，併兵從光弼。光弼使元禮守羊馬城，植小旗城東北隅，望摯軍。摯恃衆，直逼城，以車千乘載木鵝橦車，麾兵塡塹，八道並進。光弼諭元禮曰：「中丞視賊過兵不顧，何也？」報曰：「公欲守邪？戰歟？」光弼曰：「戰。」曰：「方戰，賊爲我實塹，復何怪？」光弼曰：「吾慮不及此，公勉之。」元禮遂出戰，摯軍小卻。元禮以敵堅，未可以馳，還軍示弱，怠其意。光弼怒，使召元禮，欲按軍法。答曰：「方戰，不及往，請破賊以見。」因休栅中，良久，顧麾下曰：「向公來召，殆欲斬我。鬭死有名，無庸受戮。」乃下馬持刀，瞋目直前，銳士堵而進，左右奮擊，一當數人，斬賊數百首，摯遁去。以功累遷驃騎大將軍、懷州刺史，知鎮西、北庭行營節度使。上元二年，光弼進收洛陽，軍敗，元禮徙軍翼成，爲麾下所害。

郝廷玉驍勇善格鬭，爲光弼愛將。及保河陽，禽徐璜玉，功爲多。累封安邊郡王，授神策將軍。吐蕃犯京畿，與馬璘屯中渭橋。它日，魚朝恩聞其善布陣，請觀之。廷玉中號令，鳴鼓角，部伍坐作進退若一。朝恩歎曰：「吾處兵間久，今始識訓練法。」廷玉惻然曰：「此臨淮王遺法也。王善御軍，賞當功，罰適過，每校旗，不如令者輒斬。由是人皆自効，而赴蹈馳突，心破膽裂。自臨淮歿，無復校旗事，此安足賞哉？」累爲秦州刺史。卒，贈工部尚書。

李國臣，河西人，本姓安。力能抉關，以折衝從收魚海五城，遷中郎將。後爲朔方將，積勞擢雲麾大將軍，賜姓李。從光弼守河陽，累封臨川郡王。大曆八年，爲鹽州刺史。吐蕃敗渾瑊於黃菩原，將略汧、隴，國臣謂人曰：「虜乘勝，必擾京師，我趨秦原，彼當反顧。」乃引兵登安樂山，鳴鼓而西，日行三十里。吐蕃聞之，自百里城回軍，踰險，瑊因擊敗之。卒，贈揚州大都督。

白孝德，安西人，事光弼爲偏裨。史思明攻河陽，使驍將劉龍仙以騎五十挑戰，加右足馬鬣上，嫚罵光弼。光弼登城顧諸將曰：「孰能取是賊？」僕固懷恩請行，光弼曰：「是非大將所宜。」左右以孝德對。召問所須幾兵，對曰：「願出五十騎，見可而進，大軍鼓譟以張吾氣，足矣。」光弼撫其背遣之。孝德挾二矛，策馬絕河，半濟，懷恩賀曰：「事克矣。其攬轡便辟，可萬全者。」龍仙見，易之，不爲動。將至，若引避然，孝德振手止之曰：「侍中使致辭，無它。」與語須之，瞋目曰：「賊識我乎？我，白孝德也。」龍仙罵之，乃躍馬前搏，城上因大譟，五十騎繼進，龍仙環隄走，追斬其首以還。

後累功至北庭行營節度使，徙邠寧。僕固懷恩引吐蕃兵入寇，孝德擊敗之。永泰初，吐蕃、回紇圍涇陽，郭子儀說回紇約盟，吐蕃退走，子儀使渾瑊以兵五千出奉天，命孝德應之，大戰赤沙烽，斬獲甚衆。累封昌化郡王，歷太子少傅。建中元年卒，贈太保。

張伯儀，魏州人，以戰功隸光弼軍。浙賊袁晁反，使伯儀討平之，功第一，擢睦州刺史。

後爲江陵節度使。樸厚不知書，然推誠遇人，軍中畏肅，民亦便之。李希烈反，詔與賈耽、張獻甫收安州。戰不利，伯儀中流矢，師却，失所持節。賊追及，奮刀以禦之，兩刃相嚮不得下，會救至，免。至漢水，挐野人船以達沔州。潰兵至江陵，哭於廷，伯儀妻勞勉，出其家帛給之，乃定。伯儀收散卒還。久之，除右龍武統軍。卒，贈揚州大都督。既請謚，博士李吉甫議以「中興三十年而兵未戢者，將帥養寇藩身也。若以亡敗爲戒，則總干戈者必圖萬全，而不決戰。若伯儀雖敗，而其忠可錄」。遂謚曰恭。

白元光字元光，其先突厥人。父道生，歷寧、朔州刺史。元光初隸本軍，補節度先鋒。安祿山反，詔徙朔方兵東討，元光領所部結義營，長驅從光弼出土門。累遷太子詹事，封南陽郡王，爲兩都遊弈使。

長安平，率兵淸宮，進擊餘寇，身被數創，肅宗躬爲傅藥。轉衞尉卿，兼朔方先鋒。史思明攻河陽，光弼召主騎軍。其後歷靈武留後、定遠城使。貞元二年卒，贈越州都督。

陳利貞，幽州范陽人。初爲平盧將，安祿山亂，從光弼軍河南。張巡被圍睢陽也，光弼遣郝廷玉及利貞救之，輕騎出入，廷玉稱爲勝己，以子妻之。及歸，薦于光弼，自行間累遷檢校太子賓客，封靜戎郡王。

李希烈叛，詔哥舒曜東討，利貞爲前鋒，次郟城〔三〕。賊衆大集，利貞出奇兵五百，横擣其右，賊鋒詘，數月不敢前。及希烈攻曜襄城，利貞登陴捍守，七十日未嘗櫛沐，非議事不下城。

朱泚反，利貞及張廷芝所統士皆幽、薊、河、隴人，故與廷芝合謀應泚，而利貞麾下亦從爲亂。夜半，難作，利貞拔劍當軍門，大譁曰：「欲過門者，先殺我！」衆畏其勇，乃止。廷芝出奔。德宗嘉之，擢汝州防禦使。貞元五年，疽發首，卒。遺觀察使崔縱書，自陳受國恩，恨不得死所云。

侯仲莊字仲莊，蔚州人。爲光弼先鋒，授忠武將軍。禽安太淸有功，累加冠軍將軍。僕固懷恩以朔方反，仲莊爲都將，訓兵自守，號爲「平射」，人畏其鋒。懷恩敗，郭子儀代之，引爲腹心。封上谷郡王，爲神策京西將。德宗幸奉天，遷左衞將軍，爲防城使。脩壘堞，晝夜執戈徼循。從幸興元，殿軍駱谷，授防禦招收使。帝還都，復鎭奉天，幾二十年。卒，贈洪州都督。

柏良器字公亮，魏州人。父造，以獲嘉令死安祿山難。乃學擊劍，欲報賊。父友王奐爲光弼從事，見之曰：「爾額文似臨淮王，面黑子似顏平原，殆能立功。」乃薦之光弼。授兵平山越，遷左武衞中郎將。以部兵隸浙西，豫平袁晁、方淸。其後潘狩虎、胡參分據小傷、蒸里，又擊破之。是時年二十四，更戰陳六十二。李希烈圍寧陵，遏水灌之，親令軍中明日拔城。良器以救兵至，擇弩手善游者，沿汴渠夜入，及旦，伏弩發，賊乘城者皆死。錄功封平原郡王，入爲左神策軍大將軍、知軍事，圖形凌煙閣。募材勇以代士卒市販者，中尉竇文場惡之，坐友人闌入，換右領軍衞。自是軍政皆中官專之。終左領軍衞大將軍，贈陝州大都督。子耆，別傳。

烏承玼字德潤，張掖人。開元中，與族兄承恩皆爲平盧先鋒，沈勇而決，號「轅門二龍」。

契丹可突于殺其王邵固降突厥，而奚亦亂，其王魯蘇挈族屬及邵固妻子自歸。是歲，奚、契丹入寇，詔承玼擊之，破於捺祿山。二十二年，詔信安王禕率幽州長史趙含章進討，承玼請含章曰：「二虜固劇賊，前日戰而北，非畏我，乃誘我也。公宜畜銳以折其謀。」含章不信，戰白城，果大敗。承玼獨按隊出其右，斬首萬計，可突于奔北奚。

渤海大武藝與弟門藝戰國中，門藝來，詔與太僕卿金思蘭發范陽、新羅兵十萬討之，無功。武藝遣客刺門藝於東都，引兵至馬都山，屠城邑。承玼窒要路，塹以大石，亘四百里，虜不得入。於是流民得還，士少休，脫鎧而耕，歲省度支運錢。

安慶緒使史思明守范陽，思明恃兵彊，爲自固計。慶緒密遣阿史那承慶、安守忠就督事，且圖之。承玼勸思明曰：「唐家中興，與天下更始，慶緒偷肆晷刻，公殆與俱亡。有如束身本朝，湔洗前汙，此反掌功耳。」思明善之，斬承慶等，奉表聽命。

始，承恩爲冀州刺史，失守，思明護送東都，故肅宗使自雲中趨幽州開說思明，與承玼謀投釁殺之，不克，死。承玼奔李光弼，表爲冠軍將軍，封昌化郡王，爲石嶺軍使。王思禮爲節度使，軍政倚辦焉。久之，移疾還京師，卒，年九十六。子重胤，別傳。

贊曰：李光弼生戎虜之緒，沈鷙有守。遭祿山變，拔任兵柄，其策敵制勝不世出，賞信罰明，士卒爭奮，毅然有古良將風。本夫終父喪不入妻室，位王公事繼母至孝，好讀班固漢書，異夫庸人武夫者。及困於口舌，不能以忠自明，奄侍內構，遂陷嫌隙，謀就全安，而身益危，所謂工於料人而拙於謀己邪。方攘袂徇國，天下風靡；一爲遷延，而田神功等皆不受約束，卒以憂死。功臣去就，可不愼邪？嗚呼，光弼雖有不釋位之誅，然讒人爲害，亦可畏矣，將時之不幸歟！

校勘記

〔一〕光弼遣荔非元禮戰羊馬　「羊馬」，本卷荔非元禮傳及舊書卷一一〇李光弼傳均作「羊馬城」。按羊馬城指城外短垣，亦稱羊馬垣，非專名。通典卷一五二云：「城外四面壕內去城十步，更立小隔城，厚六尺，高五尺，仍立女牆，謂之羊馬城。」宋史卷三六六劉錡傳載「錡傳城築羊馬垣」即其例。此省「城」字，而但言「戰羊馬」，則不成話語。

〔二〕利貞爲前鋒攻郟城　「郟」，各本原作「郟」。查本書及舊書卷三八地理志、通典卷一七七、元和志卷六，河南汝州有郟城縣，陳利貞戰李希烈正其地。「郟」爲形誤，今改。

唐書卷一百三十七

列傳第六十二

郭子儀 曜 晞 承嘏 曖 釗 鏦 銛 曙 幼明 昕

郭子儀字子儀，華州鄭人。長七尺二寸。以武舉異等補左衞長史，累遷單于副都護、振遠軍使。天寶八載，木剌山始築橫塞軍及安北都護府，詔即軍爲使。俄苦地偏不可耕，徙築永清，號天德軍，又以使兼九原太守。

十四載，安祿山反，詔子儀爲衞尉卿、靈武郡太守，充朔方節度使，率本軍東討。子儀收靜邊軍，斬賊將周萬頃，擊高秀巖河曲，敗之，遂收雲中、馬邑，開東陘。加御史大夫。賊陷常山，河北郡縣皆沒。會李光弼攻賊常山，拔之，子儀引軍下井陘，與光弼合，破賊史思明衆數萬，平槀城。南攻趙郡，禽賊四千，縱之，斬僞守郭獻璆，還常山。思明以衆數萬尾軍，及行唐，子儀選騎五百更出挑之。三日，賊引去，乘之，又破於沙河，遂趨常陽以守。祿山益出精兵佐思明。子儀曰：「彼恃加兵，必易我；易我，心不固，戰則克矣。」與戰未決，戮一步將以徇，士殊死鬭，遂破之，斬首二千級，俘五百人，獲馬如之。於是晝揚兵，夜擣壘，賊不得息，氣益老。乃與光弼、僕固懷恩、渾釋之、陳回光等擊賊嘉山，斬首四萬級，獲人馬萬計。思明跳奔博陵。於是河北諸郡往往斬賊守，迎王師。方北圖范陽，會哥舒翰敗，天子入蜀，太子卽位靈武，詔班師。子儀與光弼率步騎五萬赴行在。時朝廷草昧，衆單寡，軍容缺然，及是國威大振。拜子儀兵部尙書、同中書門下平章事，仍總節度。肅宗大閱六軍，鼓而南，至彭原。宰相房琯自請討賊，次陳濤，師敗，衆略盡，故帝唯倚朔方軍爲根本。賊將阿史那從禮以同羅、僕骨騎五千，誘河曲九府、六胡州部落數萬迫行在。子儀以回紇首領葛邏支擊之，執獲數萬，牛羊不可勝計，河曲平。

至德二載，攻賊崔乾祐於潼關，乾祐敗，退保蒲津。會永樂尉趙復、河東司戶參軍韓旻、司士徐景及宗室子鋒在城中，謀爲內應，子儀攻蒲，復等斬陴者，披闔內軍。乾祐走安邑，安邑僞納之，兵半入，縣門發，乾祐得脫身走。賊安守忠壁永豐倉，子儀遣子旰與戰，多殺至萬級，旰死于陣。進收倉。於是關、陝始通。詔還鳳翔，進司空，充關內、河東副元帥。率師趨長安，次潏水上。賊守忠等軍清渠左。大戰，王師不利，委仗奔。子儀收潰卒保武功，待罪于朝，乃授尙書左僕射。俄從元帥廣平王率蕃、漢兵十五萬收長安。李嗣業爲前軍，元帥爲中軍，子儀副之，王思禮爲後軍，陣香積寺之北，距灃水，臨大川，彌亙一舍。賊李歸仁領勁騎薄戰，官軍囂，嗣業以長刀突出，斬賊數十騎，乃定。回紇以奇兵繚賊背，夾攻之，斬首六萬級，生禽二萬，賊帥張通儒夜亡陝郡。翌日，王入京師，老幼夾道呼曰：「不圖今日復見官軍！」王休士三日，遂東。

安慶緒聞王師至，遣嚴莊悉衆十萬屯陝，助通儒，旌幟鉦鼓徑百餘里。師至新店，賊已陣，出輕騎，子儀遣二隊逐之，又至，倍以往，皆不及賊營輒反。最後，賊以二百騎掩軍，未戰走，子儀悉軍追，橫貫其營。賊張兩翼包之，官軍却。嗣業率回紇從後擊，塵且坌，飛矢射賊，賊驚曰：「回紇至矣！」遂大敗，僵尸相屬于道。嚴莊等走洛陽，挾慶緒度河保相州，遂收東都。於是河東、河西、河南州縣悉平。以功加司徒，封代國公，食邑千戶。入朝，帝遣具軍容迎灞上，勞之曰：「國家再造，卿力也。」子儀頓首陳謝。有詔還東都，經略北討。

乾元元年，破賊河上，執安守忠以獻，遂朝京師。詔百官迎於長樂驛，帝御望春樓待之。進中書令。帝卽詔大擧九節度師討慶緒，以子儀、光弼皆元功，難相臨攝，弟用魚朝恩爲觀軍容宣慰使，而不立帥。

子儀自杏園濟河，圍衞州。慶緒分其衆爲三軍。將戰，子儀選善射三千士伏壁內，誡曰：「須吾却，賊必乘壘，若等譟而射。」旣戰，僞遁，賊薄營，伏發，注射如雨。賊震駭，王師整而奮，斬首四萬級，獲鎧冑數十萬，執安慶和，收衞州。又戰愁思岡，破之。連營進圍相州，引漳水灌城，漫二時，不能破。城中糧盡，人相食。慶緒求救於史思明，思明自魏來，李光弼、王思禮、許叔冀、魯炅前軍遇之，戰鄴南，夷負相當，炅中流矢。子儀督後軍，未及戰。會大風拔木，遂晦，跬步不能相物色，於是王師南潰，賊亦走，輜械滿野。諸節度引還。子儀以朔方軍保河陽，斷航橋。時王師衆而無統，進退相顧望，責功不專，是以及于敗。有詔留守東都，俄改東畿、山南東道、河南諸道行營元帥。

魚朝恩素疾其功，因是媒譖之，故帝召子儀還，更以趙王爲天下兵馬元帥，李光弼副之，代子儀領朔方兵。子儀雖失軍，無少望，乃心朝廷。思明再陷河、洛，西戎逼擾京輔，天子旰食，乃授邠寧、鄜坊兩節度使，仍留京師。議者謂子儀有社稷功，而孽寇首鼠，乃置散地，非所宜。帝亦悟。

上元初，詔爲諸道兵馬都統，以管崇嗣副之，率英武、威遠兵及河西、河東鎭兵，繇邠寧、朔方、大同、橫野軍以趨范陽。詔下，爲朝恩沮解。明年，光弼敗邙山，失河陽。又明年，河中亂，殺李國貞，太原戕鄧景山。朝廷憂二軍與賊合，而少年新將望輕不可用，遂以子儀爲朔方、河中、北庭、潞儀澤沁等州節度行營，兼興平、定國副元帥，進封汾陽郡王，屯絳州。時帝已不豫，羣臣莫有見者，子儀請曰：「老臣受命，將死于外，不見陛下，目不瞑。」

帝引至臥內，謂曰：「河東事一以委卿。」子儀嗚咽流涕。賜御馬、銀器、雜綵，別賜絹布九萬。子儀至屯，誅首惡王元振等數十人，太原辛雲京亦治害景山者，諸鎮皆惕息。

代宗立，程元振自謂於帝有功，忌宿將難制，離構百計。因罷子儀副元帥，加實戶七百，爲肅宗山陵使。子儀懼讒且成，盡裒代宗所賜詔敕千餘篇上之〔一〕，因自明。詔曰：「朕不德，詒大臣憂，朕甚自愧，自今公毋有疑。」初，帝與子儀平兩京，同天下憂患，至是悔悟，眷禮彌重。

時史朝義尙盜洛，帝欲使副雍王，率師東討，爲朝恩、元振交訾之，乃止。會梁崇義據襄州叛，僕固懷恩屯汾州，陰召回紇、吐蕃寇河西，殘涇州，犯奉天、武功，遽拜子儀爲關內副元帥，鎭咸陽。初，子儀自相州罷歸京師，部曲離散，逮承詔，麾下才數十騎，驅民馬補行隊。至咸陽，虜已過渭水，並南山而東，天子跳幸陜。子儀聞，流涕，董行營還京師。遇射生將王獻忠以彀騎叛，劫諸王欲奔虜，子儀讓之，取諸王送行在。乃率騎南收兵，得武關防卒及亡士數千，軍寖完。會六軍將張知節迎子儀洛南，大閱兵，屯商州，威震關中。乃遣知節率烏崇福、羽林將長孫全緒爲前鋒，營韓公堆，擊鼓讙山，張旗幟，夜叢萬炬，以疑賊。初，光祿卿殷仲卿募兵藍田，以勁騎先官軍爲游弈，直度滻，民紿虜曰：「郭令公來。」虜懼。會故將軍王甫結俠少，夜鼓朱雀街，呼曰：「王師至！」吐蕃夜潰。於是遣大將李忠義屯苑中，渭北節度使王仲昇守朝堂，子儀以中軍繼之。射生將王撫自署京兆尹，亂京城，子儀斬以徇。破賊書聞，帝以子儀爲京城留守。

自變生倉卒，賴子儀復安，故天下皆咎程元振，羣臣數論奏。元振懼，乃說帝都洛陽，帝可其計。子儀奏曰：

雍州古稱天府，右隴、蜀，左崤、函，襟馮終南、太華之險，背負淸渭、濁河之固，地方數千里，帶甲十餘萬，兵彊士勇，眞用武之國，秦、漢所以成帝業也。後或處而泰、去而亡者不一姓，故高祖先入關定天下，太宗以來居洛陽者亦鮮。先帝興朔方，誅慶緖，陛下席西土，戮朝義，雖天道助順，亦地勢則然。比吐蕃馮陵而不能抗者，臣能言其略。夫六軍皆市井人，竄虛名，逃實賦，一日驅以就戰，有百奔無一前；又宦豎掩迷，庶政荒奪，遂令陛下彷徨暴露，越在陝服。斯委任失人，豈秦地非良哉！今道路流言，不識信否，咸謂且都洛陽。洛陽自大盜以來，焚埃略盡，百曹榛荒，寰服不滿千戶，井邑如墟，豺狼羣嗥；東薄鄭、汴，南界徐，北綿懷、衞及相，千里蕭條，亭舍不煙，何以奉萬乘牲餼、供百官次舍哉？且地狹阸，裁數百里，險不足防，適爲鬭場。陛下意者不以京畿新罹剽蹂，國用不足乎？昔衞爲狄滅，文公廬于曹，衣大布之衣，冠大帛之冠，卒復舊邦，況赫赫天子，躬儉節用，寧爲一諸侯下哉？臣願陛下斥素餐，去冗食，抑閹寺，任直臣，薄征弛役，卹隱撫鰥，委宰相以簡賢任能，付臣以訓兵禦侮，則中興之功，日月可冀。惟時邁亟還，見宗廟，謁園陵，再造王家，以幸天下。

帝得奏，泣謂左右曰：「子儀固社稷臣也，朕西決矣。」乘輿還，子儀頓首請罪，帝勞曰：「用卿晚，故至此。」乃賜鐵券，圖形凌煙閣。

僕固懷恩縱兵掠幷、汾屬縣，帝患之，以子儀兼河東副元帥、河中節度使，鎮河中。懷恩子瑒屯榆次，爲帳下張惟岳所殺，傳首京師，持其衆歸子儀。懷恩懼，委其母走靈州。廣德二年，進太尉，兼領北道邠寧、涇原、河西通和吐蕃及朔方招撫觀察使。辭太尉不拜。懷恩誘吐蕃、回紇、党項數十萬入寇，朝廷大恐，詔子儀屯奉天。帝問計所出，對曰：「無能爲也。懷恩本臣偏將，雖慓果，然素失士心。今能爲亂者，誑思歸之人，劫與俱來，且皆臣故部曲，素以恩信結之，彼忍以刃相向乎？」帝曰：「善。」虜寇邠州，先驅至奉天，諸將請擊之。子儀曰：「客深入，利速戰。彼下素德我，吾緩之，當自攜貳。」因下令：「敢言戰者斬！」堅壁待之，賊果遁。

子儀至自涇陽，恩賚崇縟，進拜尚書令，懇辭，不聽。詔趣詣省視事，百官往慶，敕射生五百騎執戟寵衞。子儀確讓，且言：「太宗嘗踐此官，故累聖曠不置員，皇太子爲雍王，定關東，乃得授，渠可猥私老臣，隳大典？且用兵以來，僭賞者多，至身兼數官，冒進亡恥。今凶醜略平，乃作法審官之時，宜從老臣始。」帝不獲已，許之，具所以讓付史官。因賜美人六人，從者自副，車服帷帟咸具。

永泰元年，詔都統河南道節度行營，復鎮河中。懷恩盡說吐蕃、回紇、党項、羌、渾、奴剌等三十萬，掠涇、邠，躪鳳翔，入醴泉、奉天，京師大震。於是帝命李忠臣屯渭橋，李光進屯雲陽，馬璘、郝廷玉屯便橋，駱奉先、李日越屯盩厔，李抱玉屯鳳翔，周智光屯同州，杜冕屯坊州，天子自將屯苑中。急召子儀屯涇陽，軍纔萬人。比到，虜騎圍已合，乃使李國臣、高昇、魏楚玉、陳回光、朱元琮各當一面，身自率鎧騎二千出入陣中。回紇怪問：「是謂誰？」報曰：「郭令公。」驚曰：「令公存乎？懷恩言天可汗棄天下，令公卽世，中國無主，故我從以來。公今存，天可汗存乎？」報曰：「天子萬壽。」回紇悟曰：「彼欺我乎！」子儀使諭虜曰：「昔回紇涉萬里，戡大憝，助復二京，我與若等休戚同之。今乃棄舊好，助叛臣，一何愚！彼背主棄親，於回紇何有？」回紇曰：「本謂公云亡，不然，何以至此。今誠存，我得見乎？」子儀將出，左右諫：「戎狄野心不可信。」子儀曰：「虜衆數十倍，今力不敵，吾將示以至誠。」左右請以騎五百從，又不聽。卽傳呼曰：「令公來！」虜皆持滿待。子儀以數十騎出，免胄見其大酋曰：「諸君同艱難久矣，何忽亡忠誼而至是邪？」回紇捨兵下馬拜曰：「果吾父也。」子儀卽召與飲，遺錦綵結歡，誓好如初。因曰：「吐蕃本吾舅甥國，無負而來，棄親也。馬牛被數百里，公等若倒戈乘之，若俯取一芥，是謂天賜，不可失。且逐戎得利，與我繼好，不兩善乎？」會懷恩暴死，羣虜無所統一，遂許諾。吐蕃疑之，夜引去。子儀遣將白元光合回紇衆追躡，大軍繼之，破吐蕃十萬於靈臺西原，斬級五萬，俘萬人，盡得所掠士女牛羊馬槖駝不勝計。遂自涇陽來朝，加實封二百戶，還河中。

大曆元年，華州節度使周智光謀叛，帝間道以蠟書賜子儀，令悉軍討之。同、華將吏聞軍起，殺智光，傳首闕下。二年，吐蕃寇涇州，詔移屯涇陽。邀戰於靈州，敗之，斬首二萬級。明年，還河中。吐蕃復寇靈武，詔率師五萬屯奉天，白元光破虜於靈武。議者以吐蕃數爲盜，馬璘孤軍在邠不能支，乃以子儀兼邠寧慶節度使，屯邠州，徙璘爲涇原節度使。回紇赤心請市馬萬匹，有司以財乏，止市千匹。子儀曰：「回紇有大功，宜答其意，中原須馬，臣請內一歲奉，佐馬直。」詔不聽，人許其忠。

九年，入朝，對延英，帝與語吐蕃方彊，慷慨至流涕。退，上書曰：

朔方，國北門，西禦犬戎，北虞獫狁，五城相去三千里。開元、天寶中，戰士十萬，馬三萬匹，僅支一隅。自先帝受命靈武，戰士從陛下征討無寧歲。頃以懷恩亂，痍傷彫耗，亡三分之二，比天寶中止十之一。今吐蕃兼吞河、隴，雜羌、渾之衆，歲深入畿郊，勢踰十倍，與之角勝，豈易得邪？屬者虜來，稱四節度，將別萬人，人兼數馬。臣所統士不當賊四之一，馬不當賊百之二，外畏內懼，將何以安？臣惟陛下制勝，力非不足，但簡練不至，進退未一，時淹師老，地廣勢分。願於諸道料精卒滿五萬者，列屯北邊，則制勝可必。竊惟河南、河北、江淮大鎮數萬，小者數千，殫屈稟給，未始蒐擇。臣請追赴關中，勒步隊，示金鼓，則攻必破，守必全，長久之策也。

又自陳衰老，乞骸骨。詔曰：「朕終始倚賴，未可以去位。」不許。

德宗嗣位，詔還朝，攝冢宰，充山陵使，賜號「尚父」，進位太尉、中書令，增實封通前二千戶，給糧千五百人，芻馬二百匹，盡罷所領使及帥。建中二年，疾病，帝遣舒王到第傳詔省問，子儀不能興，叩頭謝恩。薨，年八十五。帝悼痛，廢朝五日。詔羣臣往弔，隨喪所須，皆取于官。贈太師。陪葬建陵。及葬，帝御安福門，哭過其喪，百官陪位流涕。賜謚曰忠武，配饗代宗廟廷。著令，一品墳崇丈八尺，詔特增丈，以表元功。

子儀事上誠，御下恕，賞罰必信。遭幸臣程元振、魚朝恩短毀，方時多虞，握兵處外，然詔至，即日就道，無纖介顧望，故讒間不行。破吐蕃靈州，而朝恩使人發其父墓，盜未得。子儀自涇陽來朝，中外懼有變，及入見，帝唁之，即號泣曰：「臣久主兵，不能禁士殘人之墓，人今發先臣墓，此天譴，非人患也。」朝恩又嘗約子儀修具，元載使人告以軍容將不利公。其下衷甲願從，子儀不聽，但以家僮十數往。朝恩曰：「何車騎之寡？」告以所聞。朝恩泣曰：「非公長者，得無致疑乎？」田承嗣傲佷不軌，子儀嘗遣使至魏，承嗣西望拜，指其膝謂使者曰：「茲膝不屈於人久矣，今爲公拜。」李靈耀據汴州，公私財賦一皆遏絕，子儀封幣道其境，莫敢留，令持兵衞送。麾下宿將數十，皆王侯貴重，子儀頤指進退，若部曲然。幕府六十餘人，後皆爲將相顯官，其取士得才類如此。與李光弼齊名，而寬厚得人過之。子儀歲入官俸無慮二十四萬緡。宅居親仁里四分之一，中通永巷，家人三千相出入，不知其居。前後賜良田、美器、名園、甲館不勝紀。代宗不名，呼爲大臣。以身爲天下安危者二十年，校中書令考二十四。八子七婿，皆貴顯朝廷。諸孫數十，不能盡識，至問安，但頷之而已。富貴壽考，哀榮終始，人臣之道無缺焉。

子曜、旰、晞、晤、曖、曙、映，而四子以才顯。

曜性沈靜，資貌瑰傑。累從節度府辟署，破虜有功，爲開陽府果毅都尉。至德初，推子儀功，授衞尉卿，累進太子詹事、太原郡公。子儀專征伐，曜留治家事，少長無間言。諸弟或飾池館，盛車服，曜獨以朴簡自處。子儀罷兵，遷太子少保，昆弟六人，共制拜官。子儀薨，以遺命簿上四朝所賜名馬珍物，德宗復賜之，乃悉散諸弟。居喪以禮，疾甚，或勸茹葱薤，終不屬口。後盧杞秉政，忌勳族，子儀婿太僕卿趙縱、少府少監李洞清、光祿卿王宰皆以次得罪。姦人幸其危，多論奪田宅奴婢，曜大恐，獨宰相張鎰力保護。德宗稍聞之，詔有司曰：「尙父子儀有大勳力，保乂王家，嘗誓山河，琢金石，許宥十世。前日其家市田宅奴婢，而無賴者以尙父歿，妄論奪之，自今有司毋得受。」建中三年，卒，贈太子太傅，謚曰孝。

初，曜襲代國公，食二千戶。貞元初，詔減半以封晞、曖、映、曙，人二百五十戶。未幾，復詔四人各減五十戶，封曜子鋒、晤子鐇各百戶云。

晞善騎射，從征伐有功，復兩京，戰最力，出奇兵破賊，累進鴻臚卿。河中軍亂，子儀召首惡誅之，其支黨猶反仄，晞選親兵晝夜警，以備非常，姦人不得發。以功拜殿中監。吐蕃、回紇入寇，加御史中丞，領朔方軍援邠州，與馬璘合軍擊虜，破之。虜復來，陣涇水北，子儀遣晞率徒兵五千、騎五百襲虜。晞以兵寡不進，須暮，賊半濟，乃擊，斬首五千級。加御史大夫，子儀固讓，乃止。居父喪，値朱泚亂，南走山谷。賊昇致之，欲汙以官，佯瘖不答；賊露兵脅之，不動。數以城中事貽書李晟。既而奔奉天。天子還，改太子賓客。子鋼，從朔方杜希全幕府。希全檄爲豐州刺史，晞憐其弱不任事，丐罷。德宗遣使者召鋼，鋼疑得罪，挺身走吐蕃，不納。希全執送京師，賜死。晞坐免，尋復太子賓客。累封趙國公。卒，贈兵部尙書。孫承嘏。

承嘏字復卿，幼秀異，通五經。元和中，及進士第，累遷起居舍人。居母喪，以孝聞。大和六年，爲諫議大夫，言政事得失。文宗以鄭注爲太僕卿，承嘏極論其非，注頗懼。進給事中。俄出爲華州刺史，給事中盧載還詔書，且言：「承嘏數封駁稱職，宜在禁闈。」帝曰：「朕謂久次，欲優其稍入耳。」乃復留給事中。時江淮旱，用度不支，詔宰相分領度支、戶部。承嘏言：「宰相調和陰陽，安黎庶。若使閱視簿書，校緡帛，非所宜。」帝順納。遷刑部侍郎。帝嘗稱其儒素，無貴驕氣，不類勳家。每進對，恩接備厚。方大任用，會卒。家無餘貲，親友爲辦喪祭。贈吏部尚書。

曖字曖，以太常主簿尚昇平公主。曖年與公主侔，十餘歲許昏。拜駙馬都尉，試殿中監，封清源縣侯，寵冠戚里。大曆末，檢校左散騎常侍。建中時，主坐事，留禁中。朱泚亂，逼署曖官，辭以居喪被疾。既而與公主奔奉天。德宗嘉之，釋主罪，進曖金紫光祿大夫，賜實封五十戶。尋遷太常卿。貞元三年，襲代國公。卒，年四十八，贈尚書左僕射。初，曖女爲廣陵郡王妃。王卽位，是爲憲宗。妃生穆宗。穆宗立，尊妃爲皇太后，贈曖太傅。四子：鑄、釗、鏦、銛。鑄襲封。

釗長七尺，方口豐下。代宗朝，以外孫爲奉禮郎。累官至左金吾大將軍，改檢校工部尙書，爲邠寧節度使，入爲司農卿。憲宗寢疾，宦豎或妄議廢立者。穆宗問計於釗，答曰：「殿下爲太子，當旦夕視膳，何外慮乎？」時稱得元舅體。穆宗卽位，檢校戶部尙書兼司農卿。俄爲河陽三城節度使。徙河中尹，領晉絳慈隰節度。敬宗立，召拜兵部尙書，又帥劍南東川。大和中，南蠻寇蜀，取成都外郛，杜元穎不能禦，詔釗兼領西川節度。未行，蠻衆已略梓州。州兵寡，不可用。釗貽書譙蠻首筌巔以侵叛意。筌巔曰：「元穎不自守，數侵吾圉，我以是報。」乃與釗修好，約無相犯。天子嘉之，卽拜西川節度使。以疾請代，爲太常卿，卒，贈司徒。子仲文、仲恭、仲詞。開成二年，詔仲文襲太原郡公。給事中盧弘宣奏：「釗妻沈，公主女，代宗皇帝外孫，其子仲詞尙饒陽公主。仲文冒嫡不應襲。使仲文承嫡，則沈當黜，且仲詞亦不得尙主。」乃詔仲詞檢校殿中少監、駙馬都尉，襲封。而仲文以太皇太后故，置不問。仲恭歷詹事府丞，亦尙金堂公主。

鏦字利用，尙德陽郡主。詔裴延齡爲主營第長興里。順宗立，主進封漢陽公主，擢檢校國子祭酒、駙馬都尉。自景龍後，外戚多爲檢校官，不治事。宰相薦其才，不當以外戚廢，乃拜右金吾將軍，封太原郡公。恭遜折節，不以富貴加人。性周畏，不立赫赫名。有諫於上，退必毀稿，家人子弟無知者。別墅在都南，尤勝塏，穆宗嘗幸之，置酒極歡。改太子詹事，充閑廄宮苑使。卒，贈尙書左僕射。

銛性和易，累爲殿中監，尙西河公主。鏦卒，代爲太子詹事、宮苑閑廄使。長慶三年，暴卒。太后遣使按問發疾狀，久乃解。初，西河主降沈氏，生一子，銛無嗣，以沈氏子嗣。

曙，代宗朝累官司農卿。德宗幸奉天，曙方領家兵獵苑北，聞蹕至，伏謁道左，遂從乘輿入駱谷。霖雨塗潦，衞兵或異語。帝召謂曰：「朕不德而苦公等，宜執朕送朱泚，以謝天下。」諸將皆感泣曰：「願死生從陛下。」時曙與功臣子李昇、韋淸、令狐建、李彥輔被甲請見，言曰：「南行路險，且虞姦變。臣等世蒙恩，今相誓，願更挾帝馬。」許之。帝還，曙、淸擢金吾大將軍，餘並爲禁軍將軍。曙終祁國公。

子儀母弟幼明，性謹愿無過，拙于武，喜賓客。以子儀故，終少府監，贈太子太傅。子昕，肅宗末爲四鎭留後。關、隴陷，不得歸，朝廷但命官遙領其使。建中二年，昕始與伊西、北庭節度使曹令忠遣使入朝。德宗詔曰：「四鎭、二庭，統西夏五十七蕃十姓部落，國朝以來，相與率職。自關、隴失守，王命阻絕，忠義之徒，泣血固守，奉遵朝法，此皆侯伯守將交修共治之効，朕甚嘉之。令忠可北庭大都護、四鎭節度留後，賜氏李，更名元忠。昕可安西大都護、四鎭節度使。諸將吏超七資敍官」云。

贊曰：天寶末，盜發幽陵，外阻內訌。子儀自朔方提孤軍，轉戰逐北，誼不還顧。當是時，天子西走，唐祚若贅斿，而能輔太子，再造王室。及大難略平，遭讒甚，詭奪兵柄，然朝聞命，夕引道，無纖介自嫌。及被圍涇陽，單騎見虜，壓以至誠，猜忍沮謀。雖唐命方永，亦由忠貫日月，神明扶持者哉。及光弼等畏偪不終，而子儀完名高節，爛然獨著，福祿永終，雖齊桓、晉文比之爲褊。唐史臣裴垍稱：「權傾天下而朝不忌，功蓋一世而上不疑，侈窮人欲而議者不之貶。」嗚呼！垍誠知言。其子孫多以功名顯，蓋盛德後云。

校勘記

〔一〕盡哀代宗所賜詔敕千餘篇上之　「代」，各本原作「肅」。按舊書卷一二〇郭子儀傳上唐代宗表，此所謂「詔敕」，乃代宗爲廣平王，與郭子儀收復兩京時，軍中往來之手札。「肅」當作「代」，據改。

唐書卷一百三十八

列傳第六十三

李嗣業　馬璘　李抱玉抱眞　緘　路嗣恭應　恕

李嗣業字嗣業，京兆高陵人。長七尺，膂力絕衆。開元中，從安西都護來曜討十姓蘇祿，先登捕虜，累功署昭武校尉。後應募安西，軍中初用陌刀，而嗣業尤善，每戰必爲先鋒，所嚮摧北。馬靈詧爲節度，出戰必與俱。

高仙芝討勃律，署嗣業及中郎將田珍爲左右陌刀將。時吐蕃兵十萬屯娑勒城，據山瀕水，聯木作郛，以扼王師。仙芝潛軍夜濟信圖河，令曰：「及午破賊，不者皆死。」嗣業提步士升山，頹石四面以擊賊，又樹大旗先走險，諸將從之。虜不虞軍至，因大潰，投崖谷死者十八。鼓而驅至勃律，禽其主，平之。授右威衞將軍。從平石國及突騎施，以跳盪先鋒加特進。虜號爲「神通大將」。

初，仙芝特以計襲取石，其子出奔，因構諸胡共怨之，以告大食，連兵攻四鎮。仙芝率兵二萬深入，爲大食所敗，殘卒數千。事急，嗣業謀曰：「將軍深履賊境，後援既絕，而大食乘勝，諸胡鋭于鬬，我與將軍俱前死，尚誰報朝廷者？不如守白石嶺以爲後計。」仙芝曰：「吾方收合餘燼，明日復戰。」嗣業曰：「事去矣，不可坐須葅醢。」卽馳守白石，路既隘，步騎魚貫而前。會拔汗那還兵，輜餉塞道不可騁，嗣業懼追及，手梃鏖擊，人馬斃仆者數十百，虜駭走，仙芝乃得還。表嗣業功，進右金吾大將軍，留爲疏勒鎮使。城一隅阤，屢築輒壞，嗣業祝之，有白龍見，因其處葹祠以祭，城遂不壞。漢耿恭故井久涸，禱已，泉復出。初討勃律也，通道葱領，有大石塞隘，以足蹶之，抵穹壑，識者以爲至誠所感云。

天寶十二載，加驃騎大將軍。入朝，賜酒玄宗前，醉起舞，帝寵之，賜綵百、金皿五十物、錢十萬，曰：「爲解酲具。」

安祿山反，肅宗追之，詔至，卽引道，與諸將割臂盟曰：「所過郡縣，秋毫不可犯。」至鳳翔，上謁，帝喜曰：「今日卿至，賢於數萬衆。事之濟否，固在卿輩。」乃詔與郭子儀、僕固懷恩掎角。常爲先鋒，以巨棓笞鬬，賊值，類崩潰。進四鎮、伊西、北庭行軍兵馬使。

廣平王收長安，嗣業統前軍，陣于香積祠北。賊酋李歸仁擁精騎薄戰，王師注矢逐之，走未及營，賊大出，掩追騎，還蹂王師，於是亂不能陣。嗣業謂子儀曰：「今日不蹈萬死取一生，則軍無類矣。」即祖持長刀，大呼出陣前，殺數十人，陣復整。步卒二千以陌刀、長柯斧堵進，所向無前。歸仁匿兵營左，覘軍勢，王分回紇鋭兵擊其伏，嗣業出賊背合攻之，自日中至昃，斬首六萬級，塡澗壑死幾半，賊東走，遂平長安。進收東都，嗣業戰多。乃與張鎬、魯炅、來瑱、嗣吳王祗、李奐略定諸州。兼衞尉卿，封虢國公，實封戶二百。兼懷州刺史、北庭行營節度使。

與子儀等圍相州，師老，諸將無功，獨嗣業被堅數奮，爲諸軍冠。中流矢，臥帳中，方愈，忽聞金鼓聲，知與賊戰，大呼，創潰，血流數升卒。謚曰忠勇，贈武威郡王，給靈輿護還在所。葬日，使中人臨弔，中朝臣祖泣，塋給掃除十戶。嗣業忠毅憂國，不計居產，有宛馬十疋，前後賞賜，皆上于官以助軍云。

子佐國，襲爵，歷丹王府長史。卒，推嗣業功，贈宋州刺史。

馬璘，岐州扶風人。少孤，流蕩無業所。年二十，讀漢馬援傳，至「丈夫當死邊野，以馬革裹尸而歸」，慨然曰：「使吾祖勳業墜于地乎？」開元末，挾策從安西節度府，以奇勞，累遷金吾衞將軍。

至德初，王室多難，統精甲三千，自二庭赴鳳翔。肅宗奇之，委以東討。初戰衞南，以百騎破賊五千衆。從李光弼攻洛陽，史朝義衆十萬陣北邙山，旗鎧照日，諸將尤疑，未敢擊。璘率部士五百，薄賊屯，出入三反，衆披靡，乘之，賊遂潰。光弼曰：「吾用兵三十年，未見以少擊衆，雄捷如馬將軍者！」遷試太常卿。

明年，吐蕃寇邊，詔璘移軍援河西。懷恩之叛，璘引還，間關轉鬬至鳳翔，虜圍已合，節度使孫志直嬰城守。璘令士持滿外向，突入縣門，不解甲出戰，背城陣。虜潰，率輕騎追之，斬數千級，漂血丹渠。帝引見尉勞，擢兼御史大夫。

永泰初，拜四鎭行營節度、南道和蕃使。俄檢校工部尙書，北庭行營、邠寧節度使。元日，有卒犯盜，或曰宜赦，璘曰：「赦之，則人將伺其日爲盜。」遂戮之。天大旱，里巷爲土龍聚巫以禱，璘曰：「旱由政不修。」卽命撤之。明日雨，是歲大穰。未幾，徙涇原，權知鳳翔、隴右節度副使，四鎭、北庭如舊，復以鄭、潁二州隸之。

大曆八年，吐蕃內寇，渾瑊戰宜祿，不利。璘設伏潘原，與瑊合擊破之，俘級數萬。進檢校尙書右僕射。明年，入朝，求宰相，以檢校左僕射知省事，進扶風郡王。十一年，卒於軍，年五十六。贈司徒，謚曰武。

璘少學術，而武幹絕倫。遭時屯棘，以忠力奮。在涇八年，繕屯壁，爲戰守具，令肅不殘，人樂爲用，虜不敢犯，爲中興鋭將。初，涇軍乏財，帝諷李抱玉讓鄭、潁，璘因得裒積，且前後賜賚無算，家富不貲。治第京師，侈甚，其寢堂無慮費錢二十萬緡。方璘在軍，守者覆以油幔。及喪歸，都人爭入觀，假稱故吏入赴弔者日數百。德宗在東宮聞之，不喜。及即位，乃禁第舍不得踰制，詔毀璘中寢及宦人劉忠翼第。璘家懼，悉籍亭館入之官。其後賜羣臣宴，多在璘山池。而子弟無行，財亦尋盡。

李抱玉，本安興貴曾孫，世居河西，善養馬。始名重璋，閑騎射，少從軍。其爲人沈毅有謀，尤忠謹，李光弼引爲裨校。天寶末，玄宗以其戰河西有功，爲改今名。祿山亂，守南陽，斬賊使。至德二載，上言：「世占涼州，恥與逆臣共宗。」有詔賜之姓，因徙籍京兆，舉族以李爲氏。進至右羽林大將軍，知軍事，擢陳鄭潁亳節度使。

史思明已破東都，凶焰勃然，鼓而行，自謂無前。光弼壁河陽拒之，使抱玉守南城。賊急攻，抱玉縱奇兵出，表裏俘殺甚衆。賊乃捨去，從光弼戰，大敗，因不能西。差功第一，封欒城縣公。代宗立，兼澤潞節度使，統相、衞、儀、邢十一州兵。以功授司空，兼兵部尚書，武威郡王。懇辭王爵，徙涼國公，進司徒。

廣德中，吐蕃入寇，帝次陝，羣盜徧南山五谷間，東距虢，西抵岐，椎剽不勝計。詔太子賓客薛景仙爲南山五溪谷防禦使，引兵招捕，久不克。更詔抱玉討賊。抱玉盡得賊株柢蹊隧，分兵守諸谷，使牙將李崇客精騎四百，自桃林、虢川襲之。賊帥高玉脫身走城固，山南西道張獻誠禽以獻，悉索支黨斬之。不閱旬，五谷平。即詔抱玉權鳳翔、隴右節度，抱玉懇讓司徒，故以尚書左僕射同中書門下平章事，河西、隴右副元帥。又讓僕射，故還爲兵部尚書。

大曆二年，來朝。久之，加山南西道副元帥兼節度使，屯盩厔。抱玉兼三節度、三副元帥，位望隆赫。乃上言：「隴坻逹扶、文，緜地二千里，虜孔道不一，梁、岷重則關輔輕。願擇能臣，帥西道當一面，臣得專事關、隴。」帝多其讓，許之。抱玉在鎭十餘年，雖無破虜功，而禁暴安人，爲將臣之良。卒，年七十四，贈太保，謚曰昭武。

從父弟抱眞。

抱眞字太玄，沈慮而斷。抱玉屬以軍事，授汾州別駕。僕固懷恩反，陷焉，挺身歸京師。代宗以懷恩倚回紇，所將朔方兵精，憂之，召抱眞問狀，答曰：「郭子儀嘗領朔方軍，人多德之。懷恩欺其下曰，『子儀爲朝恩所殺。』今起而用，是伐其謀，兵可不戰解也。」既而懷恩敗，如抱眞策。遷殿中少監、陳鄭澤潞節度留後。既謝，因言：「百姓勞逸在牧守，願得一州以自試。」更授澤州刺史，兼澤潞節度副使。徙懷州，仍爲懷澤潞觀察留後，凡八年。抱眞策山東有變，澤、潞兵所走集，乘戰伐後，賦重人困，軍伍彫刓，乃籍戶三丁擇一，蠲其傜租，給弓矢，令閑月得曹偶習射，歲終大校，親按籍第能否賞責。比三年，皆爲精兵，舉所部得成卒二萬，既不稟于官，而府庫實。乃曰：「軍可用矣。」繕甲淬兵，遂雄山東，天下稱昭義步兵爲諸軍冠。久之，爲澤潞節度行軍司馬。會昭義節度李承昭病，詔抱眞權磁邢兵馬留後。德宗嗣位，檢校工部尚書，領昭義節度使。

建中中，田悅反，圍邢及臨洺。詔抱眞與河東馬燧合神策兵救之，敗悅於雙岡，斬其將楊朝光，又破之臨洺，遂解臨洺、邢之圍。以功檢校兵部尚書。復與悅戰洹水，走之。進圍魏，悅戰城下，大敗。進檢校尚書右僕射。會朱滔、王武俊反，救悅，抱眞退保魏。帝蒼卒狩奉天，聞問，諸將皆哭，各引麾下還屯。於時，李希烈陷汴，李納反鄆，李懷光相次反河中，抱眞獨以數州截然橫絕潰叛中，離沮其姦，爲羣盜所憚。

興元初，檢校左僕射、同中書門下平章事，繇倪國公進義陽郡王。朱滔悉幽薊兵與回紇圍貝州，以應朱泚。而希烈既竊名號，則欲臣制諸叛，衆稍離。天子下罪己詔，並赦羣盜。抱眞乃遣客賈林以大義說武俊，使合從擊滔，武俊許諾，而內尤豫。抱眞將自造其壁，諉軍事於司馬盧玄卿曰：「吾此行，繫時安危，使遂不還，部勒以聽天子命，惟子；勵兵東向，雪吾之恥，亦唯子。」卽以數騎馳入見武俊，曰：「泚、希烈爭竊帝號，滔攻貝州，此其志皆欲自肆于天下。足下旣不能與競長雄，捨九葉天子而臣反虜乎？且詔書罪己，禹、湯之心也。方上暴露播越，公能自安乎？」因持武俊，涕下交頤，武俊亦感泣，左右皆泣。退臥帳中，甘寢久之。武俊感其不疑，乃益恭，指心誓天曰：「此身已許公死矣！」食訖，約爲昆弟而別。且日合戰，大破滔經城。進檢校司空，實封六百戶。貞元初，朝京師，詔還所鎭。

抱眞喜士，聞世賢者，必欲與之游，雖小善，皆卑辭厚幣數千里邀致之，至無可錄，徐徐以禮謝。會天下稍無事，乃飭臺沼以自娛。好方士，謂不死可致。有孫季長者爲治丹，且曰：「服此當僊去。」抱眞表署幕府。嘗語左右曰：「秦、漢君不偶此，我乃得之，後升天，不復見公等矣。」夜夢駕鶴，寤而刻寓鶴，衣羽服，習乘之。後益惑厭勝，因疾，請降官，七讓司空，還爲左僕射。餌丹二萬丸，不能食，且死，醫以彘肪穀漆下之。疾少間，季長曰：「危得僊，何自棄也？」益服三千丸，卒，年六十二。

其子殿中侍御史緘匿喪，與其屬盧會昌、元仲經謀，會諸將，仲經詭抱眞令曰：「吾疾不任事，令緘典軍，勉佐之。」副使李說及諸校俯首，皆嘸曰：「諾。」緘盛服出，衆拜之，悉發府庫勞軍。會昌卽爲抱眞表，翌日，令諸將署章，請以節付緘。天子已聞抱眞喪，遣使者馳入軍，詔以事屬大將王延貴。緘謾若抱眞疾，請詰朝見，凡三日，緘乃出見使者，陳兵甚嚴。使者曰：「朝廷已知公薨，詔以兵屬延貴，君速歸發喪。」緘愕然，謂諸將曰：「詔不許，若何？」衆不對。乃遽以印鑰上監軍，始發喪。使者趣延貴視事，護緘赴東都，仲經逃諸外，捕殺之，會昌得不坐。始，緘遣將陳榮以書抵武俊，假其財。武俊怒曰：「吾與乃公善者，恭王命，非同惡也。今聞已亡，誰詐其子使不俟朝制邪？」囚榮而讓緘焉。詔贈抱眞太保。

路嗣恭字懿範，京兆三原人，始名劍客，以世蔭爲郿尉。席豫黜陟河朔，表爲蕭關令，連徙神烏、姑臧二縣，考績爲天下最。玄宗以爲可嗣漢魯恭，因賜名。轉渭南令，主杜化、東陽二驛。時關畿用兵，使人係道，嗣恭儲具有素，而民不擾。後爲郭子儀朔方節度留後，大將孫守亮擁重兵，驕蹇不受制，嗣恭因稱疾，守亮至，卽殺之，一軍皆震。永泰三年，檢校刑部尚書，知省事。出爲江西觀察使，以善治財賦稱。有賈明觀者，素事魚朝恩，朝恩誅，當坐死，宰相元載納其賂，遣效力江西。將行，居民數萬懷瓦石候擊，載諭市吏禁止，乃得去。魏少游畏載，常回容之，及嗣恭代少游，卽日杖死。

大曆八年，嶺南將哥舒晃殺節度使呂崇賁，五嶺大擾。詔嗣恭兼嶺南節度使，封冀國公。嗣恭募勇敢士八千人，以流人孟瑤、敬冕爲才，擢任之。使瑤督大軍當其衝，冕率輕兵由間道出不意，遂斬晃及支黨萬餘，築尸爲京觀。俚洞魁宿爲惡者，皆族夷之。還爲檢校兵部尚書，復知省事。嗣恭起州縣吏，以課治進至顯官，及晃事株戮舶商，沒其財數百萬私有之，代宗惡焉，故賞不酬功。德宗立，陰賕宰相楊炎，炎錄前効，更拜兵部尚書、東都留守。俄加懷鄭汝陝河陽三城節度、東都畿觀察使。卒，年七十一，贈左僕射。子應、恕。

應字從衆，以蔭爲著作郎。貞元初，出爲虔州刺史，詔嗣父封。鑿贛石梗嶮以通舟道。德宗時，李泌爲相，號得君。帝嘗曰：「誰於卿有恩者，朕能報之。」泌乃言：「曩爲元載所疾，謫江西，路嗣恭與載厚，臣嘗畏之。會與其子應並驅，馬齧其脛，臣惶恐不自安，應閟不言，勉起見父。臣常媿其長者，思有以報。」帝曰：「善。」卽日加應檢校屯田郎中，服金紫。累遷宣歙池觀察使，封襄陽郡王。李錡反，應發鄉兵救湖、常二州，以故錡不能拔。元和六年，以疾授左散騎常侍，卒，謚曰靖。

恕字體仁。從嗣恭討哥舒晃，授檢校工部員外郎，得從便宜，擢降將伊愼用之。賊平，恕功多。嗣恭節度河陽也，恕爲懷州刺史，年纔三十，楊炎用扞魏博，爲時嗤詆。累遷鄜坊、宣歙觀察使。坐事貶吉州刺史。以右散騎常侍致仕，卒，贈洪州都督。

唐書卷一百三十九

列傳第六十四

房琯 孺復 啓 式 張鎬 李泌 繁

房琯字次律，河南河南人。父融，武后時，以正諫大夫同鳳閣鸞臺平章事；神龍元年，貶死高州。琯少好學，風度沈整，以蔭補弘文生。與呂向偕隱陸渾山，十年不諧際人事。開元中，作封禪書，說宰相張說，說奇之，奏爲校書郎。舉任縣令科，授盧氏令。拜監察御史，坐訊獄非是，貶睦州司戶參軍。復爲縣，所至上德化，興長利，以治最顯。

天寶五載，試給事中，封漳南縣男。時玄宗有逸志，數巡幸，廣溫泉爲華清宮，環宮所置百司區署。以琯資機算，詔總經度驪山，疏巖剔藪，爲天子游觀。未畢，坐善李適之、韋堅，斥爲宜春太守。歷琅邪、鄴、扶風三郡，頻遷憲部侍郎。十五載，帝狩蜀，琯馳至普安上謁，帝喜甚，卽拜文部尙書、同中書門下平章事，從至成都，賜一子官。

俄與韋見素、崔渙奉册靈武，見肅宗，具言上皇所以傳付意，因道當時利病，箝索虜情，辭吐華暢，帝爲改容。琯既有重名，帝傾意待之，機務一二與琯參決，諸將相莫敢望。於是，第五琦言財利幸，爲江淮租庸使。琯諫曰：「往楊國忠聚斂，產怨天下。陛下卽位，人未見德，今又寵琦，是一國忠死，一國忠生，無以示遠方。」帝曰：「六軍之命方急，無財則散。卿惡琦可也，何所取財？」琯不得對。

北海太守賀蘭進明自河南至，詔攝御史大夫、嶺南節度使，入謝，帝曰：「朕語琯除正大夫，何爲攝邪？」進明銜之，因曰：「陛下知晉亂乎？惟以尙虛名，任王衍爲宰相，基祖浮華，不事天下事，故至於敗。方唐中興，當用實才，而琯性疏闊，大言無當，非宰相器。陛下待之厚，然孰肯爲陛下用乎？」帝曰：「何哉？」對曰：「陛下頃爲皇太子，太子出曰撫軍，入曰監國，而琯爲聖皇建遣諸王爲都統節度，乃謂陛下爲元子而付以朔方、河東、河北空虛之地，永王、豐王乃統四節度。此於聖皇似忠，於陛下非忠也。琯意諸子一得天下，身不失恩，又多樹私黨，以副戎權，推此而言，豈肯盡誠於陛下乎？」帝入其語，始惡琯。以進明爲御史大夫、河南節度使。

會琯請自將平賊，帝猶倚以成功，乃詔琯持節招討西京、防禦蒲潼兩關兵馬節度等使，得自擇參佐。乃以兵部尙書王思禮、御史中丞鄧景山爲副，戶部侍郎李揖爲行軍司馬，中丞宋若思、起居郎知制誥賈至、右司郎中魏少游爲判官，給事中劉秩爲參謀。琯分三軍趨京師：楊希文將南軍，自宜壽入；劉悊將中軍，自武功入；李光進將北軍，自奉天入。琯身中軍先鋒。十月庚子，次便橋。辛丑，中軍、北軍遇賊陳濤斜，戰不利。琯欲持重有所伺，中人邢延恩促戰，故敗，士死麻葦。癸卯，率南軍復戰，遂大敗，希文、悊皆降賊。初，琯用春秋時戰法，以車二千乘繚營，騎步夾之。既戰，賊乘風譟，牛悉髀栗，賊投芻而火之，人畜焚燒，殺卒四萬，血丹野，殘衆才數千，不能軍。琯還走行在，見帝，肉袒請罪，帝宥之，使裒夷散，復圖進取。琯雅自負，以天下爲己任，然用兵本非所長。其佐李揖、劉秩等皆儒生，未嘗更軍旅，琯每詫曰：「彼曳落河雖多，能當我劉秩乎？」帝雖恨琯喪師，而眷任未衰。

崔圓自蜀來，最後見帝，琯謂帝不見省，易之。圓以金畀李輔國，不淹日被寵，遂怨琯。琯數稱疾不入。會御史大夫顏眞卿劾奏諫議大夫李何忌不孝，琯素善何忌，不欲以惡名錮之，託被酒入朝，貶西平郡司馬。琴工董廷蘭出入琯所，琯昵之。廷蘭藉琯勢，數招賕謝，爲有司劾治，琯訴于帝，帝因震怒，叱遣之，琯惶恐就第。罷爲太子少師。從帝還都，封淸河郡公。琯之廢，朝臣多言琯謀包文武，可復用，雖琯亦自謂當柄任，爲天子立功。善琯者暴其言于朝。琯方日引劉秩、嚴武與宴語，移病自如。帝以琯虛言浮誕，內鞅鞅，挾黨背公，非大臣體。乾元元年，出琯爲邠州刺史，逐秩、武等，因下詔陳其比周狀，喻敕中外。始，邠以武將領刺史，故綱目廢弛，即治府爲營，吏擾民居相淆讙。琯至，一切革之，人以便安，政聲流聞。召拜太子賓客，遷禮部尚書，爲晉、漢二州刺史。寶應二年，召拜刑部尚書，道病卒，贈太尉。

琯有遠器，好談老子、浮屠法，喜賓客，高談有餘，而不切事。時天下多故，急於謀略攻取，帝以吏事繩下，而琯爲相，遽欲從容鎭靜以輔治之，又知人不明，以取敗橈，故功名隳損云。

贊曰：唐名儒多言琯德器，有王佐材，而史載行事，亦少貶矣。一舉喪師，訖不復振。原琯以忠誼自奮，片言悟主而取宰相，必有以過人者，用違所長，遂無成功。然盛名之下，爲難居矣。夫名盛則責望備，實不副則訾咎深。使琯遭時承平，從容帷幄，不失爲名宰。而倉卒濟難，事敗隙生，陷於浮虛比周之罪，名之爲累也，戒哉！

子孺復，幼頗能屬文，然狂縱不法。淮南節度使陳少游奏置幕府。多招術家言己三十當得宰相，以熏權近，希進取。後辟浙西韓滉府。兄宗偃喪自嶺外還，孺復不出臨弔。與妻鄭不相中，慈姆爲言，乃具棺召家人生斂之；鄭方乳，促上道，鄭死于行。又娶崔昭女，崔悍娼，殺二侍兒，私瘞之。觀察使以聞，貶連州司馬，聽崔去。既又與崔通，請復合，詔許。未幾復離。終容州刺史。

琯孫啓，以蔭補鳳翔參軍事，累調萬年令，素贅附王叔文。貞元末，叔文用事，除容管經略使，陰許以荊南帥節。啓至荊湖，宿留不肯進，會叔文與韋執誼內忿爭，不果拜。俄而皇太子監國，啓惶駭就鎮。凡九年，改桂管觀察使。州邸以賂請有司飛驛送詔，既而憲宗自遣宦人持詔賜啓，啓畏使者邀重餉，卽曰：「先五日已得詔。」使者紿請視，因馳歸以聞，貶太僕少卿。啓自陳獻使者南口十五，帝怒，殺宦人，貶啓虔州長史，死。始詔五管、福建、黔中道不得以口饋遺、博易，罷臘口等使。

琯族孫式，擢進士第，累遷忠州刺史。韋皋表爲雲南安撫副使、蜀州刺史。皋卒，劉闢反，式留不得行。賊平，高崇文保貸之，言諸朝，除吏部郎中。時河朔諸將劉濟、張茂昭等更相劾奏，帝欲和之，拜式給事中，使河北，還奏如旨。遷陝虢觀察使，改河南尹。會討王承宗鎭州，索餉車四千乘，民不能具。式建言：「歲凶人勞，不任調發。」又御史元稹亦言：「賊未禽，而河南民先困。」詔可，都鄙安之。改宣歙觀察使。卒，贈左散騎常侍，謚曰傾。

吏部郎中韋乾度曰：「始式刺蜀州，劉闢構難，卽謂闢曰：『向夢公爲上相，儀衞甚盛，幸無相忘。』闢喜，以爲祥。後闢發兵署牒，首曰闢，副曰式，參謀曰符載。大節已虧，不宜得謚。」博士李虞仲曰：「始闢反，爲其用者皆救死其頸，可盡被惡名乎？如式，不能去，又不能死，可謂求生害仁者也。闢走西山，召所疑畏者盡殺之，式在其間，會救得免。而曰大節已虧，近於溢言。」謚乃定。

張鎬字從周，博州人。儀狀瓌偉，有大志，視經史猶漁獵，然好王霸大略。少事吳兢，兢器之。游京師，未知名，率嗜酒鼓琴自娛。人或邀之，杖策往，醉卽返，不及世務。天寶末，楊國忠執政，求天下士爲己重，聞鎬才，薦之。釋褐衣，拜左拾遺，歷侍御史。玄宗西狩，鎬徒步扈從。俄遣詣肅宗所。數論事，擢諫議大夫，尋拜中書侍郎、同中書門下平章事。時引內浮屠數百居禁中，號「內道場」，諷唄外聞，鎬諫曰：「天子之福，要在養人，以一函宇，美風化，未聞區區佛法而致太平。願陛下以無爲爲心，不以小乘橈聖慮。」帝然之。尋詔兼河南節度使，都統淮南諸軍事。賊圍宋州，張巡告急，鎬倍道進，檄濠州刺史閭丘曉趣救。曉愎撓，逗留不肯進，比鎬至淮口，而巡已陷。鎬怒，杖殺曉。帝還京師，封南陽郡公，詔以本軍鎭汴州，捕平殘寇。

史思明提范陽獻順款，鎬揣其僞，密奏曰：「思明勢窮而服，包藏不測，可以計取，難以義招，不宜以威權假之。」又言：「滑州防禦使許叔冀狡獪，臨難必變，宜追還宿衞。」書入不省。時宦官絡繹出鎬境，未嘗降情結納。自范陽、滑州使還者，皆盛言思明、叔冀忠，而毀鎬無經略才。帝以鎬不切事機，遂罷宰相，授荆州大都督府長史。思明、叔冀後果叛，如鎬言。召拜太子賓客、左散騎常侍。坐市嗣岐王珍第，貶辰州司戶參軍。代宗初，起爲撫州刺史，遷洪州觀察使，更封平原郡公。袁晁寇東境，江介震騷，鎬遣兵屯上饒，斬首二千級。又襲舒城賊楊昭，梟之。沈千載者，新安大豪，連結椎剽，州縣不能禽，鎬遣別將盡殄其衆。改江南西道觀察使，卒。

鎬起布衣，二期至宰相。居身廉，不殖貲產。善待士，性簡重，論議有體。在位雖淺，而天下之人推爲舊德云。

李泌字長源，魏八柱國弼六世孫，徙居京兆。七歲知爲文。玄宗開元十六年，悉召能言佛、道、孔子者，相答難禁中。有員俶者，九歲升坐，詞辯注射，坐人皆屈。帝異之，曰：

「半千孫，固當然。」因問：「童子豈有類若者？」俶跪奏：「臣舅子李泌。」帝即馳召之。泌既至，帝方與燕國公張說觀弈，因使說試其能。說請賦「方圓動靜」，泌逡巡曰：「願聞其略。」說因曰：「方若棋局，圓若棋子，動若棋生，靜若棋死。」泌即答曰：「方若行義，圓若用智，動若騁材，靜若得意。」說因賀帝得奇童。帝大悅曰：「是子精神，要大於身。」賜束帛，敕其家曰：「善視養之。」張九齡尤所奬愛，常引至臥內。九齡與嚴挺之、蕭誠善，挺之惡誠佞，勸九齡謝絕之。九齡忽獨念曰：「嚴太苦勁，然蕭軟美可喜。」方命左右召蕭，泌在旁，帥爾曰：「公起布衣，以直道至宰相，而喜軟美者乎？」九齡驚，改容謝之，因呼「小友」。

及長，博學，善治易，常游嵩、華、終南間，慕神仙不死術。天寶中，詣闕獻復明堂九鼎議，帝憶其早惠，召講老子，有法，得待詔翰林，仍供奉東宮，皇太子遇之厚。嘗賦詩譏誚楊國忠、安祿山等，國忠疾之，詔斥置蘄春郡。

肅宗卽位靈武，物色求訪，會泌亦自至。已謁見，陳天下所以成敗事，帝悅，欲授以官，固辭，願以客從。入議國事，出陪輿輦，衆指曰：「著黃者聖人，著白者山人。」帝聞，因賜金紫，拜元帥廣平王行軍司馬。帝嘗曰「卿侍上皇，中爲朕師，今下判廣平行軍，朕父子資卿道義」云。始，軍中謀帥，皆屬建寧王，泌密白帝曰：「建寧王誠賢，然廣平冢嗣，有君人量，豈使爲吳太伯乎？」帝曰：「廣平爲太子，何假元帥？」泌曰：「使元帥有功，陛下不以爲儲副，得耶？太子從曰撫軍，守曰監國，今元帥乃撫軍也。」帝從之。

初，帝在東宮，李林甫數構譖，勢危甚，及卽位，怨之，欲掘冢焚骨。泌以天子而念宿嫌，示天下不廣，使脅從之徒得釋言於賊。帝不悅，曰：「往事卿忘之乎？」對曰：「臣念不在此。上皇有天下五十年，一旦失意，南方氣候惡，且春秋高，聞陛下錄故怨，將內慚不懌，萬有一感疾，是陛下以天下之廣不能安親也。」帝感悟，抱泌頸以泣曰：「朕不及此。」因從容問破賊期，對曰：「賊掠金帛子女，悉送范陽，有苟得心，渠能定中國邪？華人爲之用者，獨周摯、高尙等數人，餘皆脅制偷合，至天下大計，非所知也。不出二年，無寇矣。陛下無欲速。夫王者之師，當務萬全，圖久安，使無後害。今詔李光弼守太原，出井陘，郭子儀取馮翊，入河東，則史思明、張忠志不敢離范陽、常山，安守忠、田乾眞不敢離長安，是以三地禁其四將也。隨祿山者，獨阿史那承慶耳。使子儀毋取華，令賊得通關中，則北守范陽，西救長安，奔命數千里，其精卒勁騎，不逾年而弊。我常以逸待勞，來避其鋒，去翦其疲，以所徵之兵會扶風，與太原、朔方軍互擊之。徐命建寧王爲范陽節度大使，北並塞與光弼相掎角，以取范陽。賊失巢窟，當死河南諸將手。」帝然之。會西方兵大集，帝欲速得長安，曰：「今戰必勝，攻必取，何暇千里先事范陽乎？」泌曰：「必得兩京，則賊再強，我再困。且我所恃者，磧西突騎、西北諸戎耳。若先取京師，期必在春，關東早熱，馬且病，士皆思歸，不可以戰。賊得休士養徒，必復來南。此危道也。」帝不聽。

二京平，帝奉迎上皇，自請歸東宮以遂子道。泌曰：「上皇不來矣。人臣尚七十而傳，況欲勞上皇以天下事乎。」帝曰：「奈何？」泌乃爲羣臣通奏，具言天子思戀晨昏，請促還以就孝養。上皇得初奏，答曰：「當與我劍南一道自奉，不復東矣。」帝甚憂。及再奏至，喜曰：「吾方得爲天子父！」遂下誥戒行。

崔圓、李輔國以泌親信，疾之。泌畏禍，願隱衡山。有詔給三品祿，賜隱士服，爲治室廬。泌嘗取松樛枝以隱背，名曰「養和」，後得如龍形者，因以獻帝，四方爭效之。代宗立，召至，舍蓬萊殿書閣。初，泌無妻，不食肉，帝乃賜光福里第，彊詔食肉，爲娶朔方故留後李暐甥，昏日，敕北軍供帳。

元載惡不附己，因江西觀察使魏少游請僚佐，載稱泌才，以試祕書少監充判官。載誅，帝召還。復爲常袞所忌，出爲楚州刺史，辭不行，帝亦留之。會澧州缺，袞盛言南方凋瘵，請輟泌治之，乃授澧朗峽團練使，徙杭州刺史，皆有風績。

德宗在奉天，召赴行在，授左散騎常侍。時李懷光叛，歲又蝗旱，議者欲赦懷光。帝博問羣臣，泌破一桐葉附使以進，曰：「陛下與懷光，君臣之分不可復合，如此葉矣。」由是不赦。始，朱泚亂，帝約吐蕃赴援，賂以安西、北庭。既而渾瑊與賊戰咸陽，泚大敗，吐蕃以師追北不甚力，因大掠武功而歸。京師平，來請如約。帝業許，欲遂與之。泌曰：「安西、北庭，控制西域五十七國及十姓突厥，皆悍兵處，以分吐蕃勢，使不得幷兵東侵。今與其地，則關中危矣。且吐蕃向持兩端不戰，又掠我武功，乃賊也，奈何與之？」遂止。

貞元元年，拜陝虢觀察使。泌始鑿山開車道至三門，以便饟漕。以勞，進檢校禮部尚書。淮西兵防秋屯鄜州，已而四千人亡歸，或曰吳少誠密招之。既入境，泌邀險悉擊殺之。三年，拜中書侍郎、同中書門下平章事，累封鄴縣侯。初，張延賞減天下吏員，人情愁怨，至流離死道路者。泌請復之，帝未從，因問：「今戶口減承平時幾何？」曰：「三之二。」帝曰：「人旣彫耗，員何可復？」泌曰：「不然。戶口雖耗，而事多承平十倍。陛下欲省州縣則可，而吏員不可減。今州或參軍署券，縣佐史判案。所謂省官者，去其冗員，非常員也。」帝曰：「若何爲冗員？」對曰：「州參軍無職事及兼、試額內官者。兼、試，自至德以來有之，比正員三之一，可悉罷。」帝乃許復吏員，而罷冗官。泌又條奏：「中朝官常侍、賓客十員，其六員可罷；左右贊善三十員，其二十員可罷。如舊制，諸王未出閤，官屬皆不除。而所收料奉，乃多於減員矣。」帝悅。

是時，州刺史月奉至千緡，方鎭所取無藝，而京官祿寡薄，自方鎭入八座，至謂罷權。薛邕由左丞貶歙州刺史，家人恨降之晚。崔祐甫任吏部員外，求爲洪州別駕。使府賓佐有所忤者，薦爲郎官。其當遷臺閣者，皆以不赴取罪去。泌以爲外太重，內太輕，乃請隨官閑劇，普增其奉，時以爲宜。而竇參多沮亂其事，不能悉如所請。泌又白罷拾遺、補闕，帝雖不從，然因是不除諫官，唯用韓皐、歸登。泌因收其公廨錢，令二人寓食中書舍人署。凡三年，始以韋綬、梁肅爲左右補闕。

太子妃蕭母，郜國公主也，坐蠱媚，幽禁中，帝怒，責太子，太子不知所對。泌入，帝數稱舒王賢，泌揣帝有廢立意，因曰：「陛下有一子而疑之，乃欲立弟之子，臣不敢以古事爭。且十宅諸叔，陛下奉之若何？」帝赫然曰：「卿何知舒王非朕子？」對曰：「陛下昔爲臣言之。陛下有嫡子以爲疑，弟之子敢自信於陛下乎？」帝曰：「卿違朕意，不顧家族邪？」對曰：「臣衰老，位宰相，以諫而誅，分也。使太子廢，佗日陛下悔曰『我惟一子殺之，泌不吾諫，吾亦殺爾子』，則臣絕祀矣。雖有兄弟子，非所歆也。」即噫嗚流涕。因稱：「昔太宗詔：『太子不道，藩王窺伺者，兩廢之。』陛下疑東宮而稱舒王賢，得無窺伺乎？若太子得罪，請亦廢之而立皇孫，千秋萬歲後，天下猶陛下子孫有也。且郜國爲其女妬忌，而蠱惑東宮，豈可以妻母累太子乎？」執爭數十，意益堅，帝寤，太子乃得安。

初，興元後國用大屈，封物皆三損二。舊制，堂封歲三千六百縑，後纔千二百。至是，帝使還舊封。於是李晟、馬燧、渾瑊各食實封，悉讓送泌，泌不納。時方鎭私獻於帝，歲凡五十萬緡，其後稍損至三十萬，帝以用度乏問泌，泌請：「天下供錢歲百萬給宮中，勸不受私獻。凡詔旨須索，即代兩稅，則方鎮可以行法，天下紓矣。」

帝嘗從容言：「盧杞淸介敢言，然少學，不能廣朕以古道，人皆指其姦而朕不覺也。」對曰：「陛下能覺杞之惡，安致建中禍邪？李揆和蕃，顏眞卿使希烈，其害舊德多矣。又楊炎罪不至死，杞擠陷之而相關播。懷光立功，逼使其叛。此欺天也。」帝曰：「卿言誠有之。然楊炎視朕如三尺童子，有所論奏，可則退，不許則辭官，非特杞惡之也。且建中亂，卿亦知桑道茂語乎？乃命當然。」對曰：「夫命者，已然之言。主相造命，不當言命。言命，則不復賞善罰惡矣。桀曰：『我生不有命自天〔一〕？』武王數紂曰：『謂己有天命。』君而言命，則桀、紂矣。」帝曰：「朕請不復言命。」俄加集賢殿、崇文館大學士，脩國史。泌建言：學士加大，始中宗時，及張說爲之，固辭，乃以學士知院事。至崔圓復爲大學士，亦引泌爲讓而止〔二〕。

帝以「前世上巳、九日，皆大宴集，而寒食多與上巳同時，欲以二月名節，自我爲古，若何而可？」泌謂：「廢正月晦，以二月朔爲中和節，因賜大臣戚里尺，謂之裁度。民間以靑囊盛百穀瓜果種相問遺，號爲獻生子。里閭釀宜春酒，以祭勾芒神，祈豐年。百官進農書，以示務本。」帝悅，乃著令，與上巳、九日爲三令節，中外皆賜緡錢燕會。

四年八月，月蝕東壁，泌曰：「東壁，圖書府，大臣當有憂者。吾以宰相兼學士，當之矣。昔燕國公張說由是以亡，又可免乎？」明年果卒，年六十八，贈太子太傅。

泌出入中禁，事四君，數爲權倖所疾，常以智免。好縱橫大言，時時讜議，能寤移人主。然常持黃老鬼神說，故爲人所譏切。初，肅宗重陰陽巫祝，擢王璵執政，大抵興造工役，輒牽禁忌俗說。而黎幹以左道位京兆尹，嘗使禁工駢珠刺繡爲乘輿服，舉焚之以爲禳禬。德宗素不爲然，及嗣位，罷內道場，除巫祝。代宗將葬，帝號送承天門，而轀車行不中道，問其故，有司曰：「陛下本命在午，故避之。」帝泣曰：「安有枉靈駕以謀身利？」命直午而行。又宣政廊壞，太卜言：「孟冬魁岡，不可營繕。」帝曰：「春秋『啓塞從時』，何魁岡爲？」亟詔葺之。及桑道茂城奉天事驗，始尙時日拘忌，因進用泌，泌亦自有所建明。獨柳玭稱，兩京復，泌謀居多，其功乃大於魯連、范蠡云。子繁。

繁少才警，無行。泌始起陽城官諸朝，故城重德泌而親厚於繁。及疏裴延齡，既具藁，以繁可信，夜使繁書。已封，盡能誦憶，乃錄以示延齡。明日，延齡白帝曰：「城以疏示於朝。」即擿其條以自訴解。城奏入，帝怒，遂不省。泌與梁肅善，故繁師事肅。及卒，烝其室，士議讙醜，由是擯棄積年。後爲太常博士，權德輿爲卿，奏斥之，改河南府士曹參軍。

累遷隋州刺史，罷歸，不得調。敬宗誕日，詔與兵部侍郎丁公著、太常少卿陸亘入殿中，抗老、佛誦論。改大理少卿、弘文館學士。諫官御史交章彈治，乃出爲亳州刺史。州有劇賊，剽室廬，略財貲爲患，它刺史不能禽，繁有機略，悉知賊巢藪所在，一旦出兵捕斬之。議者責繁不先啓觀察府，爲擅興。詔御史舒元輿按之，元輿與繁素隙，盡翻其獄，以爲濫殺不辜，有詔賜死，京兆人皆冤之。繁下獄，知且死，恐先人功業泯滅，從吏求廢紙掘筆，著家傳十篇，傳于世。

贊曰：泌之爲人也，異哉！其謀事近忠，其輕去近高，其自全近智，卒而建上宰，近立功立名者。觀肅宗披榛莽，立朝廷，單言暫謀有所寤合，皆付以政。當此時，泌於獻納爲不少，又佐代宗收兩京，獨不見錄，寧二主不以宰相器之邪？德宗晚好鬼神事，乃獲用，蓋以怪自置而爲之助也。繁爲家傳，言泌本居鬼谷，而史臣謬言好鬼道，以自解釋。既又著泌數與靈仙接，言舉不經，則知當時議者切而不與，有爲而然。繁言多浮侈，不可信，掇其近實者著于傳。至勸帝先事范陽，明太子無罪，亦不可誣也。

校勘記

〔一〕桀曰我生不有命自天　見尚書西伯戡黎，乃商紂語，此誤作桀。

〔二〕至崔圓復爲大學士亦引泌爲讓而止　按本書卷一四〇及舊書卷一〇八崔圓傳，圓卒於大曆中。而李泌辭大學士，在貞元三年，安能「引泌爲讓而止」？必有脫誤。

唐書卷一百四十

列傳第六十五

崔圓　苗晉卿　裴冕　裴遵慶 向 樞　呂諲

崔圓字有裕，貝州武城人，後魏尚書左僕射亮八世孫。少孤貧，志向卓邁，喜學兵家。開元中，詔舉遺逸，以鈐謀對策甲科，歷京兆府參軍，尹蕭炅薦之，遷會昌丞。楊國忠遙領劍南節度，引圓爲左司馬，知留後。

玄宗西出，次扶風，遷御史中丞、劍南節度副大使。圓銳功名，初聞難，刺國忠意，乃治城浚隍，列館宇，儲什具。帝次河池，圓疏具陳「蜀土腴穀羨，儲供易辦」。帝省書泣下曰：「世亂識忠臣。」即日拜中書侍郎、同中書門下平章事，仍兼劍南節度使。天子至，朝廷百司殿宇帷幔皆具，益嗟賞之。肅宗立，命與房琯、韋見素赴行在所，帝爲製遺愛碑于蜀以寵之。至德二載，遷中書令，封趙國公，實封戶五百。乾元元年，罷爲太子少師，留守東都。於是上皇所置宰相無在者。王師之敗相州也，軍所過，皆縱剽，圓懼，委東都，奔襄陽，詔削階、封。尋召拜濟王傅。李光弼表爲懷州刺史，改汾州，以治行稱。徙淮南節度使，在鎮六年，請朝京師，吏民乞留，詔檢校尚書右僕射，還之。久乃檢校左僕射，入知省事。大曆中卒，年六十四，贈太子太師，謚曰昭襄。

苗晉卿字元輔，潞州壺關人，世以儒素稱。擢進士第，調爲修武尉，累進吏部郎中、中書舍人，知吏部選事。選人訴索好官，厲言倨色紛于前，晉卿與相對，終日無慍顏。久之，進侍郎，積寬縱，而吏下因緣作姦。方時承平，選常萬人，李林甫爲尚書，專國政，以銓事委晉卿及宋遙，然歲命它官同較書判，覈才實。天寶二年，判入等者凡六十四人，分甲、乙、丙三科，以張奭爲第一。奭，御史中丞倚之子，倚新得幸於帝，晉卿欲附之，奭本無學，故議者囂然不平。安祿山因間言之，帝爲御花萼樓覆實，中裁十一二，奭持紙終日，筆不下，人謂之「曳白」。帝大怒，貶倚淮陽太守，遙武當太守，晉卿安康太守。

明年，徙魏郡，卽充河北採訪使。居三年，政化大行。嘗入計，謁歸壺關，望縣門輒步，吏諫止，晉卿以「公門當下，況父母邦乎」？郡太守迎犒，使所屬令行酒，酒至，必立飲白醻，侍老有獻，降西階拜而飲，時美其恭。改河東郡，兼河東採訪使。徙扶風郡，封高平縣男。遷工部尚書、東都留守。召爲憲部，兼左丞。安祿山反，竇廷芝弃陝郡不守，楊國忠本忌其有望，即奏「東道賊衝，非大臣不可鎮遏」，授陝郡太守、陝虢防禦使，晉卿見帝，以老辭，忤旨，聽致仕于家。車駕入蜀，搢紳多陷賊，晉卿間道走金州。

肅宗至扶風，召赴行在，拜左相。平京師，封韓國公，食五百戶，改侍中。既而乞骸骨，罷爲太子太傅。未幾，復拜侍中。玄宗崩，肅宗疾甚，詔晉卿攝冢宰，固讓曰：「大行遺詔，皇帝三日聽政，稽祖宗故事，則無冢宰之文，奉遺詔則宜聽朝。惟陛下順變以幸萬國。」帝不聽。後數日，代宗立，復詔攝冢宰，固辭乃免。時年老蹇甚，乞間日入政事堂，帝優之，聽入閤不趨，爲御小延英召對。宰相對小延英，自晉卿始。吐蕃犯京師，晉卿以病臥家，賊輿致脅之，噤不肯語，賊不敢害。帝還，拜太保，罷政事。

永泰初薨，年八十一，贈太師，京兆少尹護喪，謚曰懿獻，元載未顯時，爲晉卿所遇，載方相，故諷有司改謚文貞。

晉卿寬厚，所至以惠化稱。魏人爲營生祠，立石頌美。再秉政，出入七年，小心謹畏，不甚斥是非得失，故能安保寵名。然練達事體，百官簿最，一省無遺，議者比漢胡廣。肅宗欲以李輔國爲常侍，奏曰：「常侍近密，非賢不可居，豈宜任等輩？」罷之。朝廷欲論陳希烈等死，晉卿曰：「陛下得張通儒、安守忠、孫孝哲等，何以加罪？」帝不從。俄而史思明亂，持是以誘衆。嘗自爲父碑文，有鵲巢碑上，賊入上黨，焚蕩略盡，而苗氏松檟獨無傷。大曆七年，配享肅宗廟廷。十子：發、丕、堅、粲、垂、向、呂、稷、望、咸。

粲，德宗時官至郎中，陸贄欲進粲官，帝不許，曰：「晉卿往攝政，有不臣之言。又名其子，皆與帝王同，粲等宜與外官。」贄奏：「王者爵人必於朝，刑人必於市，言與衆共之。獎而不言其善，斯謂曲貸；罰而不書其惡，斯謂中傷。曲貸，則授受不明，而私幸之門啓；中傷，則枉直無辨，而讒間之道行。可不愼哉！若陛下以晉卿姦邪，粲等應坐，則當公議其罪；若知見誣，亦宜擢粲等以示天下。且晉卿起文儒，致位台輔，謙柔敦厚，爲三朝所推，安肯爲族滅計？雖甚狂險猶不爲之，況老臣乎？」帝然之，而粲官終不顯。

裴冕字章甫，河中河東人，本冠族仕家，以蔭再調渭南尉。王鉷爲京畿採訪使，表署判官，歷殿中侍御史。冕少學術，然明銳，果於事，衆號稱職，鉷雅任之。及鉷得罪，有詔廷辨，冕位甚下，而抗言其誣。鉷死，李林甫方用事，僚屬懼，皆引去，獨冕爲斂葬，由是寖知名。河西節度使哥舒翰辟行軍司馬。

玄宗入蜀，詔皇太子爲天下兵馬元帥，拜冕御史中丞兼左庶子副之。初，冕在河西，方召還，而道遇太子平涼，遂從至靈武，與杜鴻漸、崔漪同辭進曰：「主上厭于勤，且南狩蜀，宗社神器，要須有歸。今天意人事，屬在殿下，宜正位號。有如逡巡，失億兆心，則大事去矣。」太子曰：「我平寇逆，奉迎乘輿還京師，退居涼貳，以侍膳左右，豈不樂哉！公等何言之過！」對曰：「殿下居東宮二十年，今多難啓聖，以安社稷，而所從將士皆關輔人，日夜思歸，大衆一驪，不可復集，不如因而撫之，以就大功。臣等昧死請。」太子固讓，凡五請，卒見聽。太子卽位，進冕中書侍郎、同中書門下平章事。乃建言賣官、度僧道士，收貲濟軍興。時取償既賤，衆不爲宜。

肅宗至鳳翔，罷冕政事，拜尙書右僕射。兩京平，封冀國公，實封五百戶，出爲劍南西川節度使。復爲右僕射，待制集賢院。俄充山陵使。於是，中書舍人劉烜爲李輔國所昵，冕表爲判官。烜抵法，坐降施州刺史，徙澧州。

大曆中，郭子儀言於代宗曰：「冕首佐先帝，馳驅靈武，有社稷勳，程元振忌其賢，遂加誣構，海內冤之。陛下宜還冕於朝，復俾輔相，必能致治成化。」時元載秉政，冕早所甄引，載德之，又貪其衰瘵，且下己，遂拜左僕射、同中書門下平章事。入見，拜不能興，載自扶之，代爲贊謝。俄兼河南江淮副元帥、東都留守。不踰月卒，有詔贈太尉。

冕以忠勤自將，然不知宰相大體。性豪侈，既素貴，輿服食飲皆光麗珍豐，櫪馬直數百金者常十數，每廣會賓客，不能名其饌，自製巾子工甚，人爭效之，號「僕射巾」。領使既衆，吏白俸簿月二千緡，冕顧視，喜見顏閒，世訾其嗜利云。

始，肅宗廟惟苗晉卿配享，冕卒後二十餘年，有蘇正元者奏言：「肅宗爲元帥時，師纔一旅，冕於草創中，甄大義以勸進，收募驍勇幾十餘萬。既逾月，房琯來；又一年，而晉卿至。今晉卿從祀，而冕乃不與。」有詔冕配享肅宗廟。

裴遵慶字少良，絳州聞喜人。幼彊學，該綜圖傳，外晦內明，不干當世。年既長，始以仕家推蔭爲興寧陵丞，調大理丞。邊將蕭克濟督役苛暴，役者有醜言，有司以大逆論，遵慶曰：「財不足聚人，力不足加衆，焉能反？」由是全救數十族。頻擢吏部員外郎，判南曹。天寶時，選者歲萬計，遵慶性彊敏，視簿牒，詳而不苛，世稱吏事第一。

肅宗時，爲吏部侍郎。蕭華輔政，屢薦之，拜黃門侍郎、同中書門下平章事。代宗初，僕固懷恩反，帝以遵慶忠厚大臣，故奉詔宣慰，懷恩聽命將入朝，既而爲其將范志誠沮止。時帝在陝，遵慶脫身赴行在。帝還，遷太子少傅。罷爲集賢院待制，改吏部尙書，以尙書右僕射復知選事，朝廷優其老，聽就第注官，時以爲榮。嘗有族子病狂易，告以謀反，帝識其謬，置不問。性惇正，老而彌謹。每薦賢，有來謝者，以爲恥。諫而見從，卽內益畏。雖親近，但記其削槀疏數，而莫知所言。大曆十年薨，年九十餘。初爲郎時，著王政記，述今古治體，識者知其有公輔器云。子向。

向字傒仁，以蔭得調。建中初，李紓爲同州刺史，奏署判官。李懷光叛河中，使其將趙貴先築壘於同州，紓奔奉天，而向領州務。貴先脅吏督役，不及期，將斬以徇，民皆駭散，向獨詣貴先壘開諭之，貴先乃降。同州不陷，向力也。累爲櫟陽、渭南令，奏課皆第一，擢戶部員外郎。德宗末，方鎭之副，多自選于朝，以待有變，次授之，故向以選爲太原少尹、行軍司馬，歷陝虢觀察使，以吏部尙書致仕。向能以學行持門戶，內外親屬百餘口，祿俸必均，世稱其孝睦。卒年八十，贈太子少保。

子寅，官累御史大夫。寅子樞。

樞字紀聖，咸通中，第進士。杜審權鎭河中，奏署幕府，再遷藍田尉。宰相王鐸知之，遂直弘文館。鐸罷，樞久不調。從僖宗入蜀，擢殿中侍御史。中和初，鐸爲都統，表署鄭滑掌書記。龍紀初，進給事中，改京兆尹。與孔緯厚善，緯以罪貶，故樞改右庶子，出爲歙州刺史。遷右散騎常侍，爲汴州宣諭使。

樞素與朱全忠相結納，故全忠聽命，修貢獻不絕。昭宗悅，遷兵部侍郎。時崔胤亦倚全忠專朝柄，因與樞善。俄以戶部侍郎同中書門下平章事。帝在鳳翔，貶胤官，樞亦罷爲工部尚書。已還宮，拜檢校尚書右僕射、同平章事。出爲淸海節度使。全忠言樞有經世才，不宜棄外，復拜門下侍郎平章事，監修國史。累進右僕射、諸道鹽鐵轉運使。哀帝嗣位，柳璨方用事，全忠以牙將張廷範爲太常卿，樞以爲廷範勳臣，自宜任方鎭，何用爲卿，恐非王意，持不下。全忠怒謂賓佐曰：「吾常器樞不浮薄，今乃爾。」璨聞，卽罷樞政事，拜左僕射。俄貶登州刺史，又貶瀧州司戶參軍。至滑州，全忠遣人殺之白馬驛，投尸于河，年六十五。初，全忠佐吏李振曰：「此等自謂淸流，宜投諸河，永爲濁流。」全忠笑而許之。

呂諲，河中河東人。少力於學，志行整飭。孤貧不自業，里人程氏財雄于鄉，以女妻諲，亦以諲才不久困，厚分貲贍濟所欲，故稱譽日廣。開元末，入京師，第進士，調寧陵尉，採訪使韋陟署爲支使。哥舒翰節度河西，表支度判官。歷太子通事舍人。性靜愼，勤總吏職，諸僚或出游，諲獨頹然據案，鉤視簿最，翰益親之。累兼殿中侍御史。翰敗潼關，諲西趨靈武，由中人尉薦，肅宗才之，拜御史中丞，所陳事無不順納。從至鳳翔，遷武部侍郎。

帝復兩京，詔盡繫羣臣之汙賊者，以御史中丞崔器、憲部侍郎韓擇木、大理卿嚴向爲三司使處其罪，又詔御史大夫李峴及諲領使。諲於權宜知大體不及峴，而援律傅經過之，當時憚其持法，然以峴故，多所平反。

乾元二年，九節度兵敗，帝憂之。擢諲同中書門下平章事，知門下省，翌日，復以李峴、李揆、第五琦爲宰相，而苗晉卿、王璵罷。會母喪解，三月復召知門下省事，兼判度支，還執政。累封須昌縣伯，遷黃門侍郎。上元初，加同中書門下三品，當賜門戟，或勸諲以凶服受吉賜不宜，諲釋縗拜賜，人譏其失禮。

諲引妻之父楚賓爲衞尉少卿，楚賓子震爲郎官。中人馬尙言者，素暱於諲，爲人求官，諲奏爲藍田尉。事覺，帝怒，命敬羽窮治，殺尙言，以其肉賜從官，罷諲爲太子賓客。數月，拜荊州長史、澧朗峽忠等五州節度使。諲始建請荊州置南都，詔可。於是更號江陵府，以諲爲尹，置永平軍萬人，遏吳、蜀之衝，以湖南之岳、潭、郴、道、邵、連，黔中之涪凡七州，隸其道。初，荊州長史張惟一以衡州蠻酋陳希昂爲司馬，督家兵千人自防，惟一親將牟遂金與相忤，希昂率兵至惟一所捕之，惟一懼，斬其首以謝，悉以遂金兵屬之，乃退，自是政一出希昂，後入朝，遷常州刺史，過江陵入謁，諲伏甲擊殺之，誅黨偶數十人，積尸府門，內外震服。

妖人申泰芝用左道事李輔國，擢諫議大夫，置軍邵、道二州間，以泰芝總之，納羣蠻金，賞以緋紫，出褚中詔書賜衣示之，羣蠻怵於賞，而財不足，更爲剽掠，吏不敢制。潭州刺史龐承鼎疾其姦，因泰芝過潭，縛付吏，劾贓鉅萬，得左道讖記，并奏之。輔國矯追泰芝還京，既召見，反譖承鼎陷不辜，詔諲按罪。諲使判官嚴郢具獄，暴泰芝之惡。帝不省，賜承鼎死，流郢建州。後泰芝終以贓徙死，承鼎追原其誣。

諲爲治，不急細務，決大事剛果不橈。始在河西，悉知諸將能否，及爲尹，奏取材者數十人總牙兵，故威惠兩行。諲之相，與李揆不平，既斥，乃用善治聞。揆恐帝復用，卽妄奏置軍湖南非便，又陰遣人刺諲過失。諲上疏訟其事，帝怒，逐揆出之，顯條其罪。諲苦羸疾，卒，年五十一，贈吏部尚書。

諲在朝不稱任職相，及爲荆州，號令明，賦斂均一。其治尚威信，故軍士用命，闔境無盜賊，民歌詠之。自至德以來，處方面數十人，諲最有名。荆人生構房祠，及歿，吏哀錢十萬徙祠府西。始，諲知杜鴻漸、元載才，薦於朝，後皆爲宰相。

永泰中，嚴郢以故吏請謚有司，博士獨孤及謚曰「肅」，郢以故事宰相謚皆二名，請益曰「忠肅」。及執奏，謂：「謚在義美惡，不在多名。文王伐崇，周公殺三監、淮夷，重耳一戰而霸，而謚曰文。冀缺之恪，甯俞之忠，隨會不忘其君，而謚曰武。故知稱其大、略其細也。且二名謚，非古也。漢興，蕭何、張良、霍去病、霍光以文武大略，佐漢致太平，一名不盡其善，乃有文終、文成、景桓、宣成之謚。唐興，參用漢制，魏徵以王道佐時近『文』，愛君忘身近『貞』，二者並優，廢一莫可，故曰文貞。蕭瑀端直近『貞』，性多猜近『褊』，言『褊』則失『貞』，稱『貞』則遺『褊』，故曰貞褊。蓋有爲爲之也。若跡無異稱，則易以一字。故杜如晦曰成，封德彝曰明，王珪曰懿，陳叔達曰忠，温彥博曰恭，岑文本曰憲，韋巨源曰昭，皆當時赫赫居宰相位者，謚不過一名。而言故事宰相必以二名，固所未聞。宜如前謚。」遂不改。

贊曰：孔子稱才難。然人之才有限，不得皆善。觀圓之銳，而失守出奔；晉卿雅厚，而少風采臧否；晁明彊，嗜利不知大體；譚輔政，功名不及治郡。然各以所長顯于時。故聖人使人也器之，不窮所不能而後爲治也。邊慶寡疵，中人之賢與。

唐書卷一百四十一

列傳第六十六

崔光遠　鄧景山 崔瓘　魏少游　衞伯玉　李澄 克寧
韓全義　盧從史　高霞寓

崔光遠，系出博陵，後徙靈昌。祖敬嗣，嗜酒摴博。中宗在房州，吏多肆慢不爲禮，敬嗣爲刺史，獨盡誠推奉，儲給豐衍，帝德之。及反正，有與敬嗣同姓名者，每擬官，帝輒超拜，後召見，悟非是。訪眞敬嗣，已死，卽授其子汪五品官。

汪生光遠，勇決任氣，長六尺，瞳子白黑分明。開元末，爲唐安令，與楊國忠善，累遷京兆少尹，爲吐蕃弔祭使，還，會玄宗西狩，詔留光遠爲京兆尹、西京留守、採訪使。乘輿已出，都人亂，火左藏大盈庫，爭輦財珍，至乘驢入宮殿者。光遠乃募官攝府、縣，誰何宮闕，斬十數人，乃定。因僞使其子東見祿山，而祿山先署張休爲京兆尹，由是追休，授光遠故官。俄而同羅背賊，以廄馬二千出奔，賊將孫孝哲、安神威招之不得，神威憂死，官吏驚走，獄囚皆逸。光遠以爲賊且走，命人守神威、孝哲等第，斬曳落河二人。孝哲馳白祿山，光遠懼，與長安令蘇震出開遠門，使人奔呼曰：「尹巡門！」門兵具器仗迎謁，至，皆斬之，募得百餘人，遂趨靈武。肅宗嘉之，擢拜御史大夫，復爲京兆尹，遣到渭北募僑民。會賊黨剽涇陽，休祠房，椎牛呼飲。光遠刺知之，率兵夜趨其所，使百騎彀滿狙其前，命驍士合譟。賊醉，不能師，斬其徒二千，得馬千噭，俘一酋長以獻。自是，賊常避其鋒。扈帝還，改禮部尙書、鄴國公，封實戶三百。

乾元元年，繇汴州刺史代蕭華爲魏州節度使。初，郭子儀與賊戰汲郡，光遠裁率汴師千人援之，不甚力。及守魏，使將軍李處崟拒賊，子儀不救，戰不勝，奔還，賊因傅城下詭呼曰：「處崟召我而不出，何也？」光遠信之，斬處崟。處崟善戰，衆倚以爲重，及死，人益危。魏城經袁知泰、能元皓等完築，牢甚，光遠不能守，夜潰圍出，奔京師。帝赦其罪，拜太子少保。

會襄州將康楚元、張嘉延反，陷荊、襄諸州，因拜持節荊、襄招討，充山南東道兵馬都使。又徙鳳翔尹。先是，岐、隴賊郭愔等掠州縣，峙五堡，光遠至，遣官喻降之。既而沈飮不親事，愔等陰約党項及奴剌、突厥，敗韋倫於秦、隴，殺監軍使。帝怒光遠無狀，召還。復使節度劍南。會段子璋反東川，李奐敗走成都，光遠進討平之。然不能禁士卒剽掠士女，至斷腕取金者，夷殺數千人。帝詔監軍按其罪，以憂卒。

鄧景山，曹州人。本以文吏進，累至監察御史。至德初，擢拜青齊節度使，徙淮南。爲政簡肅。有鼉集城門，鄧珽語景山曰：「鼉，介物也。失所次，金不從革之象。其有兵乎？」未幾，宋州刺史劉展反。初，展有異志，淮西節度使王仲昇表其狀，詔遷揚州長史兼江淮都統，密詔景山執送京師。展知之，擁兵二萬度淮。景山逆擊不勝，奔壽州，因引平盧節度副使田神功討展。神功兵至揚州，大掠居人，發冢墓，大食、波斯賈胡死者數千人。展叛凡三月平，追景山入朝，拜尚書左丞，以崔圓代之。

王思禮在太原，儲廥贏衍，請輸半以實京師。會卒，管崇嗣代之，政弛不治，數月，爲下盜費略盡。帝聞，卽以景山爲太原尹，封南陽郡公。至則振覈紀綱，檢覆干隱，衆大懼。而景山清約，子弟饌不過草具，用器止烏漆，待上賓惟豚、魚而已，取倉粟紅腐者食之，兼給麾下，麾下怨訕。左右白景山，景山曰：「此不食，留將安用邪？」因慢罵，士皆羞忿。有裨校抵死，諸將請贖，不許；其弟請代，不許；請納一馬贖，景山乃許減死。衆怒曰：「吾屬命纔一馬直乎？」景山護失，叱遣之。少將黃抱節因衆怒作亂，景山遇害，時寶應元年也。肅宗以其統馭失方，不復究驗，遣使喻撫其軍，軍中請辛雲京爲節度，詔可。景山與劉晏善，其後家寒窶，晏屢經紀之，嫁其孤女。謚曰敬。

崔瓘，博陵人，以士行脩謹聞。累官至澧州刺史，不爲煩苛，人便安之，流亡還歸，居二年，增戶數萬。詔特進五階，以寵異政。大曆中，遷湖南觀察使，時將吏習寬弛，不奉法，瓘稍以禮法繩裁之，下多怨。別將臧玠、判官達奚覯忿爭，覯曰：「今幸無事。」玠曰：「欲有事邪？」拂衣去，是夜以兵殺覯。瓘聞難，惶懼走，遇害，帝悼惜之。

魏少游字少游，邢州鉅鹿人，以吏幹稱。天寶末，累遷朔方水陸轉運副使。肅宗幸靈武，杜鴻漸等奉迎，而留少游繕治宮室。少游大爲殿宇幄帟，皆象宮闕，諸王、公主悉有次舍，供儗窮水陸。又有千餘騎，鎧幟光鮮，振旅以入。帝見宮殿，不悅曰：「我至此欲就大事，安用是爲？」稍命去之。除左司郎中。

兩京平，封鉅鹿縣侯，遷陝州刺史。王師潰於鄴，河、洛震駭，少游鎭守自若。擢京兆尹。李輔國以其不附己，改衞尉卿。會率羣臣馬助軍，少游與漢中王瑀持異，帝怒，貶渠州長史。復爲京兆尹，始請：「中書門下省五品、尙書省四品、諸司正員三品、諸王、駙馬期以上親及壻若甥，不得任京兆官。」詔可。大曆二年，爲江西觀察使，進刑部尙書，改封趙國公。六年卒，贈太子太師。

少游四爲京兆，雖無赫赫名，然善任人，緣飾規檢，有足稱者。

衞伯玉，史失其何所人。少習武技，爲有力。天寶中，從安西府，積勞至員外諸衞將軍。肅宗卽位，慨然願立功，乃歸長安，領神策兵馬使，出鎭陝州行營。乾元二年，賊將李歸仁以騎五千入寇，伯玉與戰彊子坂，破之，獲馬六百匹。遷羽林大將軍，徙四鎭、北庭行營節度使，俄爲神策軍節度。史思明遣子朝義夜襲陝，將動京師，伯玉迎擊，破之於永寧。加特進，封河東郡公。

廣德元年，代宗幸陝，以伯玉有幹略，可方面大事，乃拜荊南節度使，進封城陽郡王。大曆初，以母憂當代，諷將吏留己，復詔節度荊南，議者醜其留。十一年，歸京師，卒。

李澄，遼東襄平人，隋蒲山公寬之遠胄。以勇票隸江淮都統李峘府爲偏將〔一〕。又從永平節度李勉軍，勉帥汴，表澄滑州刺史。李希烈陷汴，勉走，澄以城降賊，希烈以爲尚書令、節度永平軍。興元元年，澄遣盧融間道奉表詣行在。德宗嘉之，署帛詔內蜜丸，授澄刑部尚書、汴滑節度使，澄未卽宣，乃先勒訓士馬。希烈疑，以養子六百戍之。賊急攻寧陵，邀澄至石柱，澄密令焚營爲驚遁者，養子輩果乘以剽掠，澄盡斬之，以告，希烈不能詰。賊遣將翟崇暉率精兵寇陳州，未還，汴軍寡，澄度不能制己，又中官薛盈珍持節至，封澄武威郡王，賜實封，乃燔賊旗節自歸。希烈旣失澄，而崇暉復敗，繇是奔汝南。

澄引兵將取汴，屯其北門不敢進，及劉洽師屯東門，賊將田懷珍納之。比澄入，洽已保子城矣。澄乃舍浚儀，兩軍士日爭忿，未能安。會鄭州賊將孫液送款於澄，澄遣子清馳赴。先此，河陽李芃使偏將雍希顥攻鄭，數殘剽，液拒之。及納清，希顥大怒，急攻鄭。清助守，殺河陽兵數千，希顥焚陽武去，澄遂如鄭。詔授淸檢校太子賓客，易名克寧。

貞元初，遷澄檢校尚書左僕射、義成軍節度使。二年卒，年五十四，贈司空。澄始封隴西公，後乃進王爵，每上章，必疊署二封，士大夫笑其野。

澄之喪，克寧閟不發，閱旬日，欲自領事，其行軍司馬馬鉉不許，克寧殺之，墨絰，加卒嬰城，將爲亂。劉洽以兵屯境上，遣使諭止，遂自戢，然道閉者半月。詔以賈耽代鎮，克寧乃護喪歸，悉索府中財夜出，軍士從剽之殆盡。澄柩至京，猶賜克寧莊一區、錢千緡、粟麥數千石云。

韓全義，家素寒，史失其先世。興卒伍，以巧佞事宦者竇文場，擢累長武城使，進拜夏綏銀宥節度使，詔以長武兵赴屯。全義素懦貪，無紀律，爲下靳狎。詔未下，軍中偏知之，謀曰：「夏州沙磧，無樹蓺生業，不可往。」是夜，譟而亂，全義縋以逸，殺其親將王栖巖、趙虔曜等，軍虞候高崇文誅亂首，衆乃定，全義得赴屯。

吳少誠以蔡拒命，詔合十七鎮兵討之。時軍無帥統，惟以奄豎監之，遂敗于小㶏。德宗以文場素爲全義地，因用爲淮西行營招討使，以陳許節度使上官涚副之，諸鎮兵皆屬。全義無它方略，號令悉稟監軍，每議攻戰，宦豎十數紛爭帳中，小人好自異，互詆訾不能決。賊知之，數請戰。遇賊廣利城，方暑，地沮洳，士皆病癘，全義未嘗存之。既戰，師皆潰，退保五樓，賊移屯逼之，乃與監軍賈英秀等保㶏水，不能固，又入屯陳州。是時，唯陳許將孟元陽、神策將蘇光榮守澱水，全義誘潞、滑州數大將殺之，然卒不振。宦人共掩其敗，帝不知。少誠度無能爲，卽謾書謝監軍，求洗前咎。帝下其議，宰相賈耽以爲五樓之敗，賊不追者，以冀恩耳，請納其誠。帝然之。

全義班師，過闕下，託疾不入謁。司馬崔放見帝，謝無功。帝曰：「全義誘少誠歸國，功大矣！何必殺敵乃爲功邪？」還屯夏州，中人卽第宴賚，然卒不見天子去。時恨帝失政，使姦人得肆云。憲宗在藩，疾之，旣嗣位，全義大懼，願入覲，不復用，以太子少保致仕卒。其子獻女樂八人，帝不納，曰：「我方以儉治天下，惡用是爲？」

盧從史，其先在元魏時爲盛族，後徙籍不常。父虔，好學，由進士第歷御史、祕書監。從史少好騎射，遊澤、潞間，節度使李長榮署爲督將。貞元後，藩臣缺，德宗必取本軍所喜戴者授之。從史在潞，姦獪得士心，又善附迎中人，會長榮卒，卽擢拜昭義節度副大使。旣得志，寖恣不道，至奪部將妻，而能辯給粉澤其非。府屬孔戡等屢以直語爭剌，初唯唯，後益不從，皆引去。元和中，丁父喪未官，從史卽獻計誅王承宗，陰向帝旨，繇是奪服，復領澤、潞。因詔討賊，而勒兵逗留，陰與承宗交，得其密號授軍中，又高芻粟直以售度支。

卽上書求兼宰相，且誣諸軍與賊通，兵未可進。憲宗患之。

初，神策中尉吐突承璀與對壘，從史時過其營飲博，承璀多出寶帶、奇玩夸之。從史貪沓猥，所玩悅必遺焉。從史喜，益狎不疑。帝用裴垍謀，敕承璀圖之。承璀伏壯士幕下，伺其來與語，士突起捽持出帳後，縛內車中。從者驚亂，斬數十人，諭以密詔，而大將烏重胤素忠果，部勒其衆，乃定。會夜，疾驅，未明出境，道路無知者。於是五年夏四月，有詔慰其軍，疏從史罪惡，貶驩州司馬，賜死。子繼宗等並徙嶺南。

高霞寓，幽州范陽人。其先五代不異居，孝聞里閭。德宗初，採訪使洪經綸言之，詔表闕于門。

霞寓能讀春秋及兵法，頗以感概自尙，狡譎多變。往見長武城使高崇文，崇文異其才，檄任軍職。從擊劉闢，戰輒克，下鹿頭城，降李文悅、仇良輔等，追戰七盤城有功，禽闢於羊灌。擢拜彭州刺史。俄代崇文爲長武城使，封感義郡王。

元和中，以左威衞將軍隨吐突承璀討王承宗，諸將多覆軍，獨霞寓有功，詔藏所獲鎧仗於神策庫以旌之。承璀已執盧從史，其軍相驚，乃遣霞寓諭之，麾而大呼曰：「元惡縛矣，公等宜自安！」卽脫鎧揖而前，衆遂定，欲留爲帥，霞寓間道去。拜豐州刺史、三城都團練防禦使。

討吳元濟也，析山南東道爲兩鎭，以霞寓宿將，拜唐鄧隋節度使，遏賊南衝。霞寓雖悍，而寡謀，統制尤非所善，始引兵趨蕭陂，戰小勝，進至文城柵，賊僞北，逐之，爲伏所掩，遂大敗，才以身免。詔貶歸州刺史。乃厚賂權宦，召爲右衞大將軍，拜振武節度使。會吐蕃攻鹽、豐二州，霞寓以兵五千屯拂雲堆，虜引去。浚金河，溉鹵地數千頃。改左武衞大將軍，又節度邠寧，位檢校司徒。寶曆中，疽發首，不能事，以右金吾衞大將軍召，卒于道，贈太保。

霞寓位旣高，言多不遜，帝欲罷其兵，益自憂，乃上私第爲佛祠，請署曰「懷恩」，以塞帝疑。俄又詬侮僚屬，作慢語斥訕大臣，其反覆自任類此。

校勘記

〔一〕以勇票隸江淮都統李峘府爲偏將　「峘」，衲本作「勉」，十行、汲、殿、局本作「垣」，舊書卷一三二李澄傳作「峘」。按本書及舊書卷一三一李勉傳均未載勉任江淮都統。據本書卷八〇及舊書卷一一二李峘傳，任江淮都統者實爲峘。「勉」蓋涉下文而訛，「垣」則「峘」之形誤，今改。

唐書卷一百四十二

列傳第六十七

李麟　楊綰　崔祐甫植　俊　柳渾識　韋處厚　路隋

李麟，裔出懿祖，於屬最疏。父濬，歷潤、虢、潞三州刺史，以誠信號良吏。開元中，終劍南節度按察使，贈戶部尚書，謚曰誠。

麟好學，善文辭。以父廕補京兆府戶曹參軍，擧宗室異能，轉殿中侍御史。累擢兵部侍郎，與楊國忠同列，國忠怙權，疾之，改權禮部貢擧。國忠遷，麟復本官。改國子祭酒。出爲河東太守，有淸政。安祿山反，朝廷以麟儒者，非禦侮才，還爲祭酒，封渭源縣男。

玄宗入蜀，麟走見帝，再遷憲部尚書、同中書門下平章事。時宰相韋見素、房琯、崔渙、崔圓踵赴肅宗行在，獨麟以宗室子留總百司。上皇還京，進同中書門下三品，封褒國公。張皇后挾李輔國寖橈政，苗晉卿、崔圓等畏其權，皆附離取安，獨麟守正不阿順，輔國忌恚。

乾元初，罷爲太子少傅。明年卒，年六十六，贈太子太傅，謚曰德。

楊綰字公權，華州華陰人。祖温玉，在武后時爲顯官。世以儒聞。綰少孤，家素貧，事母謹甚。性沈靖，獨處一室，左右圖史，凝塵滿席，澹如也。不好立名，有所論著，未始示人。第進士，補太子正字。舉詞藻宏麗科，玄宗已試，又加詩、賦各一篇，綰爲冠，由是擢右拾遺。制舉加詩、賦，繇綰始。

天寶亂，肅宗卽位，綰脫身見行朝，拜起居舍人，知制誥。累遷中書舍人，兼脩國史。故事，舍人年久者爲閣老，其公廨雜料獨取五之四。至綰，悉均給之。歷禮部侍郎，建復古孝廉、力田等科，天下高其議。俄遷吏部，品裁淸允，人服其公。是時，元載秉政，忌綰望高，疏薄之。宦者魚朝恩判國子監，旣誅，因是建言太學當得天下名儒汰其選，卽拜綰國子祭酒，外示尊重，而實以散地處之。載日貪冒，天下士議益歸綰，帝亦知之，自擢爲太常卿，充禮儀使。載得罪，拜中書侍郎、同中書門下平章事，脩國史。制下，士相賀於朝，綰固讓，帝不許。

時諸州悉帶團練使，綰奏：「刺史自有持節諸軍事以掌軍旅；司馬，古司武，所以副軍，即今副使；司兵參軍，今團練判官。官號重複，可罷天下團練、守捉使。」詔可。又減諸道觀察判官員之半。復言：「舊制，刺史被代若別追，皆降魚書，乃得去。開元時，置諸道採訪使，得專停刺史，威柄外移，漸不可久。其刺史不稱職若贓負，本道使具條以聞，不得擅追及停，而刺史亦不得輒去州詣使所。如其故闕，使司無署攝，聽上佐代領。」帝善其謀，於是高選州上佐，定上、中、下州，差置兵員，詔郎官、御史分道巡覆。又定府、州官月稟，使優狹相均。始，天下兵興，從權宜，官品同而祿例差。及四方粗定，元載、王縉當國，偷以為利，因不改，故江淮大州至月千緡，而山劍貧險，雖上州刺史止數十緡。及此始復太平舊制。

綰素痼疾，居旬日寖劇，有詔就中書療治，每對延英殿，許挾扶。于時釐補穿敝，唯綰是恃。未幾薨，帝驚悼，詔羣臣曰：「天不使朕致太平，何奪綰之速邪？」即日詔贈司徒，遣使者册授，欲及其未斂也。詔百官如第弔，遣使會弔，賻絹千匹、布三百匹。太常謚曰文貞，比部郎中蘇端，憸人也，持異議，宰相常袞陰助之，帝以其言醜險不實，貶端巴州員外司馬，猶賜謚曰文簡。

綰儉約，未嘗問生事，祿稟分姻舊，隨多寡輒盡。造之者，淸談終晷，而不及榮利，欲干以私，聞其言，必內愧止。經誥微趣，學家疑晦者，一見即詣其極。始輔政，御史中丞崔寬本豪侈，城南別墅池觀堂皇，爲當時第一，即日遣人毀之；京兆尹黎幹，出入從騶馭百數，省損才留十餘騎；中書令郭子儀在邠州行營，方大會，除書至，音樂散五之四；它聞風靡然自化者，不可勝紀。世以比楊震、山濤、謝安云。

崔祐甫字貽孫，太子賓客孝公沔之子也。世以禮法爲聞家。第進士，調壽安尉。安祿山陷洛陽，祐甫冒矢石入私廟，負木主以逃。自起居舍人累遷中書舍人。

性剛直，遇事不回。時侍郎闕，祐甫攝省事，數與宰相常衮爭議不平。衮怒，使知吏部選，每擬官，衮輒駁異，祐甫不爲下。會朱泚軍中貓鼠同乳，表其瑞，詔示衮，衮率羣臣賀，祐甫獨曰：「可弔不可賀。」詔使問狀，對曰：「臣聞禮：『迎貓，爲其食田鼠。』以其爲人去害，雖細必錄。今貓受畜於人，不能食鼠而反乳之，無乃失其性邪？貓職不修，其應若曰法吏有不觸邪，疆吏有不扞敵。臣愚以爲當命有司察貪吏，誡邊候，勤徼巡，則貓能致功，鼠不爲害。」代宗異其言，衮益不喜。

帝崩，衮與禮官議：「禮，爲君斬衰三年。漢文帝權制三十六日。我太宗文皇帝崩，遺詔亦三十六日，羣臣不忍，既葬而除，略盡四月。高宗如漢故事。玄宗以來，始變天子喪爲二十七日。乃者，遺詔雖曰『天下吏民，三日釋服』，羣臣宜如皇帝服二十七日乃除。」祐甫曰：「遺詔無臣、庶人之別，是皇帝宜二十七日，而羣臣三日也。」衮曰：「賀循稱，吏者，官長所署，非公卿百官也。」祐甫對：「傳曰『委之三吏』，乃三公也。史稱循吏、良吏，豈胥史歟？」衮曰：「禮非天降地出，人情而已。且公卿大臣膺受寵祿，今與黔首同，信宿而除，於公安乎？」祐甫曰：「若遺詔何？詔而可改，孰不可改？」意象殊厲。衮方入臨，遣從吏扶立殿墀上，祐甫指之謂衆曰：「臣哭君前，有扶禮乎？」衮不勝怒，乃劾祐甫率情變禮，撓國典，請貶潮州刺史。德宗以爲重，改河南少尹。始肅宗時，天下務劇，宰相更直掌事，若休沐還第，非大詔命，不待徧曉，則聽直者代署以聞。是時郭子儀、朱泚俱以平章事當署敕尾，而不行宰相事。帝新卽位，衮如故事代署。子儀、泚入，言祐甫不宜貶，帝曰：「卿向何所言？今云非邪？」二人對初不知。帝怒，以衮爲罔上。是日，羣臣苴絰立月華門外，卽兩換職，以衮河南少尹，而拜祐甫門下侍郎、同中書門下平章事。俄改中書侍郎。

自至德、乾元以來，天下戰討，啓丐塡委，故官賞繆紊。永泰後，稍稍平定，而元載用事，非賄謝不與官，剗塞公路，綱紀大壞。載誅，楊綰相，未幾卒。衮當國，懲其敝，凡奏請一杜絕之，惟文辭入第乃得進，然無所甄異，賢愚同滯焉。及祐甫，則薦舉惟其人，不自疑畏，推至公以行，未踰年，除吏幾八百員，莫不諧允。帝嘗謂曰：「人言卿擬官多親舊，何邪？」對曰：「陛下令臣進擬庶官，夫進擬者必悉其才行，如不與聞知，何由得其實？」帝以爲然。神策軍使王駕鶴者，典衞兵久，權震中外，帝將代之，懼其變，以問祐甫，祐甫曰：「是無足慮。」卽召駕鶴留語移時，而代者已入軍中矣。淄青李正己畏帝威斷，表獻錢三十萬緡，以觀朝廷。帝意其詐，未能答。祐甫曰：「正己誠詐，陛下不如因遣使勞其軍，以所獻就賜將士。若正己奉承詔書，是陛下恩洽士心；若不用，彼自斂怨，軍且亂。又使諸藩不以朝廷爲重賄。」帝曰：「善。」正己慚服。時議者韙其謨謀，謂可復貞觀、開元之治。

是歲被疾，詔肩輿至中書，臥而承旨，若還第，卽遣使咨決。薨，年六十，贈太傅，謚曰文貞。故事，門下侍郎未有贈三師者，帝以其有大臣節，特寵異之。朱泚亂，祐甫妻王陷賊中，泚嘗與祐甫同列，遺以縑帛菽粟，受而緘鐍之，帝還京，具封以獻，士君子益重其家法云。

子植嗣。

植字公脩，祐甫弟廬江令嬰甫子也。祐甫病，謂妻曰：「吾歿，當以廬江次子主吾祀。」及卒，護喪者以聞，帝惻然，召植，使卽喪次終服。補弘文生。博通經史，於易尤邃。與鄭覃同時爲補闕，皆賢宰相後，每朝廷有得失，兩人者更疏論執，嚳望蔚然。

元和中，爲給事中。時皇甫鎛判度支，建言減百官奉稟，植封還詔書。鎛又請天下所納鹽酒利增估者，以新準舊，一切追償。植奏言：「用兵久，百姓凋罄，往雖估踰其實，今不可復收。」於是議者咸罪鎛，鎛懼而止。

長慶初，拜中書侍郎、同中書門下平章事。穆宗問：「貞觀、開元中治道最盛，何致而然？」植曰：「太宗資上聖，興民間，知百姓疾苦，故厲精思治，又以房玄齡、杜如晦、魏徵、王珪爲之佐，君明臣忠，聖賢相維，治致升平，固其宜也。玄宗在天后時，身踐憂患，旣即位，得姚崇、宋璟，此二人蚤夜孜孜，納君於道。璟嘗手寫尙書無逸，爲圖以獻，勸帝出入觀省以自戒。其後朽暗，乃代以山水圖，稍怠于勤，左右不復箴規，姦臣日用事，以至于敗。昔德宗嘗問先臣祐甫開元、天寶事，先臣具道治亂所以然，臣在童丱，記其說。今願陛下以無逸爲元龜，則天下幸甚。」他日又問：「司馬遷言漢文帝惜十家產而罷露臺，身衣弋綈，履革舃，集上書囊爲殿帷，信乎？何太儉邪？」植曰：「良史非皃言。漢承秦侈縱之餘，海內凋窶，文帝從代來，知稼穡艱難，是以躬履儉約，爲天下守財。景帝遵而不改，故家給戶足。至武帝時，錢朽貫，穀紅腐，乃能出師征伐，威動四方；然侈靡不節，末年戶口減半，稅及舟車，人不聊，乃下哀痛詔，封丞相爲富人侯。然則帝王不可以不示儉而天下足。」帝曰：「卿言善，患行之爲難耳！」

時朝廷悉收河朔三鎭，而劉總又以幽、薊七州獻諸朝，且懼部將構亂，乃先籍豪銳不檢者送京師，而朱克融在籍中。植與杜元穎不知兵，謂藩鎭且平，不復料天下安危事，而克融等羇旅寒躓，願得官自效，日訴于前，皆抑不與。及遣張弘靖赴鎭，縱克融等北還，不數月，克融亂，復失河朔矣。天下尤之，植內慚。罷爲刑部尙書，旋授岳鄂觀察使。未幾，遷嶺南節度使，還拜戶部尙書。終華州刺史，贈尙書左僕射。

倰字德長，祐甫從子也。性介絜，矜己之淸，視贓負者若讎。以蘇州刺史考課第一，遷湖南觀察使。湖南舊法，雖豐年，貿易不出境，隣部災荒不恤也。倰至，謂屬吏曰：「此豈人情乎？無閉糴以重困民。」削其禁，自是商賈流通，貲物益饒。入爲戶部侍郎，判度支。時田弘正徙鎭州，以魏兵二千行。旣至，留自衞，請度支給歲糧，穆宗下其議，倰固執不與，弘正不得已，遣魏卒。俄而鎭兵亂，弘正遇害，倰之爲也。時天子失德，倰黨與盛，有司不敢名其罪。出爲鳳翔節度使。踰年，徙河南尹。以戶部尙書致仕，卒，贈太子少保，謚曰肅。

贊曰：植輔政，當有爲之時，無經國才，履危防淺，機不知其潰而發也，手弛檻柈，縱虎狠焉，一日而亡地數千里，爲天下笑；僨客財資賊。又皆幸不誅。天以河北亂唐，故君臣不肖，勃繆其謀，惜哉！

柳渾字夷曠，一字惟深，本名載，梁僕射惔六世孫，後籍襄州。早孤，方十餘歲，有巫告曰：「兒相夭且賤，爲浮屠道可緩死。」諸父欲從其言，渾曰：「去聖教，爲異術，不若速死。」學愈篤，與游者皆有名士。天寶初，擢進士第，調單父尉，累除衢州司馬。棄官隱武寧山。召拜監察御史，臺僚以儀矩相繩，而渾放曠不樂檢局，乃求外職。宰相惜其才，留爲左補闕。大曆初，江西魏少游表爲判官。州僧有夜飲火其廬者，歸罪瘖奴，軍候受財不詰，獄具，渾與其僚崔祐甫白奴冤，少游趣訊僧，僧首伏，因厚謝二人。路嗣恭代少游，渾遷團練副使。俄爲袁州刺史。祐甫輔政，薦爲諫議大夫、浙江東西黜陟使。入爲尚書右丞。朱泚亂，渾匿終南山。賊素聞其名，以宰相召，執其子榜笞之，搜索所在。渾羸服步至奉天，改右散騎常侍。賊平，奏言：「臣名向爲賊汙，且『載』於文從戈，非偃武所宜。」乃更今名。

貞元元年，遷兵部侍郎，封宜城縣伯。李希烈據淮、蔡，關播用李元平守汝州，渾曰：

「是夫銜玉而賈石者也。往必見禽，何賊之攘？」既而果爲賊縛。三年，以本官同中書門下平章事，仍判門下省。帝嘗親擇吏宰畿邑，而政有狀，召宰相語，皆賀帝得人，渾獨不賀，曰：「此特京兆尹職耳。陛下當擇臣輩以輔聖德，臣當選京兆尹承大化，尹當求令長親細事。代尹擇令，非陛下所宜。」帝然之。玉工爲帝作帶，誤毀一銙，工不敢聞，私市它玉足之。及獻，帝識不類，擿之，工人伏罪。帝怒其欺，詔京兆府論死，渾曰：「陛下遽殺之則已，若委有司，須詳讞乃可。於法，誤傷乘輿器服，罪當杖，請論如律。」由是工不死。左丞田季羔從子伯彊請賣私第募兵助討吐蕃，渾曰：「季羔，先朝號名臣，由祖以來世孝謹，表闕于門。隋時舊第，惟田一族耳。討賊自有國計，豈容不肖子毀門構，徼一時倖，損風敎哉！請薄責以示懲沮！」帝嘉納。

韓滉自浙西入朝，帝虛己待之，奏事或日晏，他相取充位，滉遂省中榜吏自若。渾雖爲滉所引，惡其專，質讓曰：「省闥非刑人地，而榜吏至死。公家先相國以狷察，不滿歲輒罷，今公柰何蹈前非，顓立威福？豈尊主卑臣義邪？」滉悔悟，稍褫其威。白志貞除浙西觀察使，渾奏：「志貞興小史，縱嘉其才，不當超劇職。臣以死守，不敢奉詔。」會渾移疾出，卽日詔付外施行。疾間，因乞骸骨，不許。門下吏白過官，渾愀然曰：「既委有司，而復橈之，豈賢者用心邪？士或千里辭家以干祿，小邑主辦，豈慮不能？」是歲擬官，無退異者。

渾瑊與吐蕃會平涼，是日，帝語大臣以和戎息師之便。馬燧賀曰：「今日已盟，可百年無虜患。」渾跪曰：「五帝無誥誓，三王無盟詛，蓋盟詛之興皆在季末。今盛明之朝，反以季末事行於夷狄。夫夷狄人面獸心，易以兵制，難以信結，臣竊憂之。」李晟繼言曰：「蕃戎多不情，誠如渾言。」帝變色曰：「渾，儒生，未達邊事，而大臣亦當爾邪？」皆頓首謝。夜半，邠寧節度使韓游瓌飛奏吐蕃劫盟，將校皆覆沒。帝大驚，即以其表示渾。明日，慰之曰：「卿，儒士，乃知軍戎萬里情乎？」益禮異之。

宰相張延賞怙權，嫉渾守正，遣親厚謂曰：「明公舊德，弟愼言於朝，則位可久。」渾曰：「爲吾謝張公，渾頭可斷，而舌不可禁。」卒爲所擠，以右散騎常侍罷政事。

渾謇辯好談諧，與人交，豁如也。情儉不營產利。免後數日，置酒召故人出游，酣肆乃還，曠然無黜免意。時李勉、盧翰皆以舊相閭門奉朝請，歎曰：「吾等視柳宜城，眞拘俗之人哉！」五年卒，年七十五，謚曰貞。

渾母兄識，字方明，知名士也。工文章，與蕭穎士、元德秀、劉迅相上下，而識練理創端，往往詣極，雖趣尚非博，然當時作者伏其簡拔。渾亦善屬文，但沈思不逮於識云。

韋處厚字德載，京兆萬年人。事繼母以孝聞，親歿，廬墓終喪。中進士第，又擢才識兼茂科，授集賢校書郎。舉賢良方正異等，宰相裴垍引直史館。改咸陽尉。

憲宗初，擢左補闕。禮部尚書李絳請間言：「古帝王以納諫爲聖，拒諫爲昏。今不聞進規納忠，何以知天下事？」帝曰：「韋處厚、路隋數上疏，其言忠切，顧卿未知爾。」由是中外推其靖密。歷考功員外郎，坐與宰相韋貫之善，出開州刺史。以戶部郎中入知制誥。

穆宗立，爲翰林侍講學士。處厚以帝沖怠不向學，即與路隋合易、書、詩、春秋、禮、孝經、論語，掇其粹要，題爲六經法言二十篇上之，冀助省覽。帝稱善，並賜金幣。再遷中書舍人。張平叔以言利得幸於帝，建言官自鬻鹽，籠天下之財。宰相不能詰，下羣臣議，處厚發十難詰其迂謬，平叔愧縮，遂寢。

敬宗初，李逢吉得柄，構李紳，逐爲端州司馬。其黨劉栖楚等欲致紳必死，建言當徙醜地。處厚上言：「逢吉黨與，以紳之斥猶有餘辜，人情危駭。詩云『萋兮斐兮，成是貝錦。彼譖人者，亦已太甚』，『讒言罔極，交亂四國』。此古人疾讒之深也。孔子曰：『三年無改於父之道，可謂孝矣。』按紳先朝舊臣，就令有過，尚當祓瑕洗釁，成無改之美，況被讒乎！建中時，山東之亂興，宰相朋黨，楊炎爲元載復讎，盧杞爲劉晏償怨，兵連禍結，天下騷然。此陛下親所聞見，得不深念哉！」紳繇是免。逢吉怒，至寶曆三月赦書〔一〕，不言左降官未量移者，以沮紳內徙。處厚復奏：「逢吉緣紳一人而使近歲流斥皆不蒙澤，非所以廣恩於天下。」帝悟，追改其條。進翰林承旨學士、兵部侍郎。方天子荒暗，月視朝才三四。處厚入見，即自陳有罪，願前死以謝。帝曰：「何哉？」對曰：「臣昔爲諫官，不能死爭，使先帝因畋與色而至不壽，於法應誅。然所以不死者，陛下在春宮，十有五矣。今皇子方襁褓，臣不敢避死亡之誅。」帝大感悟，賜錦綵以慰其意。王廷湊之亂，帝歎宰相不才，而使姦臣跋扈，處厚曰：「陛下有一裴度不能用，乃當饋而歎，恨無蕭、曹，此馮唐所以謂漢文帝有頗、牧不能用也。」

後禁中急變，文宗綏內難，猶豫未即下詔，處厚入，昌言曰：「春秋大義滅親，內惡必書，以明逆順；正名討罪，何所避諱哉？」遂奉教班諭。是夕，號令及它儀矩不暇責有司，一出處厚，無違舊章者。進拜中書侍郎、同中書門下平章事，封靈昌郡公。堂史湯銖數招權納財賂，處厚笑曰：「此半滑渙也。」斥出之，相府肅然。初，貞元時宰相齊抗奏罷州別駕及當爲別駕者引處之朝。元和後，兩河用兵，裨將立功得補東宮王府官，朱紫淆幷，授受不綱。處厚乃置六雄、十望、十緊等州，悉補別駕，由是流品澄別。帝雖自力機政，然驟信輕改，搖於浮論。處厚嘗獨對曰：「陛下不以臣不肖，使待罪宰相，凡所奏可，中輒變易。自上心出邪，乃示臣不信；得於横議邪，即臣何名執政？且裴度元勳舊德，輔四朝，竇易直長厚忠實，經事先帝，陛下所宜親重委信之。臣乃陛下自擢，今言不見納，宜先罷。」即趨下頓首，帝矍然曰：「何至是？卿之忠力，朕自知之，安可遽辭以重吾不德？」處厚趨出，帝復召問所欲言，乃對：「近君子，遠小人，始可爲治。」諄複數百言。又言：「裴度忠，可久任。」帝嘉納之。自是無復横議者。時李同捷叛，詔諸軍進討。魏博史憲誠懷向背，裴度待以不疑。憲誠遣吏白事中書，處厚召語曰：「晉公以百口保爾帥於天子，我則不然，正須所爲，以邦法從事耳。」憲誠懼，不敢貳，卒有功。李載義數破滄、鎭兵，皆刳剔以獻，處厚戒之，前後完活數百千人。大和二年，方奏事，暴疾，仆香桉前，帝命中人翼扶之，輿還第，一昔薨，年五十六，贈司空。

處厚姿狀如甚懦者，居家亦循易，至廷爭，毅然不可回奪。剛于御吏，百僚謁事，畏惕未嘗敢及以私。推擇官材，往往棄瑕錄善，時亦譏其太廣。性嗜學，家書讎正至萬卷。爲拾遺時，譔德宗實錄。後又與路隋共次憲宗實錄，詔分日入直，創具凡例，未及成而終。本名淳，避憲宗諱，改今名。

路隋字南式，其先出陽平。父泌，字安期，通五經，端亮寡言，以孝悌聞。建中末，爲長安尉。德宗出奉天，棄妻子奔行在，扈狩梁州，排亂軍以出，再中流矢，裂裳濡血。以策說渾瑊，召置幕府。東討李懷光，奏署副元帥判官。從瑊會盟平涼，爲虜所執，死焉。

時隋嬰孺，以恩授八品官。逮長，知父執虜中，日夜號泣，坐必西嚮，不食肉。母告以貌類泌者，終身不引鏡。貞元末，吐蕃請和，隋三上疏宜許，不報。舉明經，授潤州參軍事。李錡欲困辱之，使知市事，隋怡然坐肆，不爲屈。韋夏卿高其節，辟置東都幕府。元和中，吐蕃款塞，隋五上疏請脩好，冀得泌還。詔可。遣祠部郎中徐復報聘，而泌以喪至，帝愍惻，贈絳州刺史，官爲治喪。服除，擢隋左補闕、史館脩撰，以鯁亮稱。

穆宗立，與韋處厚並擢侍講學士，再遷中書舍人、翰林學士。每除制出，以金幣來謝者，隋却之曰：「公事而當私貺邪？」進承旨學士，遷兵部侍郎。

文宗嗣位，以中書侍郎同中書門下平章事，監脩國史。初，韓愈撰順宗實錄，書禁中事爲切直，宦豎不喜，訾其非實，帝詔隋刊正。隋建言：「衞尉卿周居巢、諫議大夫王彥威、給事中李固言、史官蘇景胤皆上言改脩非是。夫史册者，褒勸所在，匹夫美惡尙不可誣，況人君乎？議者至引雋不疑、第五倫爲比，以蔽聰明。臣宗閔、臣僧孺謂史官李漢、蔣係皆愈之壻，不可參撰，俾臣得下筆。臣謂不然。且愈所書已非自出，元和以來，相循逮今。雖漢等以嫌，無害公誼。請條示甚謬誤者，付史官刊定。」有詔擿貞元、永貞間數事爲失實，餘不復改，漢等亦不罷。進門下侍郎、弘文館大學士。久之，辭疾，不聽，册拜太子太師。明年，李德裕貶袁州長史，不署奏，爲鄭注所忌，乃檢校尚書右僕射、同中書門下平章事、鎮海節度使。道病卒，年六十，贈太保，謚曰貞。

贊曰：綰以德服人，而人自化，可謂賢矣。其論議渾大，雖古王佐無以加。祐甫發正己隱情，渾策吐蕃必叛，伐謀知幾，君子哉！處厚事穆、敬、文三宗，主皆弗類，而一納以忠，寧不謂以堯事君者邪？隋輔政十年，歷牛、李、訓、注用事，無所迎將，善保位哉！

校勘記

〔一〕至寶曆三月赦書 「寶曆三月」，衲、十行、汲、局本同，殿本作「寶曆三年」，舊書卷一五九韋處厚傳、通鑑卷二四三作「寶曆元年四月」。查唐大詔令集卷一〇寶曆元年册尊號赦有「自寶曆元年四月二十二日昧爽已前」文，當以「寶曆元年四月」爲是。

唐書卷一百四十三

列傳第六十八

高適　元結　李承　韋倫　薛珏存慶　崔漢衡　戴叔倫

王翃正雅　翃凝　徐申　郗士美　辛祕

高適字達夫，滄州渤海人〔一〕。少落魄，不治生事。客梁、宋間，宋州刺史張九臯奇之，舉有道科中第，調封丘尉，不得志，去。客河西，河西節度使哥舒翰表爲左驍衞兵曹參軍，掌書記。

祿山亂，召翰討賊，卽拜適左拾遺，轉監察御史，佐翰守潼關。翰敗，帝問羣臣策安出，適請竭禁藏募死士抗賊，未爲晚，不省。天子西幸，適走間道及帝於河池，因言：「翰忠義有素，而病奪其明，乃至荒踣。監軍諸將不恤軍務，以倡優蒲簺相娛樂，渾、隴武士飯糲米日不厭，而責死戰，其敗固宜。又魯炅、何履光、趙國珍屯南陽，而一二中人監軍更用事，是能取勝哉？臣數爲楊國忠言之，不肯聽。故陛下有今日行，未足深耻。」帝頷之。俄遷侍御史，擢諫議大夫，負氣敢言，權近側目。帝以諸王分鎭，適盛言不可，俄而永王叛。肅宗雅聞之，召與計事，因判言王且敗，不足憂。帝奇之，除揚州大都督府長史、淮南節度使。詔與江東韋陟、淮西來瑱率師會安陸，方濟師而王敗。李輔國惡其才，數短毀之，下除太子少詹事。

未幾蜀亂，出爲蜀、彭二州刺史。始，上皇東還，分劍南爲兩節度，百姓弊于調度，而西山三城列戍。適上疏曰：「劍南雖名東、西川，其實一道。自邛關、黎、雅以抵南蠻，由茂而西，經羌中、平戎等城，界吐蕃。瀕邊諸城，皆仰給劍南。異時以全蜀之饒，而山南佐之，猶不能舉，今裂梓、遂等八州專爲一節度，歲月之計，西川不得參也。嘉陵比困夷獠，日雖小定，而痍痏未平，耕紡亡業，衣食貿易皆資成都，是不可得役亦明矣。可稅賦者，獨成都、彭、蜀、漢四州而已，以四州耗殘當十州之役，其弊可見。而言利者，枘鑿萬端，窮朝抵夕，千梫百牘，皆取之民，官吏懼譴，責及隣保，威以罰抶，而逋逃益滋。又關中比饑，士人流入蜀者道路相係，地入有訖，而科斂無涯，爲蜀計者，不亦難哉！又平戎以西數城，皆窮山之顚，蹊隧險絕，運糧束馬之路，坐甲無人之鄉。爲戎狄言，不足利戎狄；爲國家言，不足廣土宇。柰何以彈丸地而困全蜀太平之人哉？若謂已戍之城不可廢，已屯之兵不可收，願罷東川，以一劍南併力從事。不爾，非陛下洗盪關東淸逆亂之急也。蜀人又擾，則貽朝廷憂。」帝不納。

梓屯將段子璋反，適從崔光遠討斬之。而光遠兵不戢，遂大略，天子怒，罷光遠，以適代爲西川節度使。廣德元年，吐蕃取隴右，適率兵出南鄙，欲牽制其力，旣無功，遂亡松、維二州及雲山城。召還，爲刑部侍郎、左散騎常侍，封渤海縣侯。永泰元年卒，贈禮部尙書，謚曰忠。

適尙節義，語王霸袞袞不厭。遭時多難，以功名自許，而言浮其術，不爲搢紳所推。然政寬簡，所涖，人便之。年五十始爲詩，卽工，以氣質自高。每一篇已，好事者輒傳布。其詒書賀蘭進明，使救梁、宋以親諸軍；與許叔冀書，令釋憾；未度淮，移檄將校，絕永王，俾各自白，君子以爲義而知變。

元結，後魏常山王遵十五代孫。曾祖仁基，字惟固，從太宗征遼東，以功賜宜君田二十頃，遼口并馬牝牡各五十，拜寧塞令，襲常山公。祖亨，字利貞，美姿儀。嘗曰：「我承王公餘烈，鷹犬聲樂是習，吾當以儒學易之。」霍王元軌聞其名，辟參軍事。父延祖，三歲而孤，仁基敕其母曰：「此兒且祀我。」因名而字之。逮長，不仕，年過四十，親婭彊勸之，再調舂陵丞，輒棄官去，曰：「人生衣食，可適飢飽，不宜復有所須。」每灌畦掇薪，以爲「有生之役，過此吾不思也」。安祿山反，召結戒曰：「而曹逢世多故，不得自安山林，勉樹名節，無近羞辱」云。卒年七十六，門人私諡曰太先生。

結少不羈，十七乃折節向學，事元德秀。天寶十二載舉進士，禮部侍郎陽浚見其文，曰：「一第慁子耳，有司得子是賴！」果擢上第。復舉制科。會天下亂，沈浮人間。國子司業蘇源明見肅宗，問天下士，薦結可用。時史思明攻河陽，帝將幸河東，召結詣京師，問所欲言，結自以始見軒陛，拘忌諱，恐言不悉情，乃上時議三篇。其一曰：

議者問：「往年逆賊，東窮海，南淮、漢，西抵函、秦，北徹幽都，醜徒狼扈在四方者幾百萬，當時之禍可謂劇，而人心危矣。天子獨以匹馬至靈武，合弱旅，鉏彊寇，師及渭西，曾不踰時，摧銳攘凶，復兩京，收河南州縣，何其易邪？乃今河北姦逆不盡，山林江湖亡命尙多，盜賊數犯州縣，百姓轉徙，踵係不絕，將士臨敵而奔，賢人君子遁逃不出。陛下往在靈武、鳳翔，無今日勝兵而能殺敵，無今日檢禁而無亡命，無今日威令而盜賊不作，無今日財用而百姓不流，無今日爵賞而士不散，無今日朝廷而賢者思仕，何哉？將天子能以危爲安，而忍以未安忘危邪？」對曰：「此非難言之。前日天子恨愧陵廟爲羯逆傷汙，憤悵上皇南幸巴、蜀，隱悼宗戚見誅，側身勤勞，不憚親撫士卒，與人權位，信而不疑，渴聞忠直，過弗諱改。此以弱制彊，以危取安之繇也。今天子重城深宮，燕和而居；凝冕大昕，纓佩而朝；太官具味，視時而獻；太常備樂，和聲以薦；國機軍務，參籌乃敢進；百姓疾苦，時有不聞；廏芻良馬、宮籍美女、輿服禮物、休符瑞謀，日月充備；朝廷歌頌盛德大業，聽而不厭；四方貢賦，爭上尤異；諧臣顫官，怡愉天顏；文武大臣至於庶官，皆權賞踰望。此所以不能以彊制弱，以未安忘危。若陛下視今日之安，能如靈武時，何寇盜彊弱可言哉！」

其二曰：

議者曰：「吾聞士人共自謀：『昔我奉天子拒凶逆，勝則家國兩全，不勝則兩亡，故生死決于戰，是非極於諫。今吾名位重，財貨足，爵賞厚，勤勞已極，外無仇讎害我，內無窮賤迫我，何苦當鋒刃以近死，忤人主以近禍乎？』又聞曰：『吾州里有病父老母、孤兒寡婦〔三〕，皆力役乞丐，凍餒不足，況於死者，人誰哀之？』又聞曰：『天下殘破，蒼生危窘，受賦與役者，皆寡弱貧獨，流亡死徙，悲憂道路，蓋亦極矣。天下安，我等豈無畎畝自處？若不安，我不復以忠義仁信方直死矣！』人且如此，柰何？」對曰：「國家非欲其然，蓋失於太明太信耳。夫太明則見其內情，將藏內情則罔惑生下。能令必信，信可必矣，而太信之中，至姦尤惡之。如此遂使朝廷亡公直，天下失忠信，蒼生益冤結。將欲治之，能無端由？吾等議於野，又何所及？」

其三曰：

議者曰：「陛下思安蒼生，滅姦逆，圖太平，勞心悉精，於今四年，說者異之，何哉？」對曰：「如天子所思，說者所異，非不知之。凡有詔令丁寧，事皆不行，空言一再，頗類諧戲。今有仁卹之令，憂勤之誥，人皆族立黨語，指而議之。天子不知其然，以爲言雖不行，猶足以勸。彼沮勸，在乎明審均當而必行也。天子能行已言之令，必將來之法，雜僞弊制，拘忌煩令，一切蠲蕩，任天下賢士，屏斥小人，然後推仁信威令，謹行不惑。此帝王常道，何爲不及？」

帝悅曰：「卿能破朕憂。」擢右金吾兵曹參軍，攝監察御史，爲山南西道節度參謀。募義士於唐、鄧、汝、蔡，降劇賊五千，瘗戰死露胔於泌南，名曰哀丘。史思明亂，帝將親征，結建言：「賊銳不可與爭，宜折以謀。」帝善之，因命發宛、葉軍挫賊南鋒，結屯泌陽守險，全十五城。以討賊功遷監察御史裏行。荆南節度使呂諲請益兵拒賊，帝進結水部員外郎，佐諲府。又參山南東道來瑱府，時有父母隨子在軍者，結說瑱曰：「孝而仁者，可與言忠；信而勇者，可以全義。渠有責其忠信義勇而不勸之孝慈邪？將士父母，宜給以衣食，則義有所存矣。」瑱納之。瑱誅，結攝領府事。會代宗立，固辭，丐侍親歸樊上。授著作郎。益著書，作自釋，曰：

河南，元氏望也。結，元子名也。次山，結字也。世業載國史，世系在家諜。少居商餘山，著元子十篇，故以元子爲稱。天下兵興，逃亂入猗玗洞，始稱猗玗子。後家瀼濱，乃自稱浪士。及有官，人以爲浪者亦漫爲官乎，呼爲漫郎。既客樊上，漫遂顯。樊左右皆漁者，少長相戲，更曰聱叟。彼誚以聱者，爲其不相從聽，不相鉤加，帶笭箵而盡船，獨聱齖而揮車。酒徒得此，又曰：「公之漫其猶聱乎？公守著作，不帶笭箵乎？又漫浪於人間，得非聱齖乎？公漫久矣，可以漫爲叟。」於戲！吾不從聽於時俗，不鉤加於當世，誰是聱者，吾欲從之！彼聱叟不慚帶乎笭箵，吾又安能薄乎著作？彼聱叟不羞聱齖於鄰里，吾又安能慚漫浪於人閒？取而醉人議，當以漫叟爲稱。直荒浪其情性，誕漫其所爲，使人知無所存有，無所將待。乃爲語曰：「能帶笭箵，全獨而保生；能學聱齖，保宗而全家。聱也如此，漫乎非邪！」

久之，拜道州刺史。初，西原蠻掠居人數萬去，遺戶裁四千，諸使調發符牒二百函，結以人困甚，不忍加賦，即上言：「臣州爲賊焚破，糧儲、屋宅、男女、牛馬幾盡。今百姓十不一在，耄孺騷離，未有所安。嶺南諸州，寇盜不盡，得守捉候望四十餘屯，一有不靖，湖南且亂。請免百姓所負租稅及租庸使和市雜物十三萬緡。」帝許之。明年，租庸使索上供十萬緡，結又奏：「歲正租庸外，所率宜以時增減。」詔可。結爲民營舍給田，免徭役，流亡歸者萬餘。進授容管經略使，身諭蠻豪，綏定八州。會母喪，人皆詣節度府請留，加左金吾衞將軍。民樂其敎，至立石頌德。罷還京師，卒，年五十，贈禮部侍郎。

李承，趙州高邑人。幼孤，其兄曄養之。既長，以悌聞。擢明經，遷累大理評事，爲河南採訪使判官。尹子奇陷汴州，拘承送洛陽，覘得賊謀，皆密啓諸朝。兩京平，例貶臨川尉。不三月，除德清令。尋擢監察御史，累遷吏部郎中，淮南西道黜陟使。奏置常豐堰於楚州，以禦海潮，漑屯田瘠鹵，收常十倍它歲。德宗將討梁崇義，李希烈揣知之，乃表崇義過惡，請先誅討，帝悅，數對左右稱其忠。會承使回，言希烈能立功，然恐後不可制，帝初謂不然，及崇義平，希烈果叛，始思其言，擢拜河中尹、晉絳觀察使。

承廉正有雅望，以才顯於時。未幾，改山南東道節度使。時希烈猶據襄州，帝慮不受命，欲以禁兵衞送承，承辭，請以單騎入。既至，希烈舍承外館，迫脅日萬端，承晏然誓以死守。希烈不能屈，遂大掠去，襄、漢蕩然。承輯綏撫安之，居一年，闔境完復。初，希烈雖去，留部校守覘，往來踵舍，承因得使所厚臧叔雅結希烈腹心周曾、王玢、姚憺。及曾等謀殺希烈，承首謀也。密詔褒美。尋檢校工部尚書、湖南觀察使。建中四年卒，年六十二，贈吏部尚書。

韋倫，系本京兆。父光乘，在開元、天寶間爲朔方節度使。倫以蔭調藍田尉，幹力勤濟，楊國忠署爲鑄錢內作使判官。國忠多發州縣齊人令鼓鑄，督非所習，雖箠抶苛嚴，愈無功。倫請準直募匠，代無聊之人，繇是役用減，鼓鑄多矣。玄宗晚節盛營宮室，吏介以爲欺，倫閱實工員，省費倍。

從帝入蜀，以監察御史爲劍南節度行軍司馬、置頓判官。時中人衞卒多侵暴，尤難治，倫以淸儉自將，西人賴濟。中官疾之，以讒貶衡州司戶參軍。度支使第五琦薦倫才，擢商州刺史、荆襄道租庸使。襄州裨將康楚元亂，自稱東楚義王，刺史王政棄城遁。賊南襲江陵，絕漢、沔餉道。倫調兵屯鄧州，厚撫降賊。寇益怠，乃擊禽楚元以獻，收租庸二百萬緡。召爲衞尉卿，俄兼寧、隴二州刺史。

乾元中，襄州亂，詔倫爲山南東道節度使，而李輔國方恣橫，倫不肯謁，憾之，中罷爲秦州刺史。吐蕃、党項歲入邊，倫兵寡，數格虜，敗，貶巴州長史，徙務川尉。代宗立，連拜忠、台、饒三州刺史。宦者呂太一反嶺南，詔拜倫韶州刺史、韶連郴都團練使。爲太一反間，貶信州司馬，斥棄十年，客豫章。

德宗嗣位，選使絕域者，擢倫太常少卿，充和吐蕃使。倫至，諭天子威德，贊普順悅，乃入獻。還，進太常卿，兼御史大夫。再使，如旨。倫處朝，數論政得失，宰相盧杞惡之，改太子少保。從狩奉天。及杞敗，關播罷爲刑部尚書，倫在朝堂流涕曰：「宰相無狀，使天下至此，不失爲尚書，後何勸？」聞者憚其公。帝後欲復用杞爲刺史，倫苦諫，言懇至到，帝納之。進太子少師、郢國公，致仕。

時李楚琳以僕射兼衞尉卿，李忠誠以尚書兼少府監，倫言：「楚琳逆節，忠誠戎醜，不當寵以官。」又請爲義倉，以捍無年；擇賢者，任帝左右。謂吐蕃豺虎野心，不可事信約，宜謹備邊。帝善其言，厚禮之。居家以孝慈稱。卒，年八十三，贈揚州都督，謚曰肅。

薛珏字温如，河中寶鼎人。以蔭爲懿德太子廟令，累遷乾陵臺令。歲中以清白聞，課第一，改昭應令，人請立石紀德，珏固讓。遷楚州刺史。初，州有營田，宰相遙領使，而刺史得專達，俸及它給百餘萬，田官數百，歲以優得遷，別戶三千，備刺史廝役。珏至，悉條去之，租入贏異時。觀察使惡其絜，誣以罪，左授峽州刺史。建中初，德宗命使者分諸道察官吏升黜焉，而李承狀珏之簡，趙贊言其廉，盧翰稱其肅，書奏聞，於是拜中散大夫，賜金紫。劉玄佐表兼汴宋行軍司馬。李希烈棄汴州走，即拜珏刺史，遷河南尹。入爲司農卿。是時，詔舉堪刺史、縣令者且百人，延問人間疾苦、吏得失，取尤通達者什二，宰相欲校以文詞，珏曰：「求良吏不可責文學，宜以上愛人之本爲心也。」宰相多其計，所用皆稱職。

爲京兆尹，司農供三宮畜茹三十車，不足，請市京兆。是時，韋彤爲萬年令，珏使彤禁鬻賣，民苦之。德宗怒，奪珏、彤俸。帝疑下情不達，因詔延英坐日許百司長官二員言闕失，謂之巡對。珏剛嚴，曉法治，勤身以勸下，然苛察，無經術大體。坐善竇參，改太子賓客，出爲嶺南觀察使。卒，年七十四，贈工部尚書。

子存慶，字嗣德，貌偉岸。及進士第，歷御史、尚書郎。五遷給事中，與韋弘景封駁詔書，時稱其直。劉總以幽州歸，穆宗謂宰相曰：「必用薛存慶，可以宣朕意。」對延英一刻，遣之，至鎮州，疽發于背卒，贈吏部侍郎。

崔漢衡，博州博平人。沈懿博厚，善與人交。始爲費令，滑州節度使令狐彰表掌書記。大曆六年，以檢校禮部員外郎爲和蕃副使。還，遷右司郎中。建中二年，吐蕃請盟，擢殿中少監，爲和蕃使，與其使區頰贊俱來約盟。改鴻臚卿，持節送區頰贊歸，遂定盟淸水。德宗幸奉天，吐蕃以兵佐渾瑊，敗賊武功。轉祕書監。俄拜上都留守、兵部尙書、東都淄青魏博賑給宣慰使。又使幽州，還命稱指。貞元三年，豫吐蕃盟平涼，被執，虜將殺之，因夷言謂之曰：「我善結贊，無殺我！」而漢衡誠信素著，虜亦尊重，故至河州得還。明年，出爲晉慈隰觀察使，卒，贈尙書左僕射。

戴叔倫字幼公，潤州金壇人。師事蕭穎士，爲門人冠。劉晏管鹽鐵，表主運湖南，至雲安，楊子琳反〔三〕，馳客刼之曰：「歸我金幣，可緩死。」叔倫曰：「身可殺，財不可奪。」乃捨之。嗣曹王皐領湖南、江西，表在幕府。皐討李希烈，留叔倫領府事，試守撫州刺史。民歲爭溉灌，爲作均水法，俗便利之。耕餉歲廣，獄無繫囚。俄卽眞。期年，詔書褒美，封譙縣男，加金紫服。

齊映、劉滋執政，叔倫勸以「屯難未靖，安之者莫先於兵，兵所藉者食，故金穀之司不輕易人。天下州縣有上、中、下，緊、望、雄、輔者，有司銓擬，皆便所私，此非爲官擇人、爲人求治之術。其尤切者，縣令、錄事參軍事，此二者，宜出中書、門下，無計資序限，遠近高卑，一以殿最升降，則人知勸。」映等重其言。遷容管經略使，綏徠夷落，威名流聞。其治淸明仁恕，多方略，故所至稱最。德宗嘗賦中和節詩，遣使者寵賜。代還，卒于道，年五十八。

王翃字宏肱，幷州晉陽人。少治兵家。天寶中，授翃衞尉、羽林軍宿衞。擢才兼文武科，出爲辰州刺史。與討襄州康楚元有功，加兼祕書少監，遷朗州刺史。

大曆中，擢容管經略使。初，安祿山亂，詔嶺南兵隸南陽魯炅。炅敗績，衆奔潰。谿洞夷獠相挺爲亂，夷酋梁崇牽號「平南都統」，與別帥覃問合，又與西原賊張侯、夏永更誘嘯，因陷城邑，遂據容州。前經略使陳仁璓、元結、長孫全緒等皆僑治藤、梧。翃至，言於衆曰：「我，容州刺史，安可客治它所？必得容乃止。」即出私財募士，有功者許署吏，於是人自奮。不數月，斬賊帥歐陽珪。因至廣州，請節度使李勉出兵併力，勉不許，曰：「容陷賊久，獠方彊，今速攻，祇自敗耳。」翃曰：「大夫卽不出師，願下書州縣，陽言以兵爲助，冀藉此聲，成萬一功。」勉許諾。翃乃移書義、藤二州刺史，約皆進討，引兵三千與賊鏖戰，日數遇。勉檄止之，輒匿不發，戰愈力，卒破賊，禽崇牽，悉復容州故地。捷書聞，詔更置順州，以定餘亂。翃凡百餘戰，禽首領七十，覃問遁去。復遣將李寔等分討西原，平鬱林等諸州。累兼御史中丞、招討處置使。會哥舒晃反，翃命寔悉師援廣州，問因合衆乘間來襲，翃設伏擊之，生禽問，嶺表平。代宗遣使慰勞，加金紫光祿大夫，賜第京師。

時吐蕃入寇，郭子儀悉河中兵乘邊，召翃爲河中少尹，領節度後務。悍將凌正數干法不逞，約其徒夜斬關逐翃。翃覺之，陰亂漏刻，以差其期，衆驚，不敢發。俄禽正誅之，一軍惕息。歷汾州刺史，爲振武軍使綏、銀等州留後。入拜京兆尹。會起涇原兵討李希烈，次滻水，京兆主供擬，饔敗肉腐，衆怒曰：「食是而討賊乎？」遂叛。翃挺身走奉天，拜太子詹事。德宗還都，再遷大理卿，出爲福建觀察使。徙東都留守，既至，開田二十餘屯，脩器械，皆良金壽革，練士卒，號令精明。俄而吳少誠叛，獨東畿爲有備，關東賴之。貞元十八年卒，贈尚書右僕射，謚曰肅。

翃雅善盧杞，杞之殺崔寧、沮李懷光不得朝，皆與其謀，議者以爲訾。

子正雅，字光謙，行謹飭，爲崔邠所器。元和初，擢進士，遷累監察御史。穆宗時，京邑多盜賊，正雅以萬年令威震豪彊。尹柳公綽言其能，就賜緋魚，擢累汝州刺史。屬監軍怙權，乃謝病去。入爲大理卿，會爭宋申錫獄，堅甚，申錫得不死。大和中卒，贈左散騎常侍。

翃兄翊，性謙柔，歷山南東道節度使。代宗目爲純臣，世稱謹廉。卒，贈戶部尚書，謚曰忠惠。

翃曾孫凝，字成庶，少孤，依其舅宰相鄭肅。舉明經、進士，皆中。歷臺省，寖知名，擢累禮部侍郎。不阿權近，出爲商州刺史。驛道所出，吏破產不能給，而州有冶賦羨銀，常摧直以優吏奉。凝不取，則以市馬，故無橫擾，人皆尉悅。徙湖南觀察使。

僖宗立，召爲兵部侍郎，領鹽鐵轉運使。坐舉非其人，以祕書監分司東都，即拜河南尹。遷宣歙池觀察使，時乾符四年也。王仙芝之黨屠至德，勢益張，凝遣牙將孟琢助池守。賊益兵來攻，實欲襲南陵，凝遣樊儔以舟師扼青陽。儔違令，輕與賊戰，不勝，凝斬以徇，諸將聞，皆股慄，以死綴賊，賊不能進。時江南環境爲盜區，凝以彊弩據采石，張疑幟，遣別將馬穎解和州之圍。明年，賊大至，都將王涓自永陽赴敵，凝大宴，謂涓曰：「賊席勝而驕，可持重待之，愼毋戰。」涓意銳，日趨四舍，至南陵，未食卽陣，死焉。監軍收餘卒數千，還走城，沮橈無去意，卒又恣横不能禁，凝讓曰：「吏捕蝗者，不勝而仰食於民，則率暴以濟災也。今兵不能捍敵，又恣之犯民生業，何以稱朝廷待將軍意？」監軍詞屈，趣親吏入民舍奪馬，凝乘門望見，麾左右捕取殺之，由是不敢留，然益儲畜繕完以備賊，賊至不能加。會大星直寢庭墜，術家言宜上疾不視事以厭勝，凝曰：「東南，國用所出，而宣爲大府，吾規脫禍可矣，顧一方何賴哉？誓與城相存亡，勿復言！」既而賊去。未幾，卒，年五十八，贈吏部尙書，謚曰貞。

徐申字維降，京兆人。擢進士第，累遷洪州長史。嗣曹王皐討李希烈，檄申以長史行刺史事，任職辦，皐表其能，遷韶州刺史。韶自兵興四十年，刺史以縣爲治署，而令丞雜處民閭。申按公田之廢者，募人假牛犂墾發，以所收半畀之，田久不治，故肥美，歲入凡三萬斛。諸工計所庸，受粟有差，乃徙治故州。未幾，邑閈如初。創驛候，作大市，器用皆具。州民詣觀察使，以其有功於人，請爲生祠，申固讓，觀察使以狀聞，遷合州刺史。始來韶，戶止七千，比六年，倍而半之。

會初置景州，授刺史，賜錢五十萬，加節度副使。遷邕管經略使。黄洞納質供賦，不敢桀。踰年，進嶺南節度使。前使死，吏盜印，署府職百餘員，畏事泄，謀作亂。申覺，殺之，詿誤一不問。遠俗以攻劫相矜，申禁切，無復犯。外蕃歲以珠、瑇瑁、香、文犀浮海至，申於常貢外，未嘗賸索，商賈饒盈。劉闢反，表請發卒五千，循馬援故道，繇爨蠻抵蜀，擣闢不備。詔可，加檢校禮部尙書，封東海郡公。詔未至，卒，年七十，贈太子少保，謚曰平。

郗士美字和夫，兗州金鄉人。父純，字高卿，舉進士、拔萃、制策皆高第，張九齡、李邕數稱之。自拾遺七遷至中書舍人。處事不回，爲宰相元載所忌。時魚朝恩以牙將李琮署兩街功德使，琮恃勢桀橫，衆辱京兆尹崔昭于禁中，純曰：「此國恥也。」卽詣載請速處其罪，載不納，遂辭疾還東都，號「伊川田父」，十年不出。德宗立，崔祐甫輔政，召爲太子左庶子、集賢殿學士，不拜，以老乞身。改詹事，聽致仕。帝召見，褒歎良久，賜金紫，公卿以下咸祖都門，世高其節。

士美年十二，通五經、史記、漢書，皆能成誦。父友蕭穎士、顏眞卿、柳芳與相論繹，嘗曰：「吾曹異日當交二郗之間矣。」未冠爲陽翟丞，佐李抱眞潞州幕府。以才，歷王虔休、李元，皆留不徙。久乃進房州刺史、黔中經略觀察使。溪州賊向子琪以衆八千岨山剽劫，士美討平之，加檢校右散騎常侍，封高平郡公。遷京兆尹，天子多所咨逮。出爲鄂岳觀察使。時安黃節度使伊愼入朝，其子宥主後務，偃蹇，母死京師不發喪，欲固其權。士美知之，使府屬過其境，宥出迎，因以母訃告之，即爲辦裝，宥惶遽上道。改河南尹，檢校工部尙書，充昭義節度使。昭義自李抱眞以來皆武臣，私廚月費米六千石、羊千首、酒數十斛，潞人困甚。士美至，悉去之，出稟錢市物自給。又盧從史時，日具三百人膳以餉牙兵，士美曰：「卒衞於牙，固職也，安得廣費爲私恩？」亦罷之。討王承宗也，遣大將王獻督萬人爲前鋒，獻恣橫逗橈，士美即斬以徇，下令曰：「敢後者斬！」親鼓之，大破賊，下三營環柏鄉。時諸鎭兵合十餘萬繞賊，多玩寇犯法，獨士美兵銳整，最先有功。憲宗喜曰：「固知士美能辦吾事。」承宗大震懼。亡幾，會詔班師，然威震兩河。以疾召拜工部尙書。後檢校刑部尙書，爲忠武節度使。卒，年六十四，贈尙書左僕射，謚曰景。生平與人交，已然諾，以是名重於世。

辛祕，系出隴西。貞元中，擢明經第，授華原主簿。以判入等，調長安尉。其學於禮家尤洽，高郢爲太常卿，奏爲博士。再遷兵部員外郎，常兼博士。再辟禮儀使府。

憲宗初，拜湖州刺史。李錡反，遣大將先取支州。蘇、常、杭、睦四刺史，或戰敗，或拘脅，獨泌以儒者，賊易之。未及至，泌召牙將丘知二夜開城收壯士，得數百，逆賊大戰，斬其將，進焚營保。錡平，賜金紫。僉謂泌材任將帥，會河東范希朝出討王承宗，召泌爲希朝司馬，主留務。累遷汝、常州刺史，河南尹，進拜昭義軍節度使。是時，承討恆、趙之後，潞人彫秏。泌至，則約出入，嗇用度，比四年，儲錢十七萬緡、糧七十萬斛，器械堅良，隱然復爲完鎮。召還，道病卒，年六十四，贈尚書左僕射，謚曰肅，後更謚懿。

泌爲大官，居不易第，服不改初，其奉祿悉與裏表親屬。病，自銘其墓，作書一通緘之。卒後發視，則送終制也，儉而不違於禮云。

校勘記

〔一〕滄州渤海人　舊書卷一一一高適傳作渤海蓨人。按本書及舊書卷三九地理志，滄州即渤海郡改名，渤海非縣名，此誤。

〔二〕孤兄寡婦　元次山集卷八及全唐文卷三八一時議中篇「兄」俱作「皃」。

〔三〕至雲安楊子琳反　「子」，各本原作「惠」。按楊子琳爲瀘州刺史，大曆三年反，陷成都，敗走，入夔州，殺別駕張忠。見本書卷一四四崔寧傳及卷六代宗紀。楊惠琳爲夏綏銀節度留後，永貞元年反，見本書卷七憲宗紀。劉晏管鹽鐵在唐代宗時，而此云「至雲安，楊惠琳反」。雲安屬夔州。根據時間和地理位置判斷，當是楊子琳反。今改。

唐書卷一百四十四

列傳第六十九

來瑱 裴茙　田神功 神玉　侯希逸　崔寧 蠡 蕘 黯　嚴礪

來瑱，邠州永壽人。父曜，奮行間，開元末，持節磧西副大使、四鎮節度使，著名西邊，終右領軍大將軍。

瑱略知書，尙名節，崖然有大志。天寶初，從四鎭任劇職，累遷殿中侍御史、伊西北庭行軍司馬。詔舉智謀果決、才堪統衆者，拾遺張鎬薦瑱能斷大事，有禦侮才，擢潁川太守，充招討使。會母喪免，以孝聞。

安祿山反，張垍薦之，興塊次，拜汝南太守。未行，改潁川。賊攻潁川，方積粟多，瑱完埤自如，手射賊，皆應弦仆。賊使降將畢思琛招之，父故將也，拜城下，泣且弔，瑱不應，前後俘殺甚衆。賊懼，目爲「來嚼鐵」。以功就加防禦使、河南淮南游弈逐要招討使。徙山南東道節度使代魯炅，會嗣虢王巨表炅方固守，乃還瑱故官。賊圍南陽急，瑱與魏仲犀合兵救之，不勝，人情恟懼，瑱能撫訓士，舉動安重，賊不得侵。改淮南西道節度。兩京平，封潁國公，食二百戶。

乾元二年，徙河西。未行，王師敗於相州，詔拜陝虢節度，兼潼關防禦團練鎮守使。明年，襄州部將張維瑾等殺其使史翽，徙瑱山南東道襄、鄧、均、房、金、商、隨、郢、復十州節度使〔一〕。既至，維瑾降。上元二年春，破史思明餘黨於魯山，俘賊渠，又戰汝州，獲馬、牛、橐駝，凡兩戰，斬首萬級。

明年，詔瑱還，瑱安襄、漢，士亦宜其政，因諷衆留己，而外示行；至鄧，復詔歸鎮。肅宗聞其謀，惡之，呂諲、王仲昇等皆言「瑱得士心，不可以留」，乃改山南東道襄、鄧、唐、復、隨、郢六州節度。俄而仲昇與賊戰申州，爲賊禽。初，仲昇被圍，而江陵呂諲病，瑱顧望不卽救，及師出，仲昇已沒。行軍司馬裴茙表其狀，且言：「瑱善謀而勇，恐後難制，卽除之，可一戰禽也。」帝頗謂然，遂改瑱淮西申、安、蘄、黃、光、沔兼河南陳、豫、許、鄭、汴、曹、宋、潁、泗十五州節度以寵之，陰奪其權，加茙襄、鄧等七州防禦使代瑱。瑱懼，釋言「淮西無糧，須麥收可上道」，又諷衆固留。

代宗立，復授襄州節度、奉義軍渭北兵馬使；密詔茙圖之。茙自均州率衆浮漢下。會日入，候者白瑱，瑱與帳下謀，其副薛南陽曰：「公奉詔留鎭，而莪以兵脅代，是無名也。莪智勇非公敵，而衆心不附。彼若乘我不虞，縱火夜攻，誠可憂也。若須明，則破之必矣。」明日，莪督軍五千陣穀水北，瑱以兵迎之，呼其軍，告曰：「爾何事來？」曰：「公不受命，故中丞伐罪。」瑱曰：「詔還瑱此州。」乃以詔書示之。皆曰：「僞也。吾千里討賊，豈空歸邪？」爭射之，瑱走旗下。薛南陽曰：「請公勒兵勿戰。」乃以三百騎爲奇兵，旁萬山，出其背夾擊之，其衆幾盡，莪脫身走，至申口，禽之，送京師。瑱因入朝謝罪，帝待之無疑，拜兵部尙書、同中書門下平章事，充山陵使。

是時，程元振居中用事，疾瑱，乃告與巫祝言不順。會王仲昇歸，又言由瑱與賊合，故陷賊。帝積怒，遂下詔削除官爵，貶播川尉，員外置。及鄠，賜死，籍其家。瑱之死，門下客散去，掩尸于坎，校書郎殷亮獨後至，哭尸側，爲備棺衾以葬。帝徐悟元振誣，以它罪流溱州。

先是，瑱行軍司馬龐充以兵二千戍河南，至汝，聞瑱死，乃還襲襄州，別將李昭禦之，走房陵。昭與薛南陽、梁崇義不相臣，崇義殺昭，帝以崇義爲節度使代瑱。旣而爲瑱立祠，四時致饗，避瑱聽事不處，哀祈禮葬，詔可。廣德元年，追復官爵。

裴茙者，始以蔭爲京兆司錄參軍。瑱鎮陜州，引爲判官，移襄州，又爲行軍司馬，遇之厚。及瑱私漢上，茙欲得其處，故背瑱言狀，帝倚以圖瑱。而性輕褊少謀，師興，給用無節。及敗，有詔流費州，至藍田，賜死。

田神功，冀州南宮人。天寶末，爲縣史。會天下兵興，賊署爲平盧兵馬使，率衆歸朝，從李忠臣收滄、德，攻相州，拒杏園。後守陳留，戰不勝，與許叔冀降于史思明。思明使與南德信、劉從諫南略江淮，神功襲德信，斬之，從諫脫身走，乃幷將其兵。

詔拜鴻臚卿。襲敬釭鄆州，不克。劉展反，鄧景山引神功助討，自淄青濟淮，衆不整，入揚州，遂大掠居人貲産，發屋剔窌，殺商胡波斯數千人。俄而禽展送京師，遷淄青節度使。會侯希逸入青州，更徙兗鄆。時賊圍宋州急，李光弼奏神功往救，賊解去。又破法子營，復攻敬釭，降之。朝義聞，乃奔下博。進封信都郡王，徙河南節度、汴宋八州觀察使。

大曆二年來朝，加檢校尚書右僕射，詔宰相百官送至省。又判左僕射，知省事，加太子太師，還軍。神功事母孝。始，嘗倨驕自如，見光弼待官屬鈞禮，乃折節謙損。既寢疾，宋之將吏爲禳祈報恩。

八年，自力入朝，卒，代宗爲徹樂，贈司徒，詔其弟曹州刺史神玉知汴州留事，賻絹千匹、布五百端，百官弔喪，賜屏風茵褥，飯千桑門追福。至德後，節度使不兼宰相者，惟神功恩禮最篤。神玉終汴宋節度留後。

侯希逸，營州人。長七尺，豐下銳上。天寶末爲州裨將，守保定城。安祿山反，使中人韓朝颺傳命，希逸斬以徇。祿山又以親將徐歸道爲節度使，希逸率兵與安東都護王玄志斬之，遣使上聞，詔拜玄志平盧節度使。

玄志卒，副將李正己殺其子，共推希逸，有詔就拜節度使，兼御史大夫。與賊确，數有功。然孤軍無援，又爲奚侵掠，乃拔其軍二萬，浮海入青州據之，平盧遂陷。肅宗因以希逸爲平盧、淄青節度使。自是淄青常以平盧冠使。寶應初，與諸軍討平史朝義，加檢校工部尚書，賜實戶，圖形淩煙閣。

希逸始得青，治軍務農有狀。後稍怠肆，好畋獵，佞佛，興廣祠廬，人苦之。夜與巫家野次，李正己因衆怨閉闔不內，遂奔滑州。召還，檢校尚書右僕射，知省事。大曆末，封淮陽郡王。建中二年，遷司空，未及拜，卒，年六十二，遺敕其子上還前後實封，贈太保。

崔寧，本貝州安平人，後徙衞州。世儒家，而獨喜縱橫事，因落魄，客劍南，以步卒事鮮于仲通。又從李宓討雲南，無功，還成都，行軍司馬崔論悅之，薦爲牙將。歷事崔圓、裴冕。冕被謗，朝廷疑之，遣使者問狀，寧部兵勢耳白其冤，使者以聞。寧亦還京師，留爲折衝郎將。

寶應初，蜀亂，山賊乘險，道不通。嚴武白寧爲利州刺史，既至，賊遁去，由是知名。及武爲劍南節度使，過州，心欲與俱西，而利非所屬，使寧自爲計。寧曰：「節度使張獻誠見疑，難輒去。然獻誠嗜利，若厚賂之，寧可以從大夫矣。」武然之，以奇錦珍貝遺獻誠，且求寧，獻誠果喜，令自移疾去。武遂奏爲漢州刺史。

吐蕃引雜羌寇西山，破柘、靜等州，有詔收復。於是武遣寧將而西，既薄賊城，城皆累石，不得攻，惟東南不合者丈許，諜知之，乃爲地道，再宿而拔，拓地數百里。虜衆驚相謂曰：「寧，神兵也！」及還，武大悅，裝七寶輿迎入成都，以夸于軍。

永泰元年，武卒。行軍司馬杜濟，別將郭英幹、郭嘉琳皆請英幹之兄英乂爲節度使，寧與其軍亦丐大將王崇俊。奏俱至，而朝廷既用英乂矣。英乂恨之，始署事即誣殺崇俊，又遣使召寧。寧恐，託拒吐蕃，不敢還。英乂怒，因出兵，聲言助寧，實欲襲取之，即徙寧家於成都，而淫其妾媵。寧懼，益負阻。英乂乃自將討之，會天大雪，馬多凍死，士心離，遂敗歸。寧聞英乂損裁將卒稟賜，下皆恨怒，又毀玄宗冶金像，乃令軍中曰：「英乂反，輒居先帝舊宮。」乃進薄成都。英乂陣城西，使柏茂琳爲前軍，英幹爲左軍，嘉琳爲後軍，與寧戰，茂琳等敗，軍多降寧。寧即署降將，使率兵還攻，英乂不勝，走靈池，爲韓澄所殺。

於是劍南大擾，楊子琳起瀘州，與邛州柏貞節連和討寧。明年，代宗詔宰相杜鴻漸爲山西劍南邛南等道副元帥、劍南西川節度使，往平其亂。鴻漸出駱谷，或進計曰：「公不如駐閬中，數騰書陳英乂罪，嘉寧方略，因以寧所署刺史即授之，使不疑。而後與東川張獻誠及諸帥合兵擾寧，不一年，寧勢且窮，必束身歸命。」鴻漸疑未決。會寧遣使至，獻繒錦數萬，辭卑約甚，鴻漸貪其利，遂入成都，政事一委寧，日與僚屬杜亞、楊炎縱酒高會。乃表貞節爲邛州刺史，子琳爲瀘州刺史，以和解之。又數薦寧於朝。先是，寧與張獻誠戰，奪其旌節，不肯與，故朝廷因授寧成都尹、西山防禦使、西川節度行軍司馬。鴻漸既還朝，遂爲節度使。

大曆三年來朝。寧本名旰，至是賜名。楊子琳襲取成都，帝乃還寧於蜀。未幾，子琳敗。寧見蜀地險，饒於財，而朝廷不甚有紀，乃痛誅斂；使弟寬居京師，以賂厚謝權貴，深結元載父子，故寬驟擢御史中丞，寬兄審至給事中。寧在蜀久，兵寖彊，而肆侈窮欲，將吏妻妾多爲汙逼，朝廷隱忍，不能詰。累加尙書左僕射。

十四年，入朝，進檢校司空、同中書門下平章事，兼山陵使。俄以平章事爲御史大夫，郎建白擇御史當出大夫，不宜謀及宰相。因奏李衡、于結等任御史，宰相楊炎怒，寖不行。炎方詆劉晏，寧申救於帝，又素事元載，而炎亦出載門，故銜之，未忍發。

是歲十月，南蠻與吐蕃合兵入文川、方維、邛郲，覆沒州縣，民逃匿山谷中。寧方在朝，軍無帥，德宗促寧還鎭。炎業與有嫌，恐已入蜀不可制，郎說帝曰：「蜀，天下之奧壤，自寧擅制，朝廷失外府十四年矣。今寧雖來，以全師守蜀，賦稅入天子者與無地同。寧本與諸將等夷，獨因叛亂得位，不敢自有，以恩柔煦育，故威令不行。今雖歸之，必無功，是徒遣也；若其有功，誼不容奪。則西蜀之奧，敗固失之，勝亦非國家所有。惟陛下孰察。」帝曰：「卿策云何？」炎曰：「請無歸寧。今朱泚所部范陽勁卒戍近甸，趣與禁兵雜往，舉無不克，因是役得以親兵內其腹中，則蜀將破膽不敢動，然後換授他帥，以收其權，得千里肥饒之地，是謂因小禍受大福也。」帝曰：「善。」遂罷寧西川節度，改兼京畿觀察使、靈州大都督、單于鎭北大都護、朔方節度、鄜坊丹延州都團練觀察等使，託言重臣綏靜北陲，而每道置留後，使得自奏事，杜希全靈州，王翃振武，李建徽鄜州，及戴休顏、杜從政、呂希倩皆炎署置，使同寧過失。寧至夏州，與希倩招党項，降者甚衆。炎惡之，卽奏希倩無綏邊才，而以神武將軍時常春代之，更拜寧尙書右僕射、知省事，司空如故。

朱泚亂，帝出居奉天，寧後數日至，帝喜甚。寧謂所親曰：「上聰明，從善如轉規，但爲盧杞所惑至此爾。」因潸然涕下。杞聞之，思有以構寧於帝。會王翃赴難時，與寧俱出延平門而西，寧數下馬趨廁，輒迂久。翃懼賊追，卽呼曰：「旣至此，而欲顧望乎？」杞微聞，卽諷翃以聞。會泚行反間，而除柳渾爲宰相，署寧中書令。時朔方掌書記康湛爲盩厔尉，翃逼湛詐作寧遺泚書獻之，杞遂奏：「寧初無效順心，向聞與賊盟署中書令，今果後至，復得所與賊書，反狀明甚。若兇渠外逼，姦臣內謀，則大事去矣。」因俯伏歔欷曰：「臣備位宰相，危不能持，顚不能扶，罪當死。」帝命左右扶起之，乃召寧至朝堂，云使宣慰江淮。俄而中人引寧幕後，使二力士縊殺之，年六十一。

初，命陸贄草制，贄索寧與泚書，將坐其事。杞復云：「書已亡。」寧死，籍其家，中外冤之。帝乃赦寧親屬，而歸其資云。貞元十二年，寧故將夏綏銀節度使韓潭請以所加禮部尙書雪寧罪，有詔聽其家收葬。

始，寧入朝，留其弟寬守成都，楊子琳乘間起瀘州，以精騎數千襲據其城。寬戰力屈，寧妾任素驍果，卽出家財十萬募勇士，得千人，設部隊，自將以進。子琳大懼，會糧盡，且大雨，引舟至廷，乘而去。子琳者，本瀘南賊帥，既降，詔隸劍南節度，屯瀘州，杜鴻漸表爲刺史。既敗，收餘兵沿江而下，諸刺史震慄，備餼牢以饗士。過黃草峽，守捉使王守仙伏兵五百，子琳前驅至，悉禽之，遂入夔州，殺別駕張忠，城守以請罪。朝廷以其本謀近忠，故授峽州刺史，移澧州鎭遏使。後歸朝，賜名猷。

寧季弟密，密子繪，俱以文辭稱。繪四子：蠡、黯、確、顏，皆擢進士第。

蠡字越卿，開成中爲戶部侍郎，白罷忌日百官行香，有詔褒可。歷平盧、天平軍節度使，終尙書左丞。

子蕘，字野夫，乾符中爲吏部侍郎，美文辭，談辯華給，以銓管非所長，出爲陝虢觀察使。是時王仙芝亂漢上，河南羣盜興，蕘簡倪不曉事，但以器韻自高，委政廝豎，不恤人疾苦。或訴旱者，指廷樹示之曰：「柯葉尙爾，何旱爲？」即榜笞之，上下離心。俄爲軍吏所執，髡其鬢鬢。蕘再拜祈免，乃得去。渴甚，求飲於民，民飲以溺。坐失守，貶端州司馬，終左散騎常侍。

黯字直卿，開成初爲監察御史，奏郊廟祭事不虔。文宗語宰相曰：「宗廟之禮，朕當親之。但千乘萬騎，國用不給，故使有司侍祠，然是日朕正衣冠坐以俟旦。今聞主者不虔，祭器齾惡，豈朕事神蠲絜意邪？公宜敕有司道朕斯意。」翛乃具條以聞。擢員外郎，累遷諫議大夫。

確、顏，位皆郎中。

嚴礪字元明，震從祖弟也。少爲浮屠法，太守見之，偉其材，表爲玄武尉。震在山南，署牙將。德宗之幸，主饋餉有功。然輕躁多姦謀，以便佞自將。累爲興州刺史。震卒，以礪權主留府事，遺言薦之，即拜本道節度使。詔下諫議大夫、給事中、補闕、拾遺合議，皆以爲「礪資淺，士望輕，不宜授節制」，帝不從。

礪在位，貪沓苟得，士民不勝其苦。素惡鳳州刺史馬勛，即誣奏，貶賀州司戶參軍。劉闢反，以儲備有素，檢校尚書左僕射，節度東川。擅沒吏民田宅百餘所，稅外加斂錢及芻粟數十萬。元和四年，卒，贈司空。後監察御史元稹奉使東川，劾發其贓，請加惡謚。朝廷以其死，故但追田宅奴婢還其主，稅外所斂悉蠲除云。

校勘記

〔一〕徙瑱山南東道襄鄧均房金商隨郢復十州節度使　云十州而僅列九州，必有訛誤。按本書卷六七方鎮表載，至德二載升襄陽防禦使爲山南東道節度使，領襄、鄧、隨、唐、安、均、房、金、商九州。貞元三年始增領復州。疑上元中山南東道所領有唐、安，無復州。

唐書卷一百四十五

列傳第七十

元載 卓英璘 李少良 王縉 黎幹 楊炎 庾準 嚴郢 竇參 申 吳通玄

元載字公輔，鳳翔岐山人。父昇，本景氏。曹王明妃元氏賜田在扶風，昇主其租入，有勞，請於妃，冒爲元氏。

載少孤，既長，嗜學，工屬文。天寶初，下詔舉明莊、老、列、文四子學者，載策入高第，補新平尉。韋鎰監選黜中，苗晉卿東都留守，皆署判官，寖以名聞。至德初，江東採訪使李希言表載自副，擢祠部員外郎、洪州刺史。入爲度支郎中，占奏敏給，肅宗異之。累遷戶部侍郎，充度支、江淮轉運等使。

帝不豫，李輔國用事，輔國妻，載宗女也，因相締昵。會京兆尹缺，輔國白用載，載意屬國柄，固辭，輔國曉之，翌日，拜同中書門下平章事，領使如故。代宗立，輔國勢愈重，數稱其才，進拜中書侍郎、許昌縣子。載以度支繁浩，有吏事督責，損威寵，乃悉天下錢穀委劉晏。未幾，判天下元帥行軍司馬。

盜殺李輔國，載陰與其謀。乃復結中人董秀，厚啖以金，使刺取密旨，帝有所屬，必先知之，探微揣端，無不諧契，故帝任不疑。華原令顧繇上封白發其私，帝方倚以當國，乃斥繇，除名爲民。魚朝恩驕橫震天下，與載不叶，憚之，雖帝亦銜恚，乃乘間奏誅朝恩，帝畏有變，載結其愛將爲助。朝恩已誅，載得意甚，益矜肆。

時擬奏文武官功狀多謬舛，載虞有司駁正，乃請別敕授六品以下官，吏部、兵部卽附甲團奏，不須檢勘，欲示權出於己。又與王縉請以河中爲中都，裒關輔河東十州稅奉京師，選兵五萬屯中都，鎭禦四方，杪秋行幸，上春還，可以避羌戎患。載以議入卽從，前敕所由吏於河中經圖宮殿，築私第。帝聞，惡之，置其議。

初，四鎭北庭行營節度使寄治涇州，大曆八年，吐蕃寇邠寧，議者謂三輔以西無襟帶之固，而涇州散地不足守。載嘗在西州，具知河西、隴右要領，乃言於帝曰：「國家西境極于潘原，吐蕃防戍乃在摧沙堡，而原州界其間，草薦水甘，舊壘存焉，比吐蕃毀夷垣墉，棄不居，其右則監牧故地，亘塹長壕，重複深固。原州雖早霜不可藝，而平涼在其東，獨耕一縣，可以足食。請徙京西軍戍原州，乘間築作，二旬可訖，貯粟一歲。戎人夏牧青海上，羽書比至，則我功集矣。徙子儀大軍在涇，以爲根本，分兵守石門、木峽，隴山之關北抵于河，皆連山峻險，寇不可越。稍置鳴沙縣、豐安軍爲之羽翼，北帶靈武五城，爲之形勢，然後舉隴右之地，以至安西，是謂斷西戎脛，朝廷高枕矣。」因圖上地形，使吏間入原州度水泉，計徒庸，車乘畚鍤之器悉具。而田神功沮短其議，乃曰：「興師料敵，老將所難，陛下信一書生言，舉國從之，誤矣。」帝由是疑不決。

載智略開果，久得君，以爲文武才略莫己若。外委主書卓英倩、李待榮，內劫婦言，縱諸子關通貨賄。京師要司及方面，皆擠遣忠良，進貪猥。凡仕進干請，不結子弟，則謁主書。城中開南北二第，室宇奢廣，當時爲冠。近郊作觀榭，帳帟什器不徙而供。膏腴別墅，疆畛相望，且數十區。名姝異技，雖禁中不逮。帝盡得其狀。載嘗獨見，帝深戒之，謷然不悛。客有賦都盧尋橦篇諷其危，載泣下而不知悟。會李少良上書詆其醜狀，載怒，奏殺少良，道路目語，不敢復議。載由是非黨與不復接，生平道義交皆謝絕。

帝積怒，大曆十二年三月庚辰，仗下，帝御延英殿，遣左金吾大將軍吳湊收載及王縉，繫政事堂，分捕親吏、諸子下獄。詔吏部尚書劉晏、御史大夫李涵、散騎常侍蕭昕、兵部侍郎袁傪、禮部侍郎常衮、諫議大夫杜亞訊狀，而責辨端目皆出禁中。遣中使臨詰陰事，皆服。乃下詔賜載自盡，妻王及子揚州兵曹參軍伯和、祠部員外郎仲武、校書郎季能並賜死，發其祖、父冢，斲棺棄尸，毁私廟主及大寧、安仁里二第，以賜百官署舍，披東都第助治禁苑。

王氏，河西節度使忠嗣女，悍驕戾沓，載叵禁。而諸子牟賊，聚斂無涯藝，輕浮者奔走。爭蓄妓妾，爲倡優褻戲，親族環觀不愧也。及死，行路無嗟隱者。籍其家，鍾乳五百兩，詔分賜中書、門下臺省官，胡椒至八百石，它物稱是。女眞一，少爲尼，沒入掖庭。德宗時，始告以載死，號踊投地，左右呵止，帝曰：「安有聞親喪責其哀殞乎？」命扶出。

帝爲太子也，實用載議。興元元年，詔復其官，聽改葬。故吏許初、楊晈、紀慆等合貲以葬，謚曰荒，後改曰成縱。

載敗，董秀、卓英倩、李待榮、術者李季連悉論死。其它與載厚善坐貶者，若楊炎、王昂、宋晦、韓洄、王定、包佶、徐縯、裴冀、王紀、韓會等凡數十百人。

英倩弟英璘，家金州，州人緣以授官者亦百餘，豪制鄉曲，聚無賴少年以伺變，恃載權，牧宰莫敢問。載誅，英璘盜庫兵據險以叛。詔發禁兵及山南西道兵二千討捕，刺史孫道平禽殺之。詔給復其州二年。

李少良者，以吏治由諸帥府遷累殿中侍御史。罷，遊京師，不見調，憤載不法，疏論其惡，帝留少良客省，欲究其事。其友韋頌者候之，漏言於陸珽。載召珽問知之，乃奏下少良御史臺，劾其漏禁中語，幷與頌、珽論殺之。珽，善經子，與頌及少良善，又狎載子弟親黨，故載廉得其謀。

初，載盛時，人皆疾厭之。大曆八年，有晉州男子郇謨以麻總髮，持竹笥、葦席，行哭長安東市，人問之，曰：「我有字三十，欲以獻上，字言一事，卽不中，以笥貯屍，席裹而棄之。」京兆以聞，帝召見，賜以衣，館內客省，問狀，多譏切載。其言「團」者，願罷諸州團練使，其言「監」者，請罷諸道監軍，大抵類此。先是，天下兵興，凡要州權署團練、刺史。載用事，授刺史者悉帶團練以悅人心，故謨指而刺云。

王縉字夏卿，本太原祁人，後客河中。少好學，與兄維俱以名聞。舉草澤、文辭淸麗科上第，歷侍御史、武部員外郎。祿山亂，擢太原少尹，佐李光弼，以功加憲部侍郎，遷兵部。史朝義平，詔宣慰河北，使還有指，俄拜黃門侍郎、同中書門下平章事。進侍中，持節都統河南、淮西、山南東道諸節度行營事。辭侍中，加東都留守。歲餘，拜河南副元帥，損軍資錢四十萬緡，營完宮室。朱希彩殺李懷仙也，詔拜盧龍節度使，至幽州，委軍於希彩乃還。會辛雲京卒，兼領河東節度，讓還河南副元帥、東都留守。太原將王無縱、張奉璋恃功，以縉儒者易之，不如律令，縉斬以徇，諸將股慄。再歲還，以本官復知政事。

時元載專朝，天子拱手，縉曲意附離，無敢忤。又恃才多所狎侮，雖載亦疾其凌靳也。京兆尹黎幹數論執，載惡之，縉折幹曰：「尹，南方孤生，安曉朝廷事？」

縉素奉佛，不茹葷食肉，晚節尤謹。妻死，以道政里第爲佛祠，諸道節度、觀察使來朝，必邀至其所，諷令出財佐營作。初，代宗喜祠祀，而未重浮屠法，每從容問所以然，縉與元載盛陳福業報應，帝意向之。繇是禁中祀佛，諷唄齋薰，號「內道場」，引內沙門日百餘，饌供珍滋，出入乘廄馬，度支具稟給。或夷狄入寇，必合衆沙門誦護國仁王經爲禳厭，幸其去，則橫加錫與，不知紀極。胡人官至卿監、封國公者，著籍禁省，勢傾公王，羣居賴寵，更相凌奪，凡京畿上田美產，多歸浮屠。雖藏奸宿亂踵相逮，而帝終不悟，詔天下官司不得箠辱僧尼。初，五臺山祠鑄銅爲瓦，金塗之，費億萬計。縉給中書符，遣浮屠數十輩行州縣，斂丐貲貨。縉爲上言：「國家慶祚靈長，福報所馮，雖時多難，無足道者。祿山、思明毒亂方熾，而皆有子禍，僕固懷恩臨亂而踣，西戎內寇，未及擊輒去，非人事也。」故帝信愈篤。七月望日，宮中造盂蘭盆，綴飾鏐琲，設高祖以下七聖位，幡節、衣冠皆具，各以帝號識其幡，自禁內分詣道佛祠，鐃吹鼓舞，奔走相屬。是日立仗，百官班光順門奉迎導從，歲以爲常。羣臣承風，皆言生死報應，故人事置而不修，大曆政刑，日以堙陵，由縉與元載、杜鴻漸倡之也。

性貪冒，縱親戚尼姏招納財賄，猥屑相稽，若市賈然。及敗，劉晏等鞫其罪，同載論死，晏曰：「重刑再覆，有國常典，況大臣乎！法有首從，不容俱死。」於是以聞，上憫其耄，不加刑，乃貶括州刺史。久之，遷太子賓客，分司東都。建中二年死，年八十二。

黎幹，戎州人。善星緯術，得待詔翰林，擢累諫議大夫，封壽春公。自負其辯，沾沾喜議論。

初，唐家郊祭天地，以高祖神堯皇帝配。寶應元年，杜鴻漸爲太常卿、禮儀使，於是禮儀判官薛頎、集賢校理歸崇敬等共建：「神堯獨受命之主，非始封君，不得冒太祖配天地。景皇帝受封于唐，卽商之契、周之后稷，請奉景皇帝配天地，於禮宜甚。」幹非之，乃上十詰、十難，傅經誼，抵鄭玄，以折頎、崇敬等，曰：「頎等引禘者至日祭天於圜丘，周人以遠祖配，今宜以景皇帝爲始祖，配昊天圓丘。臣幹一詰：國語稱有虞氏、夏后氏並禘黄帝，商禘舜，周禘嚳。二詰：商頌『長發，大禘也』。三詰：周頌『雍，禘太祖也』。四詰：祭法，虞、夏並禘黄帝，商、周俱禘嚳。五詰：大傳『不王不禘，王者禘其祖之所自出，以其祖配之』。六詰：爾雅『禘，大祭也』。七詰：家語『凡四代帝王所郊，皆以配天；所謂禘，五年大祭也』。八詰：盧植以『禘，祭名〔二〕。禘，諦也，事取明諦，故云』。九詰：王肅言『禘，五年大祭』。十詰：郭璞亦云。此經傳先儒皆不言祭昊天於圓丘，根證章章，故臣謂禘止五年宗廟大祭，了無疑晦。」其十難：

一曰：「周頌雍之序曰：『禘，祭太祖也。』鄭玄說『禘，大祭也。太祖，謂文王也』。商頌『長發，大禘也』。玄曰：『大禘，祭天也。』商、周兩頌，同文異解，索玄之意，以禘加『大』，因曰『祭天』。臣謂春秋『大事于太廟』，雖曰『大』，得祭天乎？虞、夏、商、周禘黄帝與嚳，禮『不王不禘』，皆不言『大』，玄安得稱祭天乎？長發所歎，不及嚳與感生帝，故知不爲祭天侑嚳明矣。商、周五帝大祭見于經者甚詳，而禘主廟，不主天。今背孔子之訓言，取玄之偏詖，誣繆祀典，不見其可。」

二曰：「『不王不禘，王者禘其祖之所自出，以其祖配之』。此言惟天子當禘。如虞、夏出黄帝，商、周出嚳，以近祖配之。自出之祖無廟，乃自外至。自外至者，同之天地，得主而止。又自出者在母亦然。春秋傳『陳，則我周之自出』。詎可謂出太微五帝乎？玄以一『禘』爲三誼，在祭法則曰『祭昊天於圓丘』。在春秋傳則『郊以后稷配靈威仰』。在商頌曰『祭天』。在周頌則禘曰『大於四時祭，而小於祫』。本末駁舛，臆判自私，不足以訓。」

三曰：「商、周之前，禘所自出。自漢、魏以來，曠千餘歲，其禮不講。蓋玄所說不當於經，不質于聖，先儒置之不用，是爲棄言。」

四曰：「今禮家行於世者，皆本玄學。臣請取玄之隙，還破頎等所建。頎等曰：『景皇帝爲始祖，以配天。』按王制『天子七廟』。玄曰：『周禮也。太祖與文、武之祧，合親廟四而七。商氏六廟，契與湯合二昭二穆而六。』據玄，則夏不以鮌、顓頊、昌意爲始祖，是又與玄乖背。自古未有以人臣爲始祖者，唯商以契，周以稷。夫稷、契皆天子元妃子。簡狄吞玄鳥卵而生契，契佐禹有大功，舜封之商，其詩曰：『天命玄鳥，降而生商，宅殷土芒芒。』后稷母曰姜嫄，出野履巨跡而生稷，稷勤稼穡，堯舉爲農師，舜封之邰，號曰后稷。其詩曰：『履帝武敏歆，攸介攸止。』『卽有邰家室。』舜、禹有天下，契、稷在焉。傳曰：『功施於人則祀之，以死勤事則祀之。』契爲司徒，而人輯睦，稷勤百穀而山死，皆在祀典。及子孫而有天下，故尊而祖之。」

五曰：「既用玄說，小德配寡，而后稷止配一帝，不得全配五帝。今以景帝配昊天，於玄爲可爲不可乎？」

六曰：「衆詰臣曰：『上帝一帝，周官：祀天旅上帝，祀地旅四望。旅，衆也。則上帝是五帝。』臣曰：『否，旅有衆義，出於爾雅。又爲祭名，亦曰陳也。如前所詰，旅上帝爲五帝，則季氏旅於泰山可得爲四鎭邪？』」

七曰：「援玄之言，則景帝親盡，主應在祧，反配天地，禮不相値。夫所謂始祖者，經綸草昧，功普體大，以比元氣含覆廣大者也。故曰萬物之始，天也；人之始，祖也；日之始，至也。掃地而祭，則質；器用陶匏，則性；牲用犢，則誠；兆於南郊，則就陽。至尊至質，不敢同於先祖也。白虎通義曰：『祭天歲一者何？事之不敢黷也。』故因歲之陽氣始達而祭之。今一歲四祭，黷莫大焉。上帝五帝，祀闕不舉，怠孰甚焉？黷與怠，皆失也。臣聞親有限，祖有常，聖人制禮不以情變。唐家累聖，歷祀百年，非不知景帝爲始封。當時通儒鉅工尊高祖以配天，宗太宗以配上帝，人神克厭，爲日旣久。乃今以神堯降侑含樞紐，而太宗仍配上帝，則樞紐上帝佐也。以子先父，非天地祖宗之意。」

八曰：「景皇帝非造我區夏，不得與夏之禹、商之契、周之稷、漢高帝、魏武帝、晉宣帝、唐神堯皇帝並功，而陟配圜丘，上與天匹，曾謂圜丘不如林放乎？」

九曰：「魏以武帝、晉以宣帝爲始祖者，夫操與懿皆人傑也。擁天下彊兵，挾弱主，制海內之命，名雖爲臣，勢實爲君，後世因之以成帝業，尊而祖之，不亦可乎？」

十曰：「神堯拯隋室之亂，振臂大呼，濟人塗炭，汛掃蕩攘，羣凶無餘，出入不數年而成王業，漢祖之功不能加焉。夏以禹，漢以高帝，我以神堯爲始祖，訂夏法漢，於義何嫌？今頎、崇敬革天對，易祖廟，事之大者不稽于古，難以疑文僻說定之。臣官以諫爲名，不敢不盡愚。」

議聞，代宗不韙其言。其後名儒大議，而景帝配天卒著于禮。

俄遷京兆尹，頗以治稱。京師苦樵薪乏，幹度開漕渠，興南山谷口，尾入于苑，以便運載。帝爲御安福門觀之。幹密具舸船作倡優水嬉，冀以媚帝。久之，渠不就。俄改刑部侍郎。魚朝恩敗，坐交通，出爲桂管觀察使。大曆八年，復召爲京兆尹。時大旱，幹造土龍，自與巫覡對舞，彌月不應。又禱孔子廟，帝笑曰：「丘之禱久矣。」使毀土龍，帝減膳節用，既而霔雨。十三年，涇水擁隔，請開鄭、白支渠，復秦、漢故道以溉民田，廢碾磑八十餘所。

幹性貪暴，既復用，不暇念治，專徇財色，附會嬖近，挾左道希主恩，帝甚惑之。德宗在東宮，幹與宦者特進劉忠翼陰謀，幾危宗嗣。及即位，又詭道希進，密乘車謁忠翼。事覺，除名長流，既行，市人數百羣譟投礫從之，俄賜死藍田驛。

忠翼本名清潭，與左衞將軍董秀皆有寵於代宗。當盛時，爵賞在其口吻，掊冒財賄，貲產累皆巨萬。至是積前罪，并及誅。

楊炎字公南，鳳翔天興人。曾祖大寶，武德初爲龍門令，劉武周攻之，死于守，贈全節侯。祖哲，以孝行稱。父播，舉進士，退居求志，玄宗召拜諫議大夫，棄官歸養。肅宗時，即家拜散騎常侍，號玄靖先生。

炎美須眉，峻風宇，文藻雄蔚，然豪爽尙氣。河西節度使呂崇賁辟掌書記。神烏令李太簡嘗醉辱之，炎令左右反接，榜二百餘，幾死，崇賁愛其才，不問。李光弼表爲判官，不應。召拜起居舍人，固辭。父喪，廬墓側，號慕不廢聲，有紫芝白雀之祥，詔表其閭。炎三世以孝行聞，至門樹六闕，古所未有。終喪，爲司勳員外郎，遷中書舍人，與常衮同時知制誥。衮長於除書，而炎善德音，自開元後言制詔者，稱「常楊」云。

宰相元載與炎同郡，炎又元出也，故擢炎吏部侍郎、史館修撰。載當國，陰擇才可代己者，引以自近，初得禮部侍郎劉單，會卒，復取吏部侍郎薛邕，邕坐事貶，後得炎，親重無比。會載敗，坐貶道州司馬。

德宗在東宮，雅知其名，又嘗得炎所爲李楷洛碑，寘于壁，日諷玩之。及即位，崔祐甫薦炎可器任，卽拜門下侍郞、同中書門下平章事。

舊制，天下財賦皆入左藏庫，而太府四時以數聞，尙書比部覆出納，舉無干欺。及第五琦爲度支、鹽鐵使，京師豪將求取無節，琦不能禁，乃悉租賦進大盈內庫。天子以給取爲便，故不復出。自是天下公賦爲人君私藏，有司不得計羸少。而宦官以冗名持簿者三百人，奉給其間，根柢連結不可動。及炎爲相，言於帝曰：「財賦者，邦國大本，而生人之喉命，天下治亂重輕繫焉。先朝權制，以中人領其職，五尺宦豎操邦之柄，豐儉盈虛，雖大臣不得知，則無以計天下利害。陛下至德，惟人是恤，參計敝蠹，莫與斯甚。臣請出之，以歸有司。度宮中經費一歲幾何，量數奉入，不敢以闕。如此，然後可以議政，惟陛下審察。」帝從之。乃詔歲中裁取以入大盈，度支具數先聞。

初，定令有租賦庸調法，自開元承平久，不爲版籍，法度抏敝。而丁口轉死，田畝換易，貧富升降，悉非向時，而戶部歲以空文上之。又戍邊者，蠲其租、庸，六歲免歸。玄宗事夷狄，戍者多死，邊將諱不以聞，故貫籍不除。天寶中，王鉷爲戶口使，方務聚斂，以其籍存而丁不在，是隱課不出，乃按舊籍，除當免者，積三十年，責其租、庸，人苦無告，故法遂大敝。至德後，天下兵起，因以饑癘，百役並作，人戶凋耗，版圖空虛。軍國之用，仰給於度支、轉運使；四方征鎭，又自給於節度、都團練使。賦斂之司數四，莫相統攝，綱目大壞。朝廷不能覆諸使，諸使不能覆諸州。四方貢獻，悉入內庫，權臣巧吏，因得旁緣，公託進獻，私爲贓盜者，動萬萬計。河南、山東、荆襄、劍南重兵處，皆厚自奉養，王賦所入無幾。科斂凡數百名，廢者不削，重者不去，新舊仍積，不知其涯。百姓竭膏血，鬻親愛，旬輸月送，無有休息。吏因其苛，蠶食于人。富人多丁者，以宦、學、釋、老得免，貧人無所入則丁存。故課免於上，而賦增於下。是以天下殘瘁，蕩爲浮人，鄉居地著者百不四五。

炎疾其敝，乃請爲「兩稅法」以一其制。凡百役之費，一錢之斂，先度其數而賦於人，量出制入。戶無主客，以見居爲簿；人無丁中，以貧富爲差。不居處而行商者，在所州縣稅三十之一，度所取與居者均，使無僥利。居人之稅，秋夏兩入之，俗有不便者三之。其租、庸、雜徭悉省，而丁額不廢。其田畝之稅，率以大曆十四年墾田之數爲準，而均收之。夏稅盡六月，秋稅盡十一月，歲終以戶賦增失進退長吏，而尚書度支總焉。帝善之，使諭中外。議者沮詰，以爲租庸令行數百年，不可輕改。帝不聽。天下果利之。自是人不土斷而地著，賦不加斂而增入，版籍不造而得其虛實，吏不誡而姦無所取，輕重之權始歸朝廷矣。

炎興嶺表，以單議悟天子，中外翕然屬望爲賢相。居數月，崔祐甫疾，不能事，喬琳免，炎獨當國，遂多變祐甫之政，減薄護元陵功優，人始不悅。又請開豐州陵陽渠，發畿縣民役作，閭里騷然，渠卒不就。

素德元載，思有以報之，於是復議城原州，節度使段秀實謂「安邊卻敵，宜以緩計，方農事，不可遽興功」。炎怒，追秀實爲司農卿，以邠寧李懷光督作，遣朱泚、崔寧統兵各萬人翼之。詔書下，涇軍恚曰：「吾軍爲國西屏十餘年。始自邠土，農桑地著之安，徙此榛莽中，手披足踐，既立城壘，則又投之塞外，且安寘此乎？」又懷光持法嚴，舉軍畏之。裨將劉文喜因人之怨，乃上疏求秀實、朱泚爲使。詔以泚代懷光，文喜不奉詔，閉城拒守，質其子吐蕃以求援。時方煬旱，人情騷擕，羣臣皆請赦文喜，帝不聽。詔減服御給軍，且趣師涇州，士當受春服者皆卽賜。命泚、懷光率軍攻之，壘環其州。別將劉海賓斬文喜，獻其首，涇州平，而原卒不能城。

又以劉晏劾載，已坐貶，乃出晏忠州，用庾準爲荆南節度使，誣晏殺之，朝野側目。李正己表請晏罪，炎懼，乃遣腹心分走諸道：裴冀使東都、河陽、魏博，孫成使澤潞、磁邢、幽州，盧東美使河南、淄青，李舟使山南、湖南，王定使淮西。聲言宣慰，而實自辯解，言「晏往嘗傅會姦邪，謀立獨孤妃爲后，帝自惡之，非它過也」。帝聞，使中人復其言於正己，還報信然，於是帝意銜之，未發也。

會盧杞以門下侍郎同中書門下平章事，進炎中書侍郎，同秉政。杞無術學，貌么陋，炎薄之，託疾不與會食，杞陰爲憾。舊制，中書舍人分押尚書六曹，以平奏報。開元初，廢其職。杞請復之，炎固以爲不可，杞益怒。又密啓主書過咎，逐之，炎曰：「主書，吾局吏也，吾當自治之，奈何相侵邪？」始，炎還朝，道襄、漢，因勸梁崇義入朝，後又使李舟邀說之，崇義益反側。及其叛，議者歸咎炎，以爲趣成之。帝欲以淮西李希烈統諸軍致討，炎曰：「希烈始與李忠臣爲子，逐忠臣取其位，此可以任乎？居無尺寸功，猶倔彊不奉法，設使平賊，陛下將何以制之？」帝不能平，恚曰：「朕業許之，不能食吾言。」遂用希烈。又嘗訪羣臣可大任者，杞薦張鎰、嚴郢，而炎舉崔昭、趙惠伯。帝以炎論議疏闊，遂罷爲尙書左僕射。既謝，對延英訖，不至中書，杞怒，益欲中之。

先是，嚴郢爲京兆尹，不附炎，炎諷御史張著劾之，罷兼御史中丞。源休與郢不善，自流人擢休爲京兆少尹，令伺郢過。休反與郢善，炎怒。會張光晟謀殺回紇酋帥，乃使休使回紇。郢坐度田不實，下除大理卿。至是炎罷，其子弘業賕賂狼藉，故杞引郢爲御史大夫按之，并得它過。惠伯爲河南尹時，嘗市炎第爲官廨。御史劾炎宰相抑吏市私第，貴取其直。杞召大理正田晉評罪，晉曰：「宰相於庶官比監臨，計羨利，罪奪官。」杞怒，謫晉衡州司馬。於是當監主自盜，罪絞。開元時，蕭嵩嘗度曲江南，欲立私廟，以爲天子臨幸處乃止，後炎復取以立廟。飛語云：「地有王氣，故炎取之。」帝聞，震怒。會獄具，詔三司同覆，貶崖州司馬同正。未至百里，賜死，年五十五。貶惠伯多田尉，亦殺之。

初，炎矯飭志節，頗得名。既傅會元載抵罪，俄而得政，然忮害根中，不能自止。眦睚必讎，果於用私，終以此及禍。自道州還也，家人以綠袍木簡棄之，炎止曰：「吾嶺上一逐吏，超登上台，可常哉？且有非常之福，必有非常之禍，安可棄是乎？」及貶，還所服。久之，詔復其官，謚肅愍，左丞孔戣駁之，更曰平厲。

庾準者，常州人。無學術，以柔媚自進，得幸於王縉，驟至中書舍人，時流蚩薄之。再遷尚書右丞。縉得罪，出爲汝州刺史。復入爲司農卿。又善炎，故炎使節度荆南；晏已誣死，引爲尚書左丞。建中三年卒，贈工部尚書。

嚴郢字叔敖，華州華陰人。父正誨，以才吏更七郡，終江南西道採訪使。郢及進士第，補太常協律郎，守東都太廟。祿山亂，郢取神主祕于家，至德初，定洛陽，有司得以奉迎還廟，擢大理司直。

呂諲鎭江陵，表爲判官。方士申泰芝以術得幸肅宗，遨游湖、衡間，以妖幻詭衆，姦贓鉅萬，潭州刺史龐承鼎按治。帝不信，召還泰芝，下承鼎江陵獄。郢具言泰芝左道，帝遣中人與諲雜訊有狀，帝不爲然。御史中丞敬羽白貸泰芝，郢方入朝，亟辨之。帝怒，叱郢去。郢復曰：「承鼎劾泰芝詭沓有實，泰芝言承鼎驗左不存。今緩有罪，急無罪，臣死不敢如詔。」帝卒殺承鼎，流郢建州。泰芝後坐妖妄不道誅。代宗初，追還承鼎官，召郢爲監察御史，連署帥府司馬。

郭子儀表爲關內、河東副元帥府判官，遷行軍司馬。子儀鎭邠州，檄郢主留務。河中士卒不樂戍邠，多逃還。郢取渠首尸之，乃定。

歲餘，召至京師，元載薦之帝，時載得罪，不見用。御史大夫李栖筠亦薦郢，帝曰：「是元載所厚，可乎？」答曰：「如郢材力，陛下不自取，而留爲姦人用邪？」卽日拜河南尹、水陸運使。大曆末，進拜京兆尹。嚴明持法令，疾惡撫窮，敢誅殺，盜賊一衰，減隸官匠丁數百千人，號稱職尹。

宰相楊炎請屯田豐州，發關輔民鑿陵陽渠，郢習朔邊病利，卽奏：「舊屯肥饒地，今十不墾一，水田甚廣，力不及而廢。若發二京關輔民浚豐渠營田，擾而無利。請以內苑蒔稻驗之，秦地膏腴，田上上，耕者皆畿人，月一代，功甚易，又人給錢月八千，糧不在，然有司常募不能足。合府縣共之，計一農歲錢九萬六千，米月七斛二斗，大抵歲僦丁三百，錢二千八百八十萬，米二千一百六十斛，臣恐終歲穫不酬費。況二千里發人出塞，而歲一代乎？又自太原轉糧以哺，私出資費倍之，是虛畿甸，事空徭也。」郢又言：「五城舊屯地至廣，請以鑿渠糧俾諸城，夏貸冬輸，取渠工布帛給田者，令據直轉穀，則關輔免調發，而諸城闢田。」炎不許，渠卒不成，棄之。

御史臺請天下斷獄一切待報，唯殺人許償死，論徒者得悉徙邊。郢言：「罪人徙邊，即流也。流有三，而一用之，誠難。且殺人外猶有十惡，僞造用符印、彊光火諸盜，今一徙之，法太輕，不足禁惡。又罪抵徒，科別差殊，或毆傷、夫婦離非義絕、養男別姓、立嫡不如式、私度關、冒戶等不可悉，而與十惡同徙，即輕重不倫。又按，京師天下聚，論徒者至廣，例不覆讞，今若悉待報，有司斷決有程，月不啻五千獄，正恐牒按塡委，章程紊撓。且邊及近邊犯死徙流者，若何爲差？請下有司更議。」炎惡異己，陰諷御史張著劾郢匿發民浚渠，使怨歸上。繫金吾。長安中日數千人遮建福門訟郢冤，帝微知之，削兼御史中丞。人知郢得原，皆迎拜。會秋旱，郢請蠲租稅，炎令度支御史按覆，以不實，罷爲大理卿。

炎之罷，盧杞引郢爲御史大夫，共謀炎罪。即逮捕河中觀察使趙惠伯下獄，楚掠慘棘，鍛成其罪，卒逐炎崖州，惠伯費州。天下以郢挾宰相報仇爲不直。然杞用郢敗炎，內忌郢才，因按蔡廷玉事，殺御史鄭詹，出郢爲費州刺史。道逢柩殯，問之，或曰：「趙惠伯之殯。」郢內慚，忽忽歲餘卒。

竇參字時中，刑部尚書誕四世孫。學律令，爲人矜嚴悻直，果於斷。以蔭累爲萬年尉。同舍當夕直者，聞親疾惶遽，參爲代之。會失囚，京兆按直簿劾其人，參曰：「彼以不及謁而往，參當坐。」乃貶江夏尉，人皆義之。遷奉先尉。男子曹芬兄弟隸北軍，醉暴其妹，父救不止，恚赴井死。參當兄弟重辟，衆請俟免喪，參曰：「父繇子死，若以喪延，是殺父不坐。」皆榜殺之，一縣畏伏。

進大理司直，按江淮獄揚州，節度使陳少游偃蹇不郊迎，遣軍吏致問，參厲辭譙讓，少游慚，往謁參，參不顧即去。婺州刺史鄧珽盜贓八千緡，宰相右珽，欲免輸其財，詔百官集尚書省議，多希意爲助，參獨持法，卒輸入之。遷監察御史。湖南判官馬彝發部令贓千萬，令之子因權幸誣奏彝，參往按，直其侵蟣。彝後佐曹王皋，以幹直聞者也。

入爲御史中丞，舉劾無所回忌。德宗數召見，語天下事，或決大議，帝器之。然多與宰相駁異，數爲排卻，卒無以傷。參由是無所憚，或率情制事矣。時定百官班稾，參嘗爲大理司直，故多其入，使在丞上。惡詹事李昪，抑其班在諸府少尹下。中外稍惡其專。

進兼戶部侍郎。民家生豕二首四足，有司欲以聞，參曰：「此乃豕禍。」屛不奏。陳少游死，子請襲封，參大署省門曰：「少游位將相，以艱危易節，上含垢不忍發，其息容得傳襲邪？」神策將軍孟華戰有功，或誣以反，龍武將軍李建玉陷吐蕃自拔歸，部曲告與虜通，皆論死。參悉治出之，人始屬望。

俄以中書侍郎同中書門下平章事，領度支、鹽鐵使。每延英對，它相罷，參必留，以度支爲言，實專政也。然參無學術，不能稽古立事，惟樹親黨，多所詗察，四方畏之。於是淄青李納厚饋參，外示嚴畏，實賂帝親近爲間，故左右爭毀短之。

申，其族子也，爲給事中，參親愛，每除吏多訪申，申因得招賂，漏禁密語，故申所至，人目爲「喜鵲」。帝聞，以戒參，且曰：「是必爲累，不如斥之。」參以情訴曰：「臣無彊子姓，申雖疏屬，無它惡。」帝曰：「而雖自保，如外言何？」參固陳丐。

初，陸贄與參不平，吳通玄兄弟皆在翰林，與贄軒輊不得，申甥嗣虢王則之與通微等善，遂共譖贄。帝得其姦，逐申爲道州司馬。不浹日，貶參郴州別駕。宣武劉士寧餉參絹五千，湖南觀察使李巽故與參隙，以狀聞，又中人爲之驗左，帝大怒，以爲外交戎臣，欲殺參。贄雖怨，然亦以殺之太重，乃貶驩州司馬，逐其息景伯于泉州，女尼于郴州，沒入貲產奴婢。帝又欲殺申、則之及屬人榮，贄固爭：「法有首從，首原則從減。榮與參雖善，然初無邪僻，數激憤有直言，晚頗疏忌，請貶榮遠官，申、則之除名流嶺南。」詔可。時宦侍謗沮不已，參竟賜死于邕州，年六十。而杖殺申，免榮死，諸竇並逐云。

吳通玄者，海州人，與弟通微皆博學善文章。父道瓘，以道士詔授太子諸王經，故通玄等皆得侍太子游，太子待之甚善。始，通玄舉神童，補祕書正字。又擢文辭清麗科，調同州司戶參軍。德宗立，弟兄踵召爲翰林學士。頃之，通微遷職方郎中，通玄起居舍人，並知制誥。凡帝有譔述，非通玄筆未嘗慊。

與陸贄、吉中孚、韋執誼並位。贄文高有謀，特爲帝器遇，且更險難，有功。通玄等特以東宮恩舊進，昵而不禮，見贄驟擢，頗娟恨。贄自恃勁正，屢短通玄於帝前，欲斥遠之，即建言：「承平時，工藝書畫之冗，皆待詔翰林而無學士，至德以來，命集賢學士入禁中草書詔，待進止於翰林院，因以名官。今四方無事，制書職分宜歸中書舍人，請罷學士。」帝不許。通玄怨日結，謀奪其內職。會贄權知兵部侍郎，主貢舉，乃命爲眞。貞元十年，通玄拜諫議大夫，自以久次，當得中書舍人，大怨望。贄與竇參交惡，參從子申從舅嗣虢王則之方爲金吾將軍，故申介之使結通玄兄弟，共危贄。而通玄以宗室女爲外婦，帝知，未及責。則之飛謗云：「贄試進士，受賄謝。」帝惡誣構，大怒，罷參宰相，逐則之昭州司馬，通玄泉州司馬。又銜涇汙近屬事，自詰之，不敢答，賜死長城驛。贄遂相矣。

通玄死，通微白衣待罪於門，帝宥之，內懼禍，不敢行喪服。

贊曰：元載、楊炎各以才資奮，適主暗庸，故致位輔相。若其翦闔尹，城原州以謀西夏，還左藏有司，一租賦以檢制有亡，誠有取焉。然載本與輔國以利合，險刻著諸心，谿壑之欲發乎無厭。炎率連載勢，興醜裔，秉國維綱，返爲載復讎，釋言於君，卒與妻子併誅，暴先骨，殛命于道，蓋自取之也。夫姦人多才，未始不爲患，故鄧舒以俊死，而鄧析以辯亡。若兩人者，所謂多才者邪！縉言福業報應，參得君自私，無可論者。易稱「鼎折足，其刑剭」，諒哉！

校勘記

〔一〕盧植以禘祭名　「植」，各本原作「損」。據冊府卷五九〇及全唐文卷四四六黎幹十詰十難改。

唐書卷一百四十六

列傳第七十一

李栖筠 吉甫 德脩 李鄘 磎

李栖筠字貞一，世爲趙人。幼孤。有遠度，莊重寡言，體貌軒特。喜書，多所通曉，爲文章勁迅有體要。不妄交游。族子華每稱有王佐才，士多慕向。始，居汲共城山下，華固請舉進士，俄擢高第。調冠氏主簿，太守李峴視若布衣交。遷安西封常淸節度府判官。常淸被召，表攝監察御史，爲行軍司馬。肅宗駐靈武，發安西兵，栖筠料精卒七千赴難，擢殿中侍御史。

李峴爲大夫，以三司按羣臣陷賊者，表栖筠爲詳理判官。推源其人所以脅汙者，輕重以情，悉心助峴，故峴愛恕之，謦一旦出呂諲、崔器上。三遷吏部員外郎，判南曹。時大盜後，選簿亡舛，多僞冒，栖筠判折有條，吏氣奪，號神明。遷山南防禦觀察使。會峴去相，栖筠坐所善，除太子中允，衆不直，改河南令。

李光弼守河陽，高其才，引爲行軍司馬，兼糧料使。改絳州刺史，擢累給事中。是時，楊綰以進士不鄉舉，但試辭賦浮文，非取士之實，請置五經、秀才科。詔羣臣議，栖筠與賈至、李廙以綰所言爲是。進工部侍郎。關中舊仰鄭、白二渠溉田，而豪戚壅上游取磑利，且百所，奪農用十七。栖筠請皆徹毀，歲得租二百萬，民賴其入，魁然有宰相望。元載忌之，出爲常州刺史。歲仍旱，編人死徙踵路，栖筠爲浚渠，厮江流灌田，遂大稔。宿賊張度保陽羨西山，累年吏討不克，至是發卒捕斬，支黨皆盡，里無吠狗。乃大起學校，堂上畫孝友傳示諸生，爲鄉飲酒禮，登歌降飲，人人知勸。以治行進銀青光祿大夫，封贊皇縣子，賜一子官。人爲刻石頌德。

蘇州豪士方清因歲凶誘流殍爲盜，積數萬，依黟、歙間，阻山自防，東南厭苦，詔李光弼分兵討平之。會平盧行軍司馬許杲恃功，擅留上元，有窺江、吳意，朝廷以創殘重起兵，即拜栖筠浙西都團練觀察使圖之。栖筠至，張設武備，遣辯士厚齎金幣抵杲軍賞勞，使士歆愛，奪其謀。杲懼，悉衆度江，掠楚、泗而潰。以功進兼御史大夫。則又增學廬，表宿儒河南褚沖、吳何員等，超拜學官爲之師，身執經問義，遠邇趨慕，至徒數百人。又奏部豪姓多徙貫京兆、河南，規脫傜科，請量産出賦，以杜姦謀。詔可。

元載當國久，益恣橫，代宗不能堪，陰引剛鯁大臣自助，欲收綱權以黜載。會御史大夫敬括卒，即召栖筠與河南尹張延賞，擇可爲大夫者。延賞先至，遂代括。會李少良、陸珽等上書劾載陰事，詔御史問狀，延賞稱疾，不敢鞫，少良、珽覆得罪死。帝殊失望，出延賞爲淮南節度使，引拜栖筠爲大夫。始，栖筠見帝，敷奏明辯，不阿附，帝心善之，故制麻自中以授，朝廷莫知也，中外竦眙。栖筠素方挺，無所屈。於是華原尉侯莫陳忦以優補長安尉，當參臺，栖筠物色其勞，忦色動，不能對，乃自言爲徐浩、杜濟、薛邕所引，非眞優也。始，浩罷嶺南節度使，以瓌貨數十萬餉載，而濟方爲京兆，邕吏部侍郎，三人者，皆載所厚，栖筠并劾之。帝未決。會月蝕，帝問其故，栖筠曰：「月蝕修刑，今罔上行私者未得，天若以儆陛下邪？」繇是忦等皆坐貶。故事，賜百官宴曲江，教坊倡顓雜侍，栖筠以任國風憲，獨不往，臺遂以爲法。

帝比比欲召相，憚載輒止。然有進用，皆密訪焉，多所補助。栖筠見帝猗違不斷，亦內憂憤，卒，年五十八，自爲墓誌。贈吏部尙書，謚曰文獻。

栖筠喜獎善，而樂人攻己短，爲天下士歸重，不敢有所斥，稱贊皇公云。

子吉甫。

吉甫字弘憲，以蔭補左司禦率府倉曹參軍。貞元初，爲太常博士，年尚少，明練典故。昭德皇后崩，自天寶後中宮虛，卹禮廢缺。吉甫草具其儀，德宗稱善。李泌、竇參器其才，厚遇之。陸贄疑有黨，出爲明州長史。贄之貶忠州，宰相欲害之，起吉甫爲忠州刺史，使甘心焉。既至，置怨，與結懽，人益重其量，坐是不徙者六歲。改郴、饒二州。會前刺史繼死，咸言牙城有物怪，不敢居。吉甫命菑除其署以視事，吏由是安。誅破姦盜窟穴，治稱流聞。

憲宗立，以考功郎中召，知制誥。俄入翰林爲學士，遷中書舍人。劉闢拒命，帝意討之，未決。吉甫獨請無置，宜絕朝貢以折姦謀。時李錡在浙西，厚賂貴幸，請用韓滉故事領鹽鐵，又求宣、歙。問吉甫，對曰：「昔韋皋蓄財多，故劉闢因以構亂。李錡不臣有萌，若益以鹽鐵之饒、采石之險，是趣其反也。」帝寤，乃以李巽爲鹽鐵使。高崇文圍鹿頭未下，嚴礪請出并州兵，與崇文趨果、閬，以攻渝、合，吉甫以爲非是，因言：「漢伐公孫述，晉伐李勢，宋伐譙縱，梁伐劉季連、蕭紀，凡五攻蜀，繇江道者四。且宣、洪、蘄、鄂彊弩，號天下精兵，爭險地兵家所長，請起其兵擣三峽之虛，則賊勢必分，首尾不救，崇文懼舟師成功，人有鬭志矣。」帝從之。礪復請大臣爲節度，吉甫諫曰：「崇文功且成，而又命帥，不復盡力矣。」因請以西川授崇文，而屬礪東川，益資、簡六州，使兩川得以相制。由是崇文悉力。劉闢平，吉甫謀居多。

吐蕃遣使請尋盟，吉甫議：「德宗初，未得南詔，故與吐蕃盟。自異牟尋歸國，吐蕃不敢犯塞，誠許盟，則南詔怨望，邊隙日生。」帝辭其使。復請獻濱塞亭障南北數千里求盟，吉甫謀曰：「邊境荒岨，犬牙相吞，邊吏按圖覆視，且不能知。今吐蕃縣山跨谷，以數番紙而圖千里，起靈武，著劍門，要險之地所亡二三百所，有得地之名，而實喪之，陛下將安用此？」帝乃詔謝贊普，不納。

張愔既得徐州，帝又欲以濠、泗二州還其軍，吉甫曰：「泗負淮，餉道所會，濠有渦口之險，前日授建封，幾失形勢。今愔乃兩廊壯士所立，雖有善意，未能制其衆。又使得淮、渦，阸東南走集，憂未艾也。」乃止。

中書史滑渙素厚中人劉光琦，凡宰相議爲光琦持異者，使渙請，常得如素。宦人傳詔，或不至中書，召渙於延英承旨，迎附羣意，卽爲文書，宰相至有不及知者。由是通四方賂謝，弟泳官至刺史。鄭餘慶當國，嘗一責怒，數日卽罷去。吉甫請間，劾其姦，帝使簿渙家，得貲數千萬，貶死雷州。又建言：「州刺史不得擅見本道使，罷諸道歲終巡句以絕苛斂，命有司舉材堪縣令者，軍國大事以寶書易墨詔。」由是帝愈倚信。

元和二年，杜黃裳罷宰相，乃擢吉甫中書侍郎、同中書門下平章事。吉甫連蹇外遷十餘年，究知閭里疾苦，常病方鎮彊恣，至是爲帝從容言：「使屬郡刺史得自爲政，則風化可成。」帝然之，出郎吏十餘人爲刺史。自王叔文時選任猥冒，吉甫始簿其員，人得敍進，官無留才。又度李錡必反，勸帝召之，使者三往，以病解，而多持金賂權貴，至爲錡游說者。吉甫曰：「錡，庸材，而所蓄乃亡命羣盜，非有鬭志，討之必克。」帝意決。復言：「昔徐州亂，嘗敗吳兵，江南畏之。若起其衆爲先鋒，可以絕徐後患。韓弘在汴州，多憚其威，誠詔弘子弟率兵爲掎角，則賊不戰而潰。」從之。詔下，錡衆聞徐、梁兵興，果斬錡降。以功封贊皇縣侯，徙趙國公。德宗以來，姑息藩鎮，有終身不易地者。吉甫爲相歲餘，凡易三十六鎮，殿最分明。

裴均以尚書右僕射判度支，結黨傾執政。會皇甫湜等對策，指摘權彊，用事者皆怒，帝亦不悅。均黨因宣言：「殆執政使然。」右拾遺獨孤郁、李正辭等陳述本末，帝乃解。吉甫本善竇羣、羊士諤、呂温，薦羣爲御史中丞。羣卽奏士諤侍御史，温知雜事。吉甫恨不先白，持之，久不決，羣等銜之。俄而吉甫病，醫者夜宿其第，羣捕醫者，劾吉甫交通術士。帝大駭，訊之無狀，羣等皆貶。而吉甫亦固乞免，因薦裴垍自代，乃以檢校兵部尚書、兼中書侍郎、同中書門下平章事，爲淮南節度使。帝爲御通化門祖道，賜御餌禁方。居三歲，奏蠲逋租數百萬，築富人、固本二塘，溉田且萬頃。漕渠庳下不能居水，乃築隄閼以防不足，洩有餘，名曰平津堰。江淮旱，浙東、西尤甚，有司不爲請，吉甫白以時救恤，帝驚，馳遣使分道賑貸。吉甫雖居外，每朝廷得失輒以聞。

六年，裴垍病免，復以前官召吉甫還秉政。入對延英，凡五刻罷。帝尊任之，官而不名。吉甫疾吏員廣，繇漢至隋，未有多於今者，乃奏曰：「方今置吏不精，流品龐雜，存無事之官，食至重之稅，故生人日困，冗食日滋。又國家自天寶以來，宿兵常八十餘萬，其去爲商販、度爲佛老、雜入科役者，率十五以上。天下常以勞苦之人三奉坐待衣食之人七。而內外官仰奉稟者，無慮萬員，有職局重出，名異事離者甚衆，故財日寡而受祿多，官有限而調無數。九流安得不雜？萬務安得不煩？漢初置郡不過六十，而文、景化幾三王，則郡少不必政紊，郡多不必事治。今列州三百、縣千四百，以邑設州，以鄉分縣，費廣制輕，非致化之本。願詔有司博議，州縣有可併併之，歲時入仕有可停停之，則吏寡易求，官少易治。國家之制，官一品，奉三千，職田祿米大抵不過千石。大曆時，權臣月奉至九千緡者，州刺史無大小皆千緡，宰相常衮始爲裁限，至李泌量閑劇稍增之，使相通濟。然有名在職廢，奉存額去，閑劇之間，厚薄頓異，亦請一切商定。」乃詔給事中段平仲、中書舍人韋貫之、兵部侍郎許孟容、戶部侍郎李絳參閱蠲減，凡省冗官八百員，吏千四百員。又奏收都畿佛祠田、磑租入，以寬貧民。

德宗時，義陽、義章二公主薨，詔起祠堂于墓百二十楹，費數萬計。會永昌公主薨，有司以請，帝命減義陽之半。吉甫曰：「德宗一切之恩，不可爲法。昔漢章帝欲起邑屋於親陵，東平王蒼以爲不可。故非禮之舉，人君所愼。請裁置墓戶，以充守奉。」帝曰：「吾固疑其冗，減之，今果然。然不欲取編民，以官戶奉墳而已。」吉甫再拜謝。帝曰：「事不安者弟言之，無謂朕不能行也。」十宅諸王既不出閤，諸女嫁不時，而選尙皆繇中人，厚爲財謝乃得遣。吉甫奏：「自古尙主必愼擇其人。江左悉取名士，獨近世不然。」帝乃下詔皆封縣主，令有司取門閥者配焉。

田季安疾甚，吉甫請任薛平爲義成節度使，以重兵控邢、洺，因圖上河北險要所在，帝張於浴堂門壁，每議河北事，必指吉甫曰：「朕日按圖，信如卿料矣。」劉澭舊軍屯普潤，數暴掠近縣，吉甫奏還涇原，畿民賴之。

八年，回鶻引兵自西城、柳谷侵吐蕃，塞下傳言且入寇。吉甫曰：「回鶻能爲我寇，當先絕和而後犯邊，今不足虞也。」因請起夏州至天德復驛候十一區，以通緩急；發夏州精騎五百屯經略故城，以護党項而已。既而果邊吏妄言。六胡州在靈武部中，開元時廢之，置宥州以處降戶，寓治經略軍，居中以制戎虜，北援天德，南接夏州。至德、寶應間，廢宥州，以軍遙隸靈武，道里曠遠，故党項孤弱，虜數擾之。吉甫始奏復宥州，乃治經略軍，以隸綏銀道，取鄜城神策屯兵九千實之。以江淮甲三十萬給太原、澤潞軍，增太原馬千匹。由是戎備完輯。

自蜀平，帝銳意欲取淮西。方吉甫在淮南，聞吳少陽立，上下攜泮，自請徙壽州，以天子命招懷之，反間以撓其黨，會討王承宗，未及用。後田弘正以魏歸，吉甫知魏人謂田進誠才，而唐州乃蔡喉衿，請拔進誠爲刺史，以臨賊境，且慰魏心。烏重胤守河陽，吉甫以汝州捍蔽東都，聯唐、許，當蔡西面，兵寡不足憚寇，而河陽乃魏博之津，弘正歸國，則爲內鎭，不宜戍重兵示不信，請徙屯汝州。帝皆從之。後弘正拜檢校尚書右僕射，賜其軍錢二千萬，弘正曰：「吾未喜於移河陽軍也。」及元濟擅立，吉甫以內地無脣齒援，因時可取，不當用河朔故事，與帝意合。又請自往招元濟，苟逆志不悛，得指授羣帥俘賊以獻天子。不許，固請至流涕，帝慰勉之。會暴疾卒，年五十七。帝震悼，賻外別賜縑五百卹其家，自大斂至卒哭，皆中人臨弔。吉甫圖淮西地，未及上，帝敕其子獻之。及葬，祭以少牢，贈司空。有司謚曰敬憲，度支郎中張仲方非之，帝怒，貶仲方，更賜謚曰忠懿。

始，吉甫當國，經綜政事，衆職咸治。引薦賢士大夫，愛善無遺，褒忠臣後，以起義烈。與武元衡連位，未幾節度劍南，屢言元衡材，宜還爲相。及再輔政，天下想望風采，而稍脩怨，罷李藩宰相，而裴垍左遷，皆其謀也。李正辭晚相失，及與蕭俛同召爲翰林學士，獨用俛而罷正辭，人莫不疑憚。帝亦知其專，乃進李絳，遂與有隙，數辯爭殿上，帝多直絳。然畏慎奉法，不忮害，顧大體。左拾遺楊歸厚嘗請對，日已旰，帝令它日見，固請不肯退。既見，極論中人許遂振之姦，又歷詆輔相，求自試，又表假郵置院具婚禮。帝怒其輕肆，欲遠斥之，李絳爲言，不能得。吉甫見帝，謝引用之非，帝意釋，得以國子主簿分司東都。初，政事堂會食，有巨牀，相傳徙者宰相輒罷，不敢遷，吉甫笑曰：「世俗禁忌，何足疑邪？」徹而新之。吉甫居安邑里，時號「安邑李丞相」。所論著甚多，皆行于世。前卒一歲，熒惑掩太微上相，吉甫曰：「天且殺我。」再遜位，不許。

子德脩，亦有志操，寶曆中爲膳部員外郎。張仲方入爲諫議大夫，德脩不欲同朝，出爲舒、湖、楚三州刺史，卒。

次子德裕，自有傳。

李鄘字建侯，北海太守邕之從孫。第進士，又以書判高等補祕書省正字。李懷光辟致幕府，擢累監察御史。懷光反河中，鄘與母、妻陷焉，因紿懷光以兄病臥洛且革，母欲往視；懷光許可，戒妻子無偕行。鄘私遣之，懷光怒，欲加罪，謝曰：「鄘籍在軍，不得爲母駕，奈何不使婦往？」懷光止不問。後與高郢刺賊虛實及所以攻取者，白諸朝，德宗手詔褒答。懷光覺，嚴兵召二人問之，鄘詞氣不撓，三軍爲感動，懷光不殺，囚之。河中平，馬燧破械致禮，表佐其府，以言不用，罷歸洛中。召爲吏部員外郎。

徐州張建封卒，兵亂，囚監軍，迫建封子愔主軍務。帝以鄘剛敢，拜宣慰使，持節直入其軍，大會士，喻以禍福，出監軍獄中，脫桎梏，使復位，衆不敢動。愔即上表謝罪，稱兵馬留後，鄘曰：「非詔命，安得輒稱之？」削去乃受。既還，稱旨，遷郎中。

順宗時，進御史中丞。憲宗立，爲京兆尹，進尚書右丞。元和初，京師多盜賊，復拜京兆。以檢校禮部尚書爲鳳翔、隴右節度使。是鎭常兼神策行營，前此用武將，始受詔，即詣軍修謁。鄘以爲不可，詔爲去神策行營號。俄徙河東，入爲刑部尚書、諸道鹽鐵轉運使。拜淮南節度使。王師討蔡方急，李師道謀撓沮之，鄘以兵二萬分壁鄆境，貲餉不仰有司。是時兵興，天子憂財乏，使程异馳驲江淮，諷諸道輸貨助軍。鄘素富彊，即籍府庫留一歲儲，餘盡納于朝，諸道由是悉索以獻，繄鄘倡之。

先是，吐突承璀爲監軍，貴寵甚，鄘以剛嚴治，相禮憚，稍厚善。承璀歸，數稱薦之，召拜門下侍郎、同中書門下平章事。鄘不喜由宦倖進，及出祖，樂作泣下，謂諸將曰：「吾老安外鎭，宰相豈吾任乎？」至京師，不肯視事，引疾固辭，改戶部尚書。俄檢校尚書左僕射，兼太子賓客，分司東都。以太子少傅致仕，卒，贈太子太保，謚曰肅。

鄜直無私，與楊憑、穆質、許孟容、王仲舒友善，皆以氣自任。而鄜當官，以峭法操下，所至稱治。猛決少恩，在淮南七年，其生殺禽擿，多委軍吏，而參佐束手不得與，人往往陷非法，議者亦以此少之。

子拭，仕歷宗正卿、京兆尹、河東鳳翔節度使，以祕書監卒。

拭子磎，字景望。大中末，擢進士，累遷戶部郎中，分司東都。劾奏內園使郝景全不法事，景全反摘磎奏犯順宗嫌名，坐奪俸。磎上言：「『因事告事，旁訟他人』者，咸通詔語也。禮，不諱嫌名；律，廟諱嫌名不坐。豈臣所引詔書而有司輒論奏？臣恐自今用格令者，委曲回避，旁緣爲姦也。」詔不奪俸。

黃巢陷洛，磎挾尙書八印走河陽，時留守劉允章爲賊脅，遣人就磎索印，拒不與。允章悟，亦不臣賊。嗣襄王之亂，轉側淮南，高駢受僞命，磎苦諫，不納。入爲中書舍人、翰林學士。辭職歸華陰，復以學士召。

乾寧元年，進禮部尙書、同中書門下平章事。崔昭緯素疾磎，諷劉崇魯掠其麻哭之，言：「磎懷姦，與中人楊復恭昵款，其弟爲時溥所殺，不可相天子。」翌日，下遷太子少傅。磎乃自言爲崇魯誣汙，書十一上不止。初，崇魯父坐受賕，仰藥死，故磎以醜語及之，議者譏其非大臣體。昭宗素所器遇，決意復用之，而李茂貞等上言深詆其非，帝不獲已，又罷爲太子少師。於是茂貞及王行瑜、韓建擁兵闕下，列磎罪，殺之于都亭驛。行瑜誅，有詔復官爵，贈司徒，謚曰文。

磎好學，家有書至萬卷，世號「李書樓」。所著文章及註解諸書傳甚多。

子沇，字東濟，有俊才，亦遇害，贈禮部員外郎。

贊曰：剛者天德，故孔子稱「剛近仁」。骨鯁四支，故君有忠臣，謂之骨鯁。若栖筠、鄘二子，其剛者歟！栖筠抗權邪，不及相；鄘得相，不顧拜。非剛，疇克勝之？吉甫踐天宰，謀謨是矣，而鯁正有愧於父云。

唐書卷一百四十七

列傳第七十二

王思禮　魯炅　王難得 用　辛雲京 京杲　旻　馮河清 姚況

李芃　李叔明 昇　曲環　王虔休　盧羣　李元素　盧士玫

王思禮，高麗人，入居營州。父爲朔方軍將。思禮習戰鬬，從王忠嗣至河西，與哥舒翰同籍麾下。翰爲隴右節度使，思禮與中郎將周佖事翰，以功授右衞將軍、關西兵馬使。從討九曲，後期當斬，臨刑，翰釋之，思禮徐曰：「死固分也，何復貸爲？」諸將壯之。天寶十三載，吐谷渾蘇毗王款附，詔翰至磨環川應接，思禮墜馬，蹇甚。翰謂監軍李大宜曰：「思禮跛足，尚欲何之？」俄加金城郡太守。

安祿山反，翰爲元帥，奏思禮赴軍，玄宗曰：「河、隴精銳，悉在潼關，吐蕃有釁，唯倚思禮耳。」翰固請，乃兼太常卿，充元帥府馬軍都將，翰委以軍事。密勸翰表誅楊國忠，翰不應；復請以三十騎劫至潼關殺之，翰曰：「此乃吾反，何與祿山事？」

潼關失守，思禮與呂崇賁、李承光同走行在，肅宗責不堅守，引至纛下將斬之。宰相房琯諫，以爲可收後効，遂獨斬承光，赦思禮等。尋副房琯戰便橋，不利，更爲關內行營節度、河西隴右伊西行營兵馬使，守武功。賊安守忠來戰，思禮退保扶風。賊分兵略大和關，去鳳翔五十里，李光進戰未利，行在戒嚴，從官潛出其孥，帝使左右巡御史虞侯識其姓名，衆稍稍止。命郭子儀以朔方兵擊之。會崔光遠行軍司馬王伯倫、判官李椿以兵二千屯扶風。聞賊已西，欲乘虛襲京師，徑至高陵。賊引軍還擊椿等，椿已至中渭橋，殺守者千人，進攻苑門。伯倫戰死，椿被執。先是，賊餘衆留武功，既傳官軍入京師，乃燒營遁，自是賊不敢西。

長安平，思禮先入淸宮；收東京，戰數有功。遷兵部尙書，封霍國公，食實戶五百。尋兼潞、沁等州節度。乾元元年，總關中、潞州行營兵三萬、騎八千，與子儀圍賊相州，軍潰，惟李光弼、思禮完軍還。尋破史思明別將萬餘衆於直千嶺。光弼徙河陽，代爲河東節度副大使。上元元年，加司空。自武德以來，三公不居宰輔，唯思禮而已。二年，薨，贈太尉，謚曰武烈。

思禮善守計，短攻戰。然持法嚴整，士不敢犯。在太原，器甲完精，儲粟至百萬斛云。

魯炅，幽州薊人。長七尺餘，略通書史。以蔭補左羽林長上。隴右節度使哥舒翰引爲別奏。顏眞卿嘗使隴右，謂翰曰：「君興郎將，總節制，亦嘗得人乎？」炅時立階下，翰指曰：「是當爲節度使。」從破石堡城，收河曲，遷左武衞將軍。後復以破吐蕃跳盪功，除右領軍大將軍。

安祿山反，拜上洛太守，將行，於帝前畫攻守勢，遷南陽太守，兼守捉防禦使，封金鄉公。尋爲山南節度使，以嶺南、黔中、山南東道子弟五萬屯淯水南。賊將武令珣、畢思琛等擊之，衆欲戰，炅不可。賊右趨，乘風縱火，鬱氣奔營，士不可止，負扉走，賊矢如雨，炅與中人薛道挺身走，舉衆沒賊。時嶺南節度使何履光、黔中節度使趙國珍、襄陽節度使徐浩未至，其子弟半在軍，挾金爲資糧，至是與械偕棄與山等，賊資以富。

炅挈散兵保南陽。潼關失守，賊使哥舒翰招下，不從，使武令珣攻之。令珣死，田承嗣繼往。潁川來瑱、襄陽魏仲犀合兵援炅。仲犀弟孟馴兵至明府橋，望賊走。炅城中食盡，米斗五十千，一鼠四百，餓者相枕藉。朝廷遣使者曹日昇宣慰，加炅特進、太僕卿，不得入。日昇請單騎致命，仲犀不可。會顏眞卿自河北至，謂曰：「使者不顧死，致天子命，設爲賊獲，是亡一使者；脫能入城，則萬心固矣。」中官馮廷瓌亦曰：「將軍必入，我請以兩騎助。」仲犀益騎凡十輩。賊望見，知皆銳兵，不敢擊，遂入致命，人心益固。日昇復以騎趨襄陽，領兵千，由音聲道運糧餉炅，故炅得與賊相持踰三月。炅被圍凡一年，晝夜戰，人至相食，卒無救。

至德二載五月，乃率衆突圍走襄陽。承嗣尾擊，炅殊死戰二日，斬獲甚衆，賊引去。俄拜御史大夫、襄鄧十州節度使。亦會二京平，賊走河北。時襄、漢數百里，鄉聚蕩然，舉無樵煙。初，賊欲剽亂江湖，賴炅適扼其衝，故南夏以完。策勳封岐國公，實封二百戶。

乾元元年，又加淮西節度、鄧州刺史。與九節度圍安慶緒於相州，炅領淮西、襄陽兩鎮步卒萬人、騎三百。明年，與史思明戰安陽，王師不利，炅中流矢，輒奔，諸節度潰去，所過剽奪，而炅軍尤甚。有詔來瑱節度淮西，徙炅鄭陳亳節度使。至新鄭，聞郭子儀整軍屯穀水，李光弼還太原，炅羞惴，仰藥死，年五十七。

王難得，沂州臨沂人。父思敬，少隸軍，試太子賓客。難得健于武，工騎射。

天寶初，爲河源軍使。吐蕃贊普子郎支都者，恃趫敏，乘名馬，寶鈿鞍，略陣挑戰，甚閑暇，無敢校者。難得怒，挾矛躍馬馳，支都不暇鬭，直斬其首。玄宗壯其果，召見，令殿前乘馬挾矛作刺賊狀，大悅，賜錦袍、金帶。累授金吾將軍。從哥舒翰擊吐蕃，至積石，虜吐谷渾王子悉弄參及悉頰藏而還。復收五橋，拔樹惇城，進白水軍使。收九曲，加特進。

肅宗在靈武，軍賞乏，難得上家貲助軍，試衞尉卿。俄領興平軍及鳳翔兵馬使，收京師。方戰，麾下士失馬，難得馳救，矢著眉，拔膚鄣目，乃拔箭斷膚，殊死前鬭，血幭面不已，帝嘉之。從郭子儀攻相州。累封琅邪郡公，爲英武軍使。寶應二年，卒，贈潞州大都督。

子子顏，少從父征討，檢校衞尉卿，生莊憲太后。元和元年，憲宗朝太后南宮，乃褒贈思敬爲司徒，難得太尉，子顏太師。唯子顏子用及封。

用字師柔。拜太子詹事，纔三月，封太原郡公，掌廄苑。累遷檢校左散騎常侍，兼右金吾大將軍。謙畏無過。卒，贈工部尚書。

辛雲京，蘭州金城人，客籍京兆，世爲將家。雲京有膽決，以禽生斬馘常冠軍，積功遷特進、太常卿。

史思明屯相州，雲京以銳兵四千襲滏陽，追破其衆，至浪井。錄多，授開府儀同三司，加代州都督、鎭北兵馬使。

太原軍亂，帝惡鄧景山繩下無漸，以雲京性沈毅，故授太原尹，進封金城郡王。雲京治謹于法，下有犯，雖絲毫比不肯貸，及賞功亦如之，故軍中畏而信。回紇恃舊勳，每入朝，所在暴鈔，至太原，雲京以戎狄待之，虜畏不敢惕息。數年，太原大治。加檢校尙書右僕射、同中書門下平章事。

大曆三年，檢校左僕射。卒，年五十五，代宗爲發哀流涕，贈太尉，謚曰忠獻。它日，郭子儀、元載見上，語及雲京，帝必泫然。及葬，命中使弔祠，時將相祭者至七十餘幄，喪車移晷乃得去。德宗時，第至德以來將相，雲京爲次。

從弟京杲，字京杲。信安王禕節度朔方，京杲與弟旻以策干說，禕評咨加異。後從李光弼出井陘，督趫盪先驅，戰嘉山尤力，肅宗異之，召見曰：「黥、彭、關、張之流乎！」累遷鴻臚卿，召爲英武軍使。代宗立，封肅國公，遷左金吾衞大將軍，進晉昌郡王，歷湖南觀察使，後爲工部尙書致仕。朱泚盜京師，以老病不能從，西嚮慟而卒，贈太子少保。

旻亦從光弼定恆、趙，後署太原三城使。史思明屯相，軍及滏陽，旻逆擊走之。東都陷，退守河陽，卒于屯。

雲京曾孫讜，別傳。

馮河清，京兆人。始隸郭子儀軍，以戰多拜左衞大將軍。後從涇原節度使馬璘，充兵馬使，數以偏師與吐蕃遇，多效級，名聞軍中。

建中時，節度使姚令言率兵討關東，以河清知留後，幕府殿中侍御史姚況領州；而行師過闕，有急變，德宗走奉天。河清、況聞問，召諸將計事，東向哭，相勵以忠，意象軒毅，衆義其爲，無敢異言，卽發儲鎧完仗百餘乘獻行在。初，帝之出，六軍蒼卒無良兵，士氣沮。及河清輸械至，被堅勒兵，軍聲大振。卽拜河清涇原節度使、安定郡王，況行軍司馬。朱泚數遣諜人訹之，河清輒斬以徇。

興元元年，渾瑊以吐蕃兵敗賊韓旻等，涇人妄傳吐蕃有功，將以叛卒孥與賞歸之，衆大恐，且言：「不殺馮公，吾等無類矣。」田希鑒遂害河清，況挺身還鄉里。

京師平，贈河清尚書左僕射，拜況太子中舍人。況性簡退，未嘗言功，屬歲凶，奉稍不自給，以飢死。河清再贈太子少傅。

李芃字茂初，趙州人。解褐上邽主簿。嚴武爲京兆尹，薦補長安尉。李勉觀察江西，表署判官。

永泰初，宣饒劇賊方清、陳莊西絕江，劫商旅爲亂，支黨槃結。芃請以秋浦置州，扼衿要，使不得合從。勉是其計，奏以宣之秋浦青陽、饒之至德置池州。卽詔芃行州事。後魏少游代勉，表署都團練副使，攝江州刺史。以母喪解。勉之節度永平，復辟幕府。會李靈耀反，署芃兼亳州防禦使，護陳、潁饟道，便軍興。

德宗立，授河陽三城鎭遏使。糧貲善者，必先以給士，士悅之。達練事宜，嚴備常若有敵。未幾，拜節度使，以東畿汜水等五縣隸屬。與馬燧等破田悅洹水上，以功檢校兵部尚書，實封百戶。進圍悅，悅將符璘以騎五百降，芃大開壁門納之。

興元初，檢校尚書右僕射。以疾將請老，謂所親曰：「歲方旱蝗，上厭征伐，天下城壘堅，戈鋋利，然務以力勝，其可盡乎？救敝者莫若德，方鎭之臣宜先退讓，死權錮祿，吾敢哉！言而不踐，非吾志也。」固求罷，歸東都。卒，年六十四，贈太子太保。

李叔明字晉，閬州新政人。本鮮于氏，世爲右族。兄仲通，字向，天寶末爲京兆尹、劍南節度使。兄弟皆涉學，輕財務施。

叔明擢明經，爲楊國忠劍南判官。乾元中，除司勳員外郎，副漢中王瑀使回紇，回紇遇瑀慢，叔明讓曰：「大國通好，使賢王持節。可汗，唐之婿，恃功而倨，可乎？」可汗爲加禮。復命，遷司門郎中。

東都平，拜洛陽令，招徠遺民，號能吏。擢商州刺史、上津轉運使。遷京兆尹，長安歌曰：「前尹赫赫，具瞻允若；後尹熙熙，具瞻允斯。」久之，以疾辭，除太子右庶子。崔旰擾成都，出爲邛州刺史。旰入朝，即拜東川節度使、遂州刺史，徙治梓州。

大曆末，或言叔明本嚴氏，少孤，養外家，冒鮮于姓，請還宗，詔可。叔明初不知，意醜之，表乞宗姓，列屬籍，代宗從之。

建中初，吐蕃襲火井，掠龍州，陷扶、文、遠三州。叔明分五將邀擊，走之，以功加檢校戶部尚書。梁崇義阻命，詔引兵下峽，戰荆門，敗其衆，襄州平，遷檢校尚書左僕射。德宗幸興元，出家貲助軍，悉衣幣獻宮掖，加太子太傅，封薊國公。初，東川承兵盜，鄉邑彫破，叔明治之二十年，撫接有方，華裔遂安。後朝京師，以病足，賜錦輦，令宦士肩舁以見，拜尚書右僕射。乞骸骨，改太子太傅致仕。貞元三年，卒，謚曰襄。始，叔明與仲通俱尹京兆，及兼秩御史中丞，並節制劍南，又與子昇俱兼大夫，蜀人推爲盛門。

叔明素惡道、佛之弊，上言曰：「佛，空寂無爲者也；道，清虛寡欲者也。今迷其內而飾其外，使農夫工女墮業以避役，故農桑不勸，兵賦日屈，國用軍儲爲斁耗。臣請本道定寺爲三等，觀爲二等，上寺留僧二十一，上觀道士十四，每等降殺以七，皆擇有行者，餘還爲民。」德宗善之，以爲不止本道，可爲天下法，乃下尚書省雜議。於是都官員外郎彭偃曰：「王者之政，變人心爲上，因人心次之，不變不因爲下。今道士有名亡實，俗鮮歸重，於亂政輕；僧尼帑穢，皆天下不逞，苟避征役，於亂人甚。今叔明之請雖善，然未能變人心，亦非因人心者。夫天生蒸人，必將有職；游閑浮食，王制所禁。故賢者受爵祿，不肖者出租稅，古常道也。今僧、道士不耕而食，不織而衣，一僧衣食，歲無慮三萬，五夫所不能致。舉一僧以計天下，其費不貲。臣謂僧、道士年未滿五十，可令歲輸絹四，尼及女官輸絹二，雜役與民同之；過五十者免。凡人年五十，嗜欲已衰，況有戒法以檢其性情哉！」刑部員外郎裴伯言曰：「衣者，蠶桑也；食者，耕農也；男女者，繼祖之重也。而二教悉禁，國家著令，又從而助之，是以夷狄不經法反制中夏禮義之俗也。傳曰：『女子十四有爲人母之道，四十九絕生育之理；男子十六有爲人父之道，六十四絕陽化之理。』臣請僧、道士一切限年六十四以上，尼、女官四十九以上，許終身在道，餘悉還爲編人，官爲計口授地，收廢寺觀以爲廬舍。」

議雖上，罷之。

子昇，以少卿從德宗梁州。叔明嚴敕以死報，故昇有功，擢禁軍將軍。貞元初，遷太子詹事。坐部國公主，貶羅州別駕。

叔明素豪侈，在蜀殖財，廣第舍田產。歿數年，子孫驕縱，貲產皆盡。世言多藏者以叔明爲鑒云。

曲環，陝州安邑人，客隴右。少喜兵法，資勇敢，善騎射。天寶中，從哥舒翰討吐蕃，拔石堡，取黃河九曲洪濟等城，授果毅別將。

安祿山反，從魯炅守鄧州，與賊武令珣戰尤力，加左淸道率。從李抱玉屯河陽。又自將兵守澤州，破賊銳將安曉，拜羽林將軍。與諸將討史朝義，平河北，累轉金吾大將軍。

大曆中，戍隴州，數破吐蕃，以功兼太常卿。德宗初，虜寇劍南，詔環以邠、隴兵五千馳救，收七盤城、威武軍、維茂等州，虜破走，威名大振，加太子賓客，賜名馬。豫討涇州劉文喜，遷開府儀同三司，封晉昌郡王，邠隴兵馬使。時李納逼徐州，環與劉玄佐救之，敗其衆，功最。建中三年，擢邠隴行營節度使。

李希烈陷汴州，環守寧陵，戰陳州，斬賊三萬五千級，禽其將翟崇暉，進檢校工部尚書，兼陳州刺史。希烈平，改陳許節度，賜封三百戶。二州比爲寇衝，民苦剽鹵，客他縣。環勤身節用，寬賦斂，簡條教，不三歲，歸者繈係。訓農治兵，穀食豐衍。轉檢校尚書左僕射。貞元十五年，卒，年七十四，贈司空。

王虔休字君佐，汝州梁人。少涉學，有材武，以信義爲鄉黨畏慕。大曆中，刺史李深署爲裨將。澤潞李抱眞聞其名，厚以幣招之，授兵馬使。抱眞討河北，戰雙岡、臨洺，虔休以多擢步軍都虞候，封同昌郡王，實封五十戶。抱眞卒，元仲經等謀樹其子緘，一軍思亂，虔休正色語衆曰：「軍，王軍；州，王土也。帥亡當稟天子，何云云有妄謀？」衆服其言，得不亂。德宗嘉之，以邕王爲昭義節度大使，擢虔休潞州左司馬，領留後。本名延貴，至是賜名。號令撫循，軍中大治。

初，抱眞之喪，軍司馬元誼據洺州叛，虔休遣將李廷芝討之，戰長橋，斬級數百；次雞澤，又破之。守戍皆奔魏博，卽決水灌城，將壞，遣掌書記盧頊入見誼，陳利害。誼請朝，卽以頊爲洺州別駕，使守洺。誼出，亦奔魏。

治潞二歲，遷昭義節度使，檢校工部尚書。始，屬城州縣守宰多署它職，不親政，故治荀簡。虔休忝增俸稟，遣就部，人以妥安。卒，年六十三，贈尚書左僕射，謚曰敬。

虔休性恪敏，節用度，旣沒，所部帑廩皆可支數歲。嘗得太常樂家劉玠撰繼天誕聖樂，因帝誕日以獻。其樂，以宮爲均，示五聲有君也；以土爲德，本五運在中也；奏二十五疊，取二十四氣而成一歲；奏十六節，象元、凱登庸于朝云。後中和樂本于此。

子麗成等十人，並補太學生。

盧羣字載初，系出范陽。少學於垂山，淮南陳少游聞其名，奏署幕府，已而薦諸朝。李希烈反，以監察御史爲江西行營糧料使。嗣曹王皐節度江西，奏爲判官。皐徙荆襄，皆從其府，以勁正聞。入爲侍御史。郭子儀家與嬖人張昆弟訟財不平，又言嬖人宅匿珍寶。德宗促按之。羣奏言：「子儀有大勳德，今所訟皆其家事，且嬖人宅，子儀昔畀之，非子弟所宜言，請赦勿問。」從之。人謂羣識大體。

累遷兵部郎中。淮西吳少誠擅決司洧水溉田，使者止之，不奉詔。命羣臨詰，少誠曰：

「是於人有利。」羣曰：「臣道貴順，恭恪所以爲順也。專命廢順，雖利何有？且怠於事上者，固不能責其下矣。」少誠聽命。羣又爲陳古今成敗事，逆順禍福皆有效，所以感動之，少誠竦然。既置酒，與賦詩，又歌以慰之。少誠感悅，不敢桀。以奉使稱旨，遷檢校祕書監、鄭滑節度行軍司馬。姚南仲入朝，即以羣代節度。羣嘗客于鄭，質良田以耕。至是則出券貸直，以田歸其人。卒，年五十九，贈工部尙書。

李元素字大朴，邢國公密裔孫，仕爲御史。東都留守杜亞惡大將令狐運，會盜劫輸絹於洛北，運適與其下畋近郊，亞疑而訊之。幕府穆員、張弘靖按鞫無狀，亞怒，更以愛將武金掠服之，死者甚衆。亞請斥運醜土，詔監察御史楊寧覆驗，事皆不讎。亞怒，劾寧罔上，寧抵罪。又自以不失盜爲功，因必其怒，傅致而周內之，若不可翻者。德宗信不疑，宰相難之。詔元素與刑部員外郎崔從質、大理司直盧士瞻馳按，亞迎，以獄告。元素徐察其冤，悉縱所囚以還。亞大驚，復劾元素失有罪。比元素還，帝已怒，奏獄未畢，帝曰：「出。」元素曰：「臣言有所未盡。」帝曰：「弟去。」元素曰：「臣以御史按獄，知冤不得盡辭，是無容復見陛下。」帝意解，即道運冤狀。帝感寤曰：「非卿，孰能辨之？」然運猶以擅捕人得罪，流歸州，死于貶。武金流建州。後歲餘，齊抗得眞盜，繇是天下重之。

遷給事中。後美官缺，咸冀元素得其處。會鄭滑節度使盧羣卒，拜元素檢校工部尚書節度其軍，治有異績。元和初，召爲御史大夫。大夫，自貞元後難其人不補，而元素以夙望召拜，中外企聽風采。既而一不建爲，容容持祿，內望作宰相。久之不見用，則謝賓客曰：「無以官散外我。」見屬吏輒先拜，人人失望。李錡反，拜浙西節度使。數月還，爲國子祭酒，進戶部尚書、判度支。

元素少孤，奉長姊謹悌，及沒，悲鯁成疾，因辭職屏居。其妻，石泉公王方慶之孫。前妻子皆不肖，而元素溺姬侍，王不見答。元素久疾，益昏惑，遂出之。王訴諸朝，詔免元素官，且令畀王貲五百萬。卒，贈陝州大都督。

盧士玫者，山東人。以文儒進，端厚無競。爲吏部員外郎，善于職。再遷知京兆尹。劉總入朝，與士玫故內姻，乃請析瀛、鄚兩州，用士玫爲觀察使。詔可。俄而幽州亂，朱克融襲之，朝廷欲重其任，就加節度使。士玫空家貲助軍，然部卒多家幽州，陰導克融入，故士玫闔府皆見囚幽州。天子赦克融，得還。以太子賓客分司東都，徐虢州刺史〔一〕，復爲賓客。卒，贈工部尚書。

校勘記

〔一〕徐虢州刺史　舊書卷一六二盧士玫傳作「旋除虢州刺史」。

唐書卷一百四十八

列傳第七十三

令狐彰 建 運 通　張孝忠 茂宗 茂昭 裴夷直 陳楚　康日知 志睦

承訓 李洧　劉澭　田弘正 布 牟　王承元　牛元翼 傅良弼

李寰 史孝章 憲忠

令狐彰字伯陽，京兆富平人，其先自燉煌內徙。父濞，爲世善吏。始，尉范陽，通民家女，生彰。罷歸，留彰母所。既長，志膽沈果，知書傳大義，射命中。從安祿山，署左衞郎將。與張通儒入長安，又署左街使。二京平，走河朔。史思明署博、滑二州刺史，屯滑臺。時中人楊萬定監滑州軍，彰欲以節自顯，募沒人夜度河，悉籍士馬州縣獻款，因萬定以聞。肅宗大悅，下書慰勞。彰移壁杏園渡，思明疑之，遣薛岌以兵劫彰。彰諭衆以大誼，皆感附死力，遂破岌兵，潰圍出，以麾下數百入朝，賜甲第、帷帳、什器，拜滑亳、魏博節度使。河朔平，加兼御史大夫，封霍國公，檢校尚書右僕射。

始，滑當寇衝，城邑墟榛，彰躬訓吏下，檢軍力農，法令嚴，無敢犯者。田疇大闢，庫委豐餘，歲時貢賦如期。時吐蕃盜邊，召防秋兵，彰遣士三千，自齎糧，所過無秋毫犯，供儗讓不受，時韙其能。然猜阻忮忍，忤者輒死。怒潁州刺史李岵，遣姚奭代之，戒曰：「不時代，殺之。」岵知其謀，因殺奭，死者百餘人，奔汴州，上書自言，彰亦劾之。河南尹張延賞畏彰，留岵使，故彰書先聞，斥岵夷州，殺之。與魚朝恩有隙，及用事，彰不敢入朝。

會母喪，失明，卒。方疾甚，敕子建、通、運歸東都私第，悉上軍府兵仗財用簿最，裴吏部尚書劉晏、工部尚書李勉堪大事，請以自代。代宗得表咨悼，下詔褒美其門閭，贈太傅。

建累官右龍武軍使。德宗幸奉天，建方肄士射，遂以四百人從，且殿。擢行在中軍鼓角使、左神武軍大將軍。其妻，成德節度使李寶臣女也，建將棄之，誣與門下客郭士倫通，榜殺士倫而逐其妻，士倫母痛憤卒。寶臣請劾按，無狀。建會赦免。帝取常膳錢五十萬葬士倫母子，并恤其家。俄起建爲右領軍大將軍。復坐專殺，以勳被貸。坐妄自陳，貶施州別駕，卒，贈右領軍大將軍，又加贈揚州大都督。

憲宗時，宰相李吉甫奏言：「彰將死，籍上土地兵甲，遣諸子還第，彰同時河朔諸鎮，傳子孫，熏灼數代，唯彰忠義奮發，而長子建坐事，幼子運無辜，皆竄死，今通幸存，惟陛下用之。」因授贊善大夫。時討蔡，故連徙壽州團練使。聞吉甫卒，不自安。每戰，虛張首級，敗則掩不奏。露布上，宰相武元衡劾之。後爲賊攻，焚廥聚，破屯栅，通大懼，重壍不敢出。詔金吾大將軍李文通宣慰，將至，遂代之。貶昭州司戶參軍事。久乃召爲右衞將軍，給事中崔植還其制，帝使喻植，以彰有功，不忍棄其嗣，制乃下。終左衞大將軍。

運爲東都留守將，爲杜亞所陷，流死歸州。

張孝忠字孝忠，本奚種，世爲乙失活酋長。父謐，開元中提衆納款，授鴻臚卿。孝忠始名阿勞，以勇聞，燕、趙間共推張阿勞、王沒諾干，二人齊名。沒諾干，王武俊也。孝忠魁偉，長六尺，性寬裕，事親孝。天寶末，以善射供奉仗內。安祿山奏爲偏將，破九姓突厥，以功擢淳源府折衝。祿山、史思明陷河、洛，常爲賊前鋒。

朝義敗，乃自歸，授左領軍將軍，以兵屬李寶臣。累加左金吾衞將軍，賜今名。寶臣以其沈毅謹詳，遂爲姻家，易州諸屯委以統制，十餘年，威惠流聞。田承嗣寇冀州，寶臣付兵四千，使出上谷，屯貝丘。承嗣見其軍整嚴，歎曰：「阿勞在焉，冀未可圖也。」即焚營去。寶臣與朱滔戰瓦橋，奏孝忠爲易州刺史，分精騎七千，當幽州。擢太子賓客，封符陽郡王〔二〕。

寶臣晚節稍忌刻，殺大將李獻誠等而召孝忠，孝忠不往，復使其弟孝節召之。孝忠復命曰：「諸將無狀，連頸受戮。吾懼禍，不敢往，亦不敢叛，猶公不覲天子也。」孝節泣曰：「即歸，且僇死。」孝忠曰：「偕往則并命，吾留，無患也。」果不敢殺。

然寶臣素善孝忠，及病不能語，以手指北而死。子惟岳擅立，詔朱滔以幽州兵討之。滔忌孝忠善戰，慮師出爲己患，使判官蔡雄往說曰：「惟岳孺子，弄兵拒命，吾奉詔伐罪，公乃宿將，安用助逆而不自求福也？今昭義、河東軍已破田悅，而淮西軍下襄陽，梁崇義尸出井中，斬漢江上者五千人，河南軍計日北首，趙、魏滅亡可見。公誠去逆蹈順，倡先歸國，可以建不世功。」孝忠然之，遣將程華報滔連和，遣易州錄事參軍事董稹入朝。德宗嘉之，擢孝忠檢校工部尙書、成德軍節度使，令與滔并力。孝忠子弟在恆州者皆死。孝忠重德滔，爲子茂和聘其女，締約益堅。

敗惟岳於束鹿，滔欲乘勝襲恆州，孝忠乃引軍西北，壁義豐。滔疑之，孝忠將佐諫曰：「尙書推赤心於朱司徒，可謂至矣。今逆賊已潰，元功不終，後且悔之。」孝忠曰：「本求破賊，賊已破矣，而恆州多宿將，迫之則死鬭，緩之則改圖。且滔言大而識淺，可以慮始，難與守成。故吾堅壁于此，以待賊之滅耳。」滔亦止屯束鹿。月餘，王武俊果斬惟岳以獻。已而定州刺史楊政義以州降孝忠，遂有易、定。時三分成德地，詔定州置軍，名義武，以孝忠爲節度、易定滄等州觀察使。

後滔與武俊叛，復遣蔡雄說之，答曰：「吾既爲唐臣，而天性樸彊，業已効忠，不復助惡矣。吾與武俊少相狎，然其心喜反覆，不可信。幸謝司徒，志鄙言。」滔復啖以金帛，皆不受。易、定介二鎮間，乃浚溝壘，脩器械，感厲將士，乘城固守。滔悉兵攻之，帝詔李晟、竇文場率師援孝忠，滔解去，遂全其軍。孝忠因與晟結婚。天子出奉天，孝忠遣將楊榮國以銳卒六百佐晟赴難，收京師。興元初，詔同中書門下平章事。

貞元二年，河北蝗，民餓死如積，孝忠與其下同粗淡，日膳裁豆䜺而已，人服其儉，推爲賢將。明年，檢校司空。詔其子茂宗尙義章公主，孝忠遣妻入朝，執親迎禮，賞賚甚厚。五年，爲將佐所惑，以兵襲蔚州，入之，奉詔還鎭。有司劾擅興，削司空。六年，還其官。卒，年六十二，追封上谷郡王，贈太師，謚曰貞武。

子茂昭、茂宗、茂和。

茂宗擢累光祿少卿、左衞將軍。元和中，歷閑廄使。初，至德時，西戎陷隴右，故隴右監及七廄皆廢，而閑廄私其地入，寶應初，始以其地給貧民。茂宗恃恩，奏悉收其賦，又奏取麟游岐陽牧地三百餘頃，民訴諸朝，詔監察御史孫革按行，還奏不可。茂宗負左右助，誣革所奏不實，復遣侍御史范傳式覆實，乃悉奪其田。長慶初，岐人列訴，下御史，盡以其地還民。寶歷初，遷兗海節度使。終左龍武統軍。

茂和歷左武衞將軍。裴度討蔡，奏爲都押衙。茂和數以膽勇求自試，謂度無功，辭不行。度請斬之以令軍，憲宗曰：「予以其家忠且孝，爲卿遠斥。」後終諸衞將軍。

茂昭本名昇雲，德宗時賜今名，字豐明。少沈毅，頗通書傳。孝忠時，累擢檢校工部尚書。孝忠卒，帝拜邕王謜爲義武軍節度大使〔三〕，以茂昭爲留後，封延德郡王。後二年，爲節度使。弟昇璘薄王武俊爲人，座上嫚罵，武俊怒，襲義豐、安喜、無極，掠萬餘人，茂昭嬰城，遣人厚謝，乃止。久之，入朝，爲帝從容言河朔事，帝竦聽，曰：「恨見卿晚！」召宴麟德殿，賜良馬、甲第、器幣優具，詔其子克禮尙晉康郡主。帝方倚之經置北方，會崩，故茂昭每入臨，輒哀不自勝。

順宗立，進同中書門下平章事，復遣之鎭，賜女樂二人，固辭，車至第門，茂昭引詔使辭曰：「天子女樂，非臣下所宜見。昔汾陽、咸寧、西平、北平皆有大功，故當是賜。今下臣述職以朝，奈何濫賞？後日有立功之臣，陛下何以加之？」復賜安仁里第，亦讓不受。憲宗元和二年，請朝，五奏乃聽。願留，不許，加兼太子太保。

旣還，王承宗叛，詔河東、河中、振武、義武合軍爲恆州北道招討，茂昭治廩廄，列亭候，平易道路，以待西軍。承宗以騎二萬踰木刀溝與王師薄戰，茂昭躬擐甲爲前鋒，令其子克讓、從子克儉與諸軍分左右翼繞賊，大敗之，承宗幾危。會有詔班師，加檢校太尉，兼太子太傅。

乃請舉宗還朝，表數上，帝乃許。北鎭遣客間說，皆不納。詔左庶子任迪簡爲行軍司馬，乘馹往代。茂昭奉兩州符節、管鑰、圖籍歸之。先敕妻子上道，戒曰：「吾使而曹出易，庶後世不爲汙俗所染。」未半道，迎拜兼中書令，充河中晉絳慈隰節度使。至京師，雙日開延英，對五刻罷。又表遷墳墓于京兆，許之。明年，疽發於首卒，年五十，册贈太師，謚曰獻武。帝思其忠，擢諸子皆要職，歲給絹二千匹。

少子克勤，開成中歷左武衞大將軍。有詔賜一子五品官，克勤以息幼，推與其甥，吏部員外郎裴夷直劾曰：「克勤骫有司法，引庇它族，開後日賣爵之端，不可許。」詔聽，遂著于令。

夷直字禮卿，亦婞亮，第進士，歷右拾遺，累進中書舍人。武宗立，夷直視册牒，不肯署，乃出爲杭州刺史，斥驩州司戶參軍。宣宗初內徙，復拜江、華等州刺史。終散騎常侍。

陳楚者，茂昭甥也，字材卿，定州人。有武幹，事茂昭，歷牙將，常統精卒從征伐。茂昭入朝，擢諸衞大將軍，封普寧郡王。元和末，義武節度使渾鎬喪師，定州亂，拜楚爲節度使，馳傳赴軍。及郊，無迎者，左右勸無入，楚曰：「定軍不來迎以試我。今不入，正墮計中。」乃冒雪行四十里，夜入其州，然軍校部伍，皆楚舊也，由是衆心乃定。徙河陽三城，入爲左羽林統軍，檢校司空。卒，年六十一，贈司空。

子君奕，亦至鳳翔節度使。

康日知，靈州人。祖植，當開元時，縛康待賓，平六胡州，玄宗召見，擢左武衞大將軍，封天山縣男。

日知少事李惟岳，擢累趙州刺史。惟岳叛，日知與別駕李濯及部將百人啐牲血共盟，固州自歸。惟岳怒，遣先鋒兵馬使王武俊攻之，日知使客謝武俊曰：「賊孱甚，安足共安危哉？吾城固士和，雖引歲未可下，且賊所恃者田悅耳，悅兵血巇邪，壕可浮，不能殘半堞，況吾城之完乎？」又紿爲臺檢示曰：「使者齎詔喻中丞，中丞奈何負天子，從小兒跳梁哉？」武俊悟，引兵還，斬惟岳以獻。德宗美其謀，擢爲深趙觀察使，賜實封戶二百。

會武俊拒命，遣將張鍾葵攻趙州，日知破之，上俘京師。興元元年，以深趙益成德，徙日知奉誠軍節度使，又徙晉絳，加累檢校尙書左僕射，封會稽郡王。貞元初卒，贈太子太師。

子志睦，字得衆。資趫偉，工馳射。隸右神策軍，遷累大將軍。討張韶，以多兼御史大夫，進平盧軍節度使。李同捷反，放兵略千乘，志睦挫其銳，不得逞，遂下蒲臺，盡奪其械。加檢校尙書左僕射。徙涇原，封會稽郡公。卒，年五十七，贈司空。

子承訓，字敬辭。推門功進累左神武軍將軍。宣宗擢爲天德軍防禦使，軍中馬乏，虜來戰，數負，承訓罷冗費，市馬益軍，軍乃奮張。始，党項破射鵰軍洛源鎮，悉俘其人，聞承訓威政，皆還俘不敢讐。詔檢校工部尚書，封會稽縣男，擢義武節度。

會南詔破安南，詔徙嶺南西道，城邕州，合容管經略使隸之，遂統諸軍行營兵馬。南詔深入，承訓分兵六道出以掩蠻，戰不利，士死十八，唯天平卒二千還屯，闔軍震。於是節度副使李行素完城不出，南詔圍之四日，或請夜出兵襲蠻，承訓意索，不聽。天平裨將陰募勇兒三百，夜縋燒蠻屯，斬首五百，南詔恐，明日解而去。承訓謬言大破賊，告于朝，羣臣皆賀，加檢校尚書右僕射，籍子弟姻昵冒賞，而士不及，怨言嚾流。嶺南東道節度使韋宙白狀宰相，承訓慚，移疾，授右武衞大將軍，分司東都。

咸通中，南詔復盜邊。武寧兵七百戍桂州，六歲不得代，列校許佶、趙可立因衆怒殺都將，詣監軍使丐糧鎧北還，不許，卽擅斧庫，劫戰械，推糧料判官龐勛爲長，勒衆上道。懿宗遣中人張敬思部送，詔本道觀察使崔彥曾慰安之。次潭州，監軍詭奪其兵，勛畏必誅，篡舟循江下，益裒兵，招亡命，收銀刀亡卒艚匿之。及徐城，謀曰：「吾等叩城大呼，衆必應，前日賞緡五十萬可得也。」衆喜。牙健趙武等欲亡，勛斬首送彥曾曰：「此搖亂者。」彥曾不能詰。勛怨都押衙尹戡、教練使杜璋、兵馬使徐行儉，又使白彥曾曰：「士負罪，不敢釋甲，請爲二屯。」且白退戡等。府屬温廷皓謂彥曾曰：「勛擅委戍，一可殺。專兵大將，二可殺。私置兵，三可殺。士不子弟卽父兄，振袂而唱，內外必應，銀刀亡命復在其中，四可殺。請分兩營，脅去三將，五可殺。」彥曾謂然。乃禡纛黃堂前，選兵三千授都虞候元密。屯任山，須勛至劫取之，遣邏子贏服覘賊。比暮，勛至，捕覘者，知其謀，卽藉偶人，剚虛幟，而詭路襲苻離。密久乃寤，回屯城南。勛與宿將喬翔戰睢河，翔大敗，攝太守焦璐遁去。勛入據州，自稱兵馬留後。

初，璐決汴水，絕勛北道，水未至，勛度，比密兵攻宿，水大至，涉而傅城，不克攻。勛劫百艘運糧趨泗州，留婦弱持陬。翌日，密覺，追之，士未食。賊伏兵于舟而陣汴上，軍見密皆走。密追躡，伏發，夾攻之，密敗，衆殲。遂入徐州，囚彥曾及官屬，殺尹戡等。又徇下邳、漣水、宿遷、臨淮、蘄、虹諸縣，皆下。遣僞將屯柳子，屯豐，屯滕，屯沛，屯蕭，以張其軍，乃露章求節度使。

有周重者，隱濠、泗間，號有謀，勛迎爲上客，問策所出，因敎勛：「赦囚徒，據揚州，北收兗、鄆，西舉汴、宋，東掠青、齊，拓境大河，食敖倉，可以持久。」勛無雄才，不納。僞將劉行及攻濠州，執刺史盧望回，自稱刺史。帝遣中人康道隱宣慰徐州，勛郊迎，旗鎧矛戟亙三十里，使騎鳴鼙角，聲動山谷。置酒毬場，引道隱閱其衆，紿爲賊來降六十人，妄戮平民，上首級夸勝。道隱還，固求節度。卽殘魚臺、金鄉、碭山、單父十餘縣，斬官吏，出金帛募兵，游民多從之。

帝乃拜承訓檢校尚書右僕射、義成軍節度使、徐泗行營都招討使，以神武大將軍王晏權爲武寧軍節度使、北面行營招討使，羽林將軍戴可師爲南面行營招討使，率魏博、鄜延、義武、鳳翔、沙陀、吐渾兵二十萬討之。

勛好鬼道，有言漢高祖廟夜閱兵，人馬流汗，勛日往請命。巫言毬場有隱龍，得之可戰勝，勛大役徒鑿地，不能得。賊將李圓、劉佶攻泗，歐宗、丁從實分徇舒、廬、壽、沂、海。諸道兵屯海州，度賊至，作機橋，維以長絙，賊半度，絙絕，士溺死，度者不得戰，殲之。賊別取和州，破沭陽、下蔡、烏江、巢諸縣，揚州大恐，民悉度江。淮南節度使令狐綯移書陳禍福，許助求節度，勛按甲聽命。淮南合宣、潤兵戍都梁山。勛夜度淮，遲曙薄壘，賊將劉行立、王弘立與勛合，敗淮南將李湘，屯淮口，劫盱眙。帝又詔將軍宋威與淮南并力。

承訓屯新興，賊挑戰，時諸道兵未集，承訓帳下纔萬人，退壁宋州。勛益驕。光、蔡鉅賊陷滁州，殺刺史高錫望應勛。戴可師引兵三萬奪淮口，圍勛都梁山下，降其衆。可師恃勝不戒，弘立以兵襲之，可師不克陣而潰，士溺淮死，逸者數百人，賊取可師首傳徐州。詔以馬士舉爲淮南節度使、南面行營諸軍都統，馳傳入揚州。士舉曰：「城堅士多，賊何能爲？」衆稍安。始，帝以晏權故智興子，節度武寧，欲以怖賊。及是，返爲賊困，不敢戰，乃更以隴州刺史曹翔爲兗海節度、北面都統招討使，屯滕、沛，魏博將薛尤屯蕭、豐。

賊首孟敬文欲絕勛自立，陰刻鑑爲文曰「天口云云，錫爾將軍」，夜瘞之野，耕者得之以獻，衆駭異，乃齋三日授之。勛知其謀，使人襲殺之。

於是承訓屯柳子右，夾汴築壘，連屬一舍。勛籍城中兵，止三千，劫民授甲，皆穿窟穴遁去。王弘立度睢，圍新興、鹿塘。承訓縱沙陀騎躪之，弘立走，士赴水死，自鹿塘屬襄城，伏尸五十里，斬首二萬，獲器鎧不貲。承訓攻柳子，姚周度水戰，又敗，乘風火賊，周提餘卒去，沙陀躡之，及芳亭，死者枕藉，斬劉豐，而周以十騎走宿州，守將斬之。勛懼，乃害崔彥曾等，謂其下曰：「上不許我節度，與諸君眞反矣。」大索兵，得三萬。許佶、趙可立勸勛稱「天冊將軍」，勛謁漢高祖廟受命，以其父擧直爲大司馬，守徐州。或曰：「方大事，不可私于父，失上下序。」擧直乃拜于廷，勛坐受之。引兵救豐，刻木作婦人，衣絳被髮，軍過，斫而火之，乃行。勛夜入城，外不知。勛出銳軍擊援屯，魏博軍知勛自將，驚而潰。賊以所得送徐州以夸下。曹翔退保兗州。勛欲乘勝攻承訓，或曰：「今北兵敗，西軍搖，不足虞也。方蠶月，宜息衆力農，至秋士馬彊，決可以取勝。」擧直曰：「時不重得，願將軍無縱敵。」勛曰：「然。」時承訓方攻臨渙，聞勛計，追還兵仗以待。勛軍皆市人，囂而狂，未陣卽奔，相蹈藉死者四萬。勛釋甲服垢襦脫，收夷痕士三千以歸，遣張行實屯第城。馬士擧救泗州，賊解去，進攻賊濠州。是時，又詔黔中觀察使秦匡謀討賊，下招義、鍾離、定遠。勛遣吳迥屯北津援濠，士擧銳兵度淮，盡碎其營。初，勛之遁，懼衆不軍，妄言有神諄野中曰：「天符下，國兵休。」勛使下相語，符未降，故敗北津。

帝恨魏博軍不勝，以宋威爲西北面招討使，率兵三萬屯蕭、豐，約勛：「降者當赦之。」始，宿鄙人劉洪者，被黃袍，白馬，使人封檄叩觀察府曰：「我當王徐。」崔彥曾斬之，遺黨匿山谷，欲附勛，承訓喩降之。王師破臨渙，斬萬級，收襄城、留武、小睢諸壁。曹翔下滕，賊將以蘄、沛降，賊李直奔入徐州。翔又破豐、徐城、下邳，賊益蹙。

勛以張玄稔守宿州，張儒、劉景助之，自稱統軍，列壁相望。承訓拔第城，張行實奔宿州，承訓遂圍宿州。行實敎勛：「官軍盡銳于此，西鄙虛單，將軍直擣宋、亳，出不意，宿圍自解。」勛喜，引而西，使擧直、許佶守徐。承訓攻敗，十遇皆勝。遣辯士以威動玄稔。玄稔，賊重將也，以帛書射城外，約誅勛自歸，使張皋獻期。俄與二將會柳溪，伏士於旁，玄稔馳騎譟曰：「龐勛首已梟僕射寨矣！」伏興，斬劉景、張儒。玄稔率諸將肉袒見承訓，自陳陷賊不早奮，久暴王師，願禽賊贖死。承訓許之。復請詐爲潰軍劫苻離。苻離不知，內之，已入，卽斬守將，得兵萬人，北攻徐州。許佶等不敢出。玄稔環城，彥曾故吏路審中啓白門內玄稔兵，許佶等啓北門走，玄稔身追之，士大崩，皆赴水死，斬畢直、許佶、李直等，收叛卒親族悉夷之。

勛聞徐已拔，氣喪，無顧賴，衆尚二萬，自石山而西，所在焚掠。承訓悉兵八萬逐北，沙陀將朱耶赤衷急追至宋州，勛焚南城，爲刺史鄭處沖所破，將南趨亳，承訓兵循渙而東，賊走蘄縣，官兵斷橋，不及濟，承訓乃縱擊之，斬首萬級，餘皆溺死。閱三日，得勛尸。斬其子於京師。吳迥守濠州，糧盡食人，驅女孺運薪塞隍，并塡之，整旅而行，馬士舉斬以獻。勛之始得徐州，貲儲蕩然，乃四出剽取，男子十五以上皆執兵，舒鉏鉤爲兵，號「霍錐」，破十餘州，凡二歲滅。

詔擢張玄稔右驍衞大將軍，承訓遷檢校左僕射、同中書門下平章事，徙節河東。於是宰相路巖、韋保衡劾承訓討賊逗撓，貪虜獲，不時上功。貶蜀王傅，分司東都。再貶恩州司馬。僖宗立，授左千牛衞大將軍。卒，年六十六。

子傳業，嘗從父征伐，終鄜坊節度使。

李洧者，淄靑節度使正己從父兄也。始，署徐州刺史。建中初，正己卒，子納叛，攻宋州，洧挈州自歸，加兼御史大夫，封潮陽郡王，實封戶二百，充招諭使。初，洧遣巡官崔程入朝，且白宰相：「徐州不足獨抗賊，得海、沂爲節度，可與成功。洧素與二州刺史有約，且不肯爲賊守。」程先咨張鎰，而盧杞怒不先白，故洧請中格。及納攻徐，劉玄佐與諸將擊退之。旣賊方張，乃加洧徐海沂密觀察使。時海、密爲賊守，不受命，洧未有以取之。遷檢校戶部尚書。會疽發背，少間，肩輿過市，市人叫歡，洧驚，疽潰卒，贈尚書左僕射。以洧將高承宗代之。

其弟淡，險人也，恥居下，陰約納攻徐爲內應，幷說滕將翟濟，濟執以聞。擢濟沂州刺史。召淡入京師，以洧赦不罪。

劉澭，盧龍節度使怦之次子，濟母弟也。涉書史，有材武，好施愛士，能得人死力。始事朱滔，常陳君臣大分，裁抑其凶。及怦得幽州，不三月病且死，澭侍湯液未嘗離，輒以父命召濟於莫州，濟嗣總軍事，故德澭之讓，以爲瀛州刺史，有如不諱，許代己。久之，濟自用其子爲副大使，澭不能無恨，因請以所部爲天子戍隴，悉發其兵千五百馳歸京師，無一卒敢違令者。德宗甚寵之，拜秦州刺史，屯普潤。軍中不設音樂。士卒病，親存問所欲，不幸死，哭之。

憲宗立，方士羅令則詣漼營，妄言廢立以動漼，命繫之，辭曰：「吾之黨甚衆，公無囚我，約大行梓宮發兵，無不濟。」漼械送闕下，殺之。錄功，號其軍曰保義。蕃戎畏懾，不敢入寇。常慨然有復河湟志，屢爲朝廷言之，未見省。封累彭城郡公。及病，籍士馬求代。旣還，卒于道，年四十九，贈尚書右僕射，謚曰景。

田弘正字安道。

父廷玠，尙儒學，不樂軍旅，與承嗣爲從昆弟，仕爲平舒丞，遷樂壽、淸池、東城、河間四縣令，以治稱。遷滄州刺史。李寶臣、朱滔與承嗣不協，合兵圍滄州，廷玠固守連年，食雖盡無叛者。朝廷嘉其節，徙相州。承嗣盜磁、相，廷玠無所回染。及悅代立，忌廷玠之正，召爲節度副使。廷玠至，讓悅曰：「而承伯父緖業，當守朝廷法度以保富貴，何苦與恆、鄆爲叛臣？自兵興來，叛天子能完宗族者誰邪？而志不悛，盍殺我，無令我見田氏血汙人刀也！」遂稱疾不出。悅過謝之，杜門不納，憤而卒。

弘正幼通兵法，善騎射，承嗣愛之，以爲必興吾宗，名之曰興。季安時，爲衙內兵馬使、同節度副使，封沂國公。季安侈汰，銳殺罰，弘正從容規切，軍中賴之，翕然歸重。季安內忌，出爲臨淸鎭將，欲因罪誅之。弘正陽痺痼，臥家不出，乃免。季安死，子懷諫襲節度，召還舊職。

懷諫委政於家奴蔣士則，措置不平，衆怒，咸曰：「兵馬使吾帥也。」牙兵卽詣其家迎之，弘正拒不納，衆譟于門，弘正出，衆拜之，脅還府，弘正頓于地，度不免，卽令于軍曰：「爾屬不以吾不肖，使主軍，今與公等約，能聽命否？」皆曰：「惟公命。」因曰：「吾欲守天子法，舉六州版籍請吏于朝，苟天子未命，敢有請吾旃節者死，殺人及掠人者死。」皆曰：「諾。」遂到府，殺士則及支黨十餘人。於是圖魏、博、相、衞、貝、澶之地，籍其人以獻，不敢署僚屬，而待王官。

先時，諸將出屯，質妻子，里民不得相往來。弘正悉除其禁，聽民通饋謝慶弔。服玩僭侈者，卽日徹毀之。承嗣時，正寢華顯，弘正避不敢居，更就採訪使堂皇聽事。幽、恆、鄆、蔡大懼，遣客鐫說鉤染，弘正皆拒遣之。憲宗美其誠，詔檢校工部尙書，充魏博節度使。又遣司封郎中知制誥裴度宣慰，賚其軍錢百五十萬緡，六州民給復一年，赦見囚，存問高年、惸獨、廢疾不能自存者。度明辯，具陳朝廷厚意，弘正不覺自失，乃深相結納，奉上益謹。復請度徧行其部，宣示天子恩詔。因令節度僉謀布衣崔懽奉表陳謝，且言：「天寶以來，山東輿壤，化爲戎墟，官封世襲，刑賞自出，國家含垢，垂六十年。臣若假天之齡，奉陛下宸算，冀道揚太和，洗濯僞風，然後退歸丘園，避賢者路，死不恨。」制詔褒答，且賜今名，錫與踵塗。

天子討蔡，弘正遣子布以兵三千進戰，數有功。李師道疑其襲己，不敢顯助蔡，故元濟失援，王師得致誅焉。王承宗叛，詔弘正以全師壓境，破其衆南宮，承宗懼，歸窮於弘正，弘正表諸朝，遂獻德、棣二州以謝，納二子爲質。

俄而李師道拒命，詔弘正與宣武等五節度兵進討。弘正自楊劉度河，距鄆四十里堅壁；師道大將劉悟率精兵屯河東。戰陽穀，再遇再北，斬萬餘級，賊勢蹙。悟乃反兵，斬師道首，詣弘正降，取十有二州以獻。初，悟既平賊，大張飲軍中，凡三日，設角觝戲，引魏博使至廷以爲歡，悟盱衡攘臂助其決，坐中皆憚悟勇。客有白弘正者，弘正曰：「鄆士疲於戰，瘡者未起，悟當卹亡弔乏，慰士大夫心，奈何取快目前邪？吾奉詔按軍，伺悟去就，今知其無能爲也。」既而詔悟爲義成軍節度使，狼狽上道，時稱知悟之明。

以功加弘正檢校司徒、同中書門下平章事。是歲來朝，對麟德殿，眷勞殊等；引見僚佐將校二百餘人，皆有班賜；進兼侍中，實封戶三百；擢其兄融爲太子賓客、東都留司。弘正數上表固請留闕下，帝勞曰：「昨韓弘以疾辭不就軍，朕既從之矣，今卿復爾，我不應違。但魏人樂卿之政，四鄰畏卿之威，爲朕長城，又安用辭？」弘正遂還。常欲變山東承襲舊風，故悉遣子姓仕朝廷，帝皆擢任之，朱紫滿門，榮冠當時。

穆宗立，王承元以成德軍請帥，帝詔弘正兼中書令，爲節度使。弘正以新與鎭人戰，有父兄怨，取魏兵二千自衞，入其軍。時天子賜錢一百萬緡，不時至，軍有怨言，弘正親加撫喩乃安。仍請留魏兵爲紀綱，以持衆心，度支崔倰吝其稟，沮卻之。長慶元年七月，歸衞卒於魏，是月軍亂，并家屬將吏三百餘人皆遇害，年五十八。帝聞震悼，册贈太尉，謚曰忠愍。

弘正幼孤，事融甚謹，軍中嘗分曹習射，弘正注矢聯中，融退，抶怒之，故當季安猜暴時能自全。及爲軍中推迫，融不悅曰：「爾竟不自晦，取禍之道也。」朝廷知其友愛，詔拜相州刺史，賜金紫，不欲其相遠也。

弘正性忠孝，好功名，起樓聚書萬餘卷，通春秋左氏，與賓屬講論終日，客爲著沂公史例行于世。

弘正之禍也，其判官劉茂復獨免，士相戒曰：「是人議事盡忠，遇吾等信，敢干其家者共殺之。」

弘正子布、羣、牟。

布字敦禮，幼機悟。弘正戍臨淸，布知季安且危，密白父，請以衆歸朝，弘正奇之。及得魏，使布總親兵。王師誅蔡，以軍隸嚴綬，屯唐州。帝以布大臣子，或有罪，且橈法，弘正請以董晥代，而士卒愛布願留，帝乃止。凡十八戰，破淩雲柵，下郾城，以功授御史中丞。裴度輕出觀兵沱口，賊將董重質以奇兵掩擊，布伏騎數百突出薄之，諸軍繼至，賊驚引還。蔡平，入爲左金吾衞將軍。諫官嘗論事帝前，同列將麾却之，布止曰：「使天子容直臣，毋輕進。」弘正徙成德，以布爲河陽節度使，父子同日受命。時韓弘與子公武亦皆領節度，而天下以忠義多田氏。布所至，必省冗將，募戰卒，寬賦勸穡，人皆安之。長慶初，徙涇原。

弘正遇害，魏博節度使李愬病不能軍，公卿議以魏彊而鎭弱，且魏人素德弘正，以布之賢而世其官，可以成功。穆宗遽召布，解縗拜檢校工部尙書、魏博節度使，乘傳以行。布號泣固辭，不聽；乃出伎樂，與妻子賓客決曰：「吾不還矣！」未至魏三十里，跣行被髮，號哭而入，居堊室，屏節旄。凡將士老者，兄事之。祿奉月百萬，一不入私門，又發家錢十餘萬緡頒士卒。以牙將史憲誠出麾下可任，乃委以精銳。時中人屢趣戰，而度支饋餉不繼，布輒以六州租賦給軍。引兵三萬進屯南宮，破賊二壘。

於是朱克融據幽州，與王廷湊脣齒。河朔三鎭舊連衡，桀驁自私，而憲誠蓄異志，陰欲乘釁，又魏軍驕，憚格戰，會大雪，師寒糧乏，軍中謗曰：「它日用兵，團粒米盡仰朝廷。今六州刮肉與鎮、冀角死生，雖尙書瘠己肥國，魏人何罪？」憲誠得間，因以搖亂。會有詔分布軍合李光顏救深州，兵怒，不肯東，衆遂潰，皆歸憲誠，唯中軍不動。布以中軍還魏。

明日，會諸將議事，衆譁曰：「公能行河朔舊事，則生死從公，不然，不可以戰。」布度衆且亂，歎曰：「功無成矣！」卽爲書謝帝曰：「臣觀衆意，終且負國。臣無功，不敢忘死。願速救元翼，毋使忠臣義士塗炭於河朔。」哭授其從事李石訖，乃入，至几筵，引刀刺心曰：「上以謝君父，下以示三軍。」言訖而絕，年三十八，贈尙書右僕射，謚曰孝。

子鐬，宣宗時歷銀州刺史，坐以私鎧易邊馬論死，宰相崔鉉奏布死節於國，可貸鐬以勸忠烈，故貶爲州司馬。

羣，會昌中歷蔡州刺史，坐贓且抵死，兄肇聞之，不食卒。宰相李德裕奏：「漢河間人尹次、潁川人史玉坐殺人當死，次兄初、玉母渾詣官請代，因縊物故，於時皆赦其死。」於是武宗詔減死一等。

牟寬厚明吏治，爲神策大將軍。開成初，鹽州刺史王宰失羌人之和，詔牟代之。累遷鄜坊節度使，再徙天平，三爲武寧，一爲靈武軍，官至檢校尚書左僕射，卒。諸子皆有方面功，以忠義爲當世所高。

王承元者，承宗弟也。有沈謀。年十六，勸承宗亟引兵共討李師道，承宗少之，不用，然軍中往往指目之。承宗死，未發喪，大將謀取帥它姓。參謀崔燧與諸校計，以祖母涼國夫人李命承元嗣。承元泣且拜，不受，諸將牢請，承元曰：「上使中貴人監軍，盍先請？」監軍至，又如命，乃謝曰：「諸君不忘王氏以及孺子，苟有令，其從我乎？」衆曰：「惟所命。」乃視事牙闥之偏，約左右不得稱留後，事一關參佐，密表請帥于朝。穆宗詔起居舍人柏耆宣慰。授承元檢校工部尚書、義成軍節度使。北鎭以兩河故事脅誘，承元不納，諸將皆悔。耆至，士哭于軍，承元令曰：「諸君不欲我去，意固善。雖然，格天子詔，我獲罪奈何？前李師道有詔赦死，欲舉族西，諸將止弗遣，他日乃共殺之。今君等幸置我，無與師道比。」乃偏拜諸將，諸將語塞。承元卽出家貲盡賜之，斬不從命者十輩，軍乃定。於是諫議大夫鄭覃宣慰，賜其軍錢百萬緡，赦囚徒，問孤獨、廢疾不能自存者粟帛有差。

承元去鎭，左右裒器幣自隨，承元使空褚毋留。入朝，昆弟拜刺史者四人，位于朝者四十人。祖母入見，帝命中宮禮賚異等。徙承元鄜坊丹延節度。俄徙鳳翔。鳳翔右袤涇、原，地平少巖險，吐蕃數入盜。承元據勝地爲鄣，置守兵千，詔號臨汧城。府郛左百賈州聚，異時爲虜剽奪，至燎烽相警，承元版堞繚之，人乃告安。以勞封岐國公。大和初，祖母喪，詔曰：「武俊當橫流時，拯定奔潰，功在史官。今李不幸，贈卹宜加厚。」且給儀仗以葬。

五年，徙節平盧、淄靑。始，鹽禁未嘗行兩河，承元請歸有司，由是兗、鄆諸鎭皆奉法。承元資仁裕，所至愛利。卒，年三十三，贈司徒。

牛元翼，趙州人。材果而謀。王承宗時倚其計爲彊雄，與傅良弼二人冠諸將。王廷湊叛，穆宗以元翼在成德，名出廷湊遠甚，自深州刺史擢爲深冀節度使，以攜其軍。廷湊怒，遣部將王位以銳兵攻元翼，不勝，乃合朱克融共圍之。詔進元翼成德軍節度使，以宣武兵五百進援，元翼固守。長慶二年，詔赦廷湊罪，徙元翼山南東道，以深州賜廷湊，使中人促元翼南。廷湊恨之，已受詔，兵不解。招討使裴度詒書誚讓，克融解而歸，廷湊退舍。詔並加檢校工部尙書，兩悅之。

淹月，元翼率十餘騎冒圍跳德、棣，朝京師。廷湊入，盡殺元翼親將臧平等百八十人。

元翼見延英，賚問優縟，命中人楊再昌取其家，幷迎田弘正喪。廷湊辭以弘正殯亡在所，元翼家須秋遣。魏博節度使史憲誠遣其弟入趙，四返，說廷湊曰：「田公非得罪於趙，尸尙何惜？元翼去深州，乃一孤將，何利其家？」廷湊乃歸弘正喪于京師。元翼聞平等死，憤恚卒，悉還所賜于朝，廷湊遂夷其家。

良弼字安道，淸河人。以射冠軍中。初，瀛之博野、樂壽，介范陽、成德間，每兵交，先薄二城，故常爲劇屯。德宗以王武俊破朱滔功，皆隸成德，故以良弼守樂壽，李寰守博野。廷湊之叛，兩賊交誘之，而堅壁爲國固守。有詔以樂壽爲左神策行營，拜良弼爲都知兵馬使；寰所領士隸右神策，號忻州營，亦以寰爲都知兵馬使。賜第京師。俄以良弼爲沂州刺史。良弼率衆出，戰力，乃得去。寰引兵三千趨忻州，廷湊邀之，寰斬三百級，追者不敢前。天子以良弼、寰忠有狀，乃更賜奴婢服馬。召良弼爲左神策軍將軍。寶曆初，擢夏綏銀節度使。異時蕃帳亡命來者，必償馬乃與，良弼至，皆執付其部，酋種歡懷。終橫海節度使。寰擢累保義軍節度使。

王智興討李同捷未克，而烏重胤卒，謂寰可共立功，請諸朝，乃授橫海節度使。師所過暴鈔，至屯，按軍不進，遂身入朝，盛陳賊勢，請濟師，欲大調發。羣臣議寰兵太重，且盜滄、景，未決而棣州平。寰內愧不自安，願留京師，遂罷保義軍、忻州營，更授夏綏宥節度使，卒。

寰再易鎮，治無可言者。然廷湊之亂，聯軍十五萬無成功，賊鋒不可嬰，而樂壽、博野截然峙中者累歲，梗其呑暴，議者以爲難。敬宗世，寰圖其事上之。

史孝章字得仁，資脩謹。父憲誠，以戰力奮，賓客用挽彊擊劍相矜，孝章獨退讓如諸生，稱道皆詩、書。魏博節度使李愬閱大將子弟籍于軍，孝章願以文署職，愬奇之，檄試都督府參軍。

憲誠得魏，遷士曹參軍。孝章見父數奸命，內非之，承間諫曰：「大河之北號富彊，然而挻亂取地，天下指河朔若夷狄然。今大人身封侯，家富不貲，非痛洗溉，竭節事上，恐吾廬不旋禍且至。」因涕下沾衿。父粗武，不盡聽。文宗賢之，擢孝章節度副使，累遷檢校左散騎常侍。父欲助李同捷，孝章切爭，憲誠稍憚其義。又勸出師討同捷自明，帝益嘉之，進檢校工部尚書。及兵出，父敕孝章統之。入朝，勞予蕃厚。憲誠亦上書求覲，帝知非憲誠意，特緣孝章悟發，故分相、衞、澶而授孝章節度使。未至，魏人亂，父卒死于軍。帝念史氏禍而䘏孝章，故奪喪拜右金吾衞將軍。徙節鄜坊，進檢校戶部尚書。久之，自邠寧以病丐還，卒于行，年三十九，贈尙書右僕射。孝章本名唐，後改今名。

憲誠弟憲忠，字元貞，少爲魏牙門將。田弘正討齊、蔡，常爲先鋒，閱三十戰，中流矢，酣鬬不解，由是著名。憲誠表爲貝州刺史。魏亂，奔京師，加累檢校右散騎常侍、隴州刺史。增亭鄣，徙客館于外，戎諜無所伺。

會昌中，築三原城，吐蕃因之數犯邊。拜憲忠涇原節度使以怖其侵，吐蕃遣使來請墮城，且願以嘗殺使者之人置塞上。憲忠使謝曰：「前吾未城。爾犯我地，安得禁吾城？爾知殺吾使爲負，宜先取罪人謝我，將無所不得。今與爾約，前節度使事一置之。」吐蕃情得而服。憲忠疏涇于隍，積緡錢十萬、粟百萬斛，戍人宜之。會党項羌內寇，又徙朔方，有詔馳驛赴屯，憲忠辭曰：「羌不得其心，故不自安。今亟往，知吾爲備，鬬益健，請徐行。」許之。乃移書與羌人，示要約。羌人乃皆喜，奉酒湩迎道。

大中初，突厥擾河東，鈔漕米行賈，徙節振武軍。于是故帥荒沓，使游弈兵覘戎有良馬牛，彊取之，歸直十一，戎人怒，因興盜掠。憲忠廉儉，少所欲，嘗曰：「吾居河朔，去此三千里，乃乘五健馬。今守邊，發吾餘奉，不患無馬，何忍豪市哉？」故所至莫不懷德。累封北海縣子，檢校尙書左僕射，兼金吾大將軍。以病自丐，改左龍武統軍。卒，年七十一，贈司空。

校勘記

〔一〕封符陽郡王　舊書卷一四一張孝忠傳「符」作「范」。

〔二〕帝拜邕王謜爲義武軍節度大使　「謜」，各本原作「諒」。據本書卷八二及舊書卷一五〇文敬太子謜傳、唐會要卷七八改。

唐書卷一百四十九

列傳第七十四

劉晏 濛 暹 潼 元琇 包佶 盧徵 李若初 于頎 第五琦 班宏

王紹 李巽

劉晏字士安，曹州南華人。玄宗封泰山，晏始八歲，獻頌行在，帝奇其幼，命宰相張說試之，說曰：「國瑞也。」卽授太子正字。公卿邀請旁午，號神童，名震一時。天寶中，累調夏令，未嘗督賦，而輸無逋期。舉賢良方正，補溫令，所至有惠利可紀，民皆刻石以傳。再遷侍御史。

祿山亂，避地襄陽。永王璘署晏右職，固辭。移書房琯，論封建與古異：「今諸王出深宮，一旦望桓、文功，不可致」。詔拜度支郎中，兼侍御史，領江淮租庸事。晏至吳郡而璘反，乃與採訪使李希言謀拒之。希言假晏守餘杭，會戰不利，走依晏。晏爲陳可守計，因發義兵堅壁。會王敗，欲轉略州縣，聞晏有備，遂自晉陵西走。終不言功。召拜彭原太守，徙隴、華二州刺史，遷河南尹。時史朝義盜東都，乃治長水。進戶部侍郎，兼御史中丞、度支鑄錢鹽鐵等使。京兆尹鄭叔清、李齊物坐殘摯罷，詔晏兼京兆尹。總大體不苛，號稱職。會司農卿嚴莊下獄，已而釋，誣劾晏漏禁中語，宰相蕭華亦忌之，貶通州刺史。

代宗立，復爲京兆尹、戶部侍郎，領度支、鹽鐵、轉運、鑄錢、租庸使。晏以戶部讓顏眞卿，改國子祭酒。又以京兆讓嚴武，即拜吏部尙書、同中書門下平章事，使如故。坐與程元振善，罷爲太子賓客。俄進御史大夫，領東都、河南、江淮轉運、租庸、鹽鐵、常平使。時大兵後，京師米斗千錢，禁膳不兼時，甸農挼穗以輸。晏乃自按行，浮淮、泗，達於汴，入于河。右循厎柱、硤石，觀三門遺迹；至河陰、鞏、洛，見宇文愷梁公堰，厮河爲通濟渠，視李傑新堤，盡得其病利。然畏爲人牽制，乃移書於宰相元載，以爲：「大抵運之利與害各有四：京師三輔，苦稅入之重，淮、湖粟至，可減傜賦半，爲一利；東都彫破，百戶無一存，若漕路流通，則聚落邑廛漸可還定，爲二利；諸將有不廷，戎虜有侵盜，聞我貢輸錯入，軍食豐衍，可以震耀夷夏，爲三利；若舟車旣通，百貨雜集，航海梯嶠，可追貞觀、永徽之盛，爲四利。起宜陽、熊耳，虎牢、成皋五百里，見戶纔千餘，居無尺椽，爨無盛煙，獸游鬼哭，而使轉車輓漕，功且難就，爲一病；河、汴自寇難以來，不復穿治，崩岸滅木，所在厰淤，涉泗千里，如罔水行舟，爲二病；東垣、底柱，澠池、北河之間六百里，戍邏久絕，奪攘姦宄，夾河爲藪，爲三病；淮陰去蒲坂，亘三千里，屯壁相望，中軍皆鼎司元侯，每言衣無纊，食半菽，輓漕所至，輒留以饋軍，非單車使者折簡書所能制，爲四病。」載方內擅朝權，既得書，即盡以漕事委晏，故晏得盡其才。歲輸始至，天子大悅，遣衞士以鼓吹迓東渭橋，馳使勞曰：「卿，朕酇侯也。」凡歲致四十萬斛，自是關中雖水旱，物不翔貴矣。

再遷吏部尚書，又兼益湖南、荆南、山南東道轉運、常平、鑄錢使，與第五琦分領天下金穀。又知吏部三銓事，推處最殿分明，下皆慴伏。元載得罪，詔晏鞫之。晏畏載黨盛，不敢獨訊，更敕李涵等五人與晏雜治。王縉得免死，晏請之也。

常袞執政，忌晏有公望，乃言晏舊德，當師長百僚，用爲左僕射，實欲奪其權。帝以計務方治，詔以僕射領使如舊。初，晏分置諸道租庸使，愼簡臺閣士專之。時經費不充，停天下攝官，獨租庸得補署，積數百人，皆新進銳敏，盡當時之選，趣督倚辦，故能成功。雖權貴干請，欲假職仕者，晏厚以稟入奉之，然未嘗使親事，是以人人勸職。嘗言：「士有爵祿，則名重於利；吏無榮進，則利重於名。」故檢劾出納，一委士人，吏惟奉行文書而已。所任者，雖數千里外，奉敎令如目前，頻伸諧戲不敢隱。惟晏能行之，它人不能也。代宗嘗命考所部官吏善惡，刺史有罪者，五品以上輒繫劾，六品以下杖然後奏。

李靈耀反，河南節帥或不奉法，擅征賦，州縣益削。晏常以羨補乏，人不加調，而所入自如。第五琦始榷鹽佐軍興，晏代之，法益密，利無遺入。初，歲收緡錢六十萬，末乃什之，計歲入千二百萬，而榷居太半，民不告勤。京師鹽暴貴，詔取三萬斛以贍關中，自揚州四旬至都，人以爲神。至湖嶠荒險處，所出貨皆賤弱，不償所轉，晏悉儲淮、楚間，貿銅易薪，歲鑄緡錢十餘萬。其措置纖悉如此。諸道巡院，皆募駛足，置驛相望，四方貨殖低昂及它利害，雖甚遠，不數日卽知，是能權萬貨重輕，使天下無甚貴賤而物常平，自言如見錢流地上。每朝謁，馬上以鞭算。質明視事，至夜分止，雖休澣不廢。事無閑劇，卽日剖決無留。所居脩行里，粗樸庳陋，飲食儉狹，室無媵婢。然任職久，勢軋宰相，要官華使多出其門。自江淮茗橘珍甘，常與本道分貢，競欲先至，雖封山斷道，以禁前發，晏厚貲致之，常冠諸府，由是娟怨益多。饋謝四方有名士無不至，其有口舌者，率以利啖之，使不得有所訾短。故議者頗言晏任數固恩。大曆時政因循，軍國皆仰晏，未嘗檢質。德宗立，言者屢請罷轉運使，晏亦固辭，不許。又加關內河東三川轉運、鹽鐵及諸道青苗使。

始，楊炎爲吏部侍郎，晏爲尙書，盛氣不相下。晏治元載罪，而炎坐貶。及炎執政，銜宿怒，將爲載報仇。先是，帝居東宮，代宗寵獨孤妃，而愛其子韓王。宦人劉淸潭與嬖幸請立妃爲后，且言王數有符異，以搖東宮。時妄言晏與謀。至是，炎見帝流涕曰：「賴祖宗神靈，先帝與陛下不爲賊臣所間，不然，劉晏、黎幹搖動社稷，凶謀果矣。今幹伏辜而晏在，臣位宰相，不能正其罪，法當死。」崔祐甫曰：「陛下已廓然大赦，不當究飛語，致人於罪。」朱泚、崔寧力相解釋，寧尤切至。炎怒，斥寧于外，遂罷晏使。坐新故所交簿物抗謬，貶忠州刺史，中官護送。炎必欲傅其罪，知庾準與晏素憾，乃擢爲荆南節度使。準卽奏晏與朱泚書，語言怨望，又蒐卒，擅取官物，脅詔使，謀作亂。炎證成之。

建中元年七月，詔中人賜晏死，年六十五。後十九日，賜死詔書乃下，且暴其罪。家屬徙嶺表，坐累者數十人，天下以爲冤。時炎兼删定使，議籍沒，衆論不可，乃止。然已命簿錄其家，唯雜書兩乘，米麥數斛，人服其廉。淄青節度使李正己表誅晏太暴，不加驗實，先誅後詔，天下駭惋，請還其妻子。不報。興元初，帝寖寤，乃許歸葬。貞元五年，遂擢晏子執經爲太常博士，宗經祕書郎。執經還官，求追命，有詔贈鄭州刺史，又加司徒。

晏歿二十年，而韓洄、元琇、裴腆、李衡、包佶、盧徵、李若初繼掌財利，皆晏所辟用，有名於時。

晏既被誣，而舊吏推明其功。陳諫以爲管、蕭之亞，著論紀其詳，大略以「開元、天寶間天下戶千萬，至德後殘於大兵，饑疫相仍，十耗其九，至晏充使，戶不二百萬。晏通計天下經費，謹察州縣災害，蠲除振救，不使流離死亡。初，州縣取富人督漕輓，謂之『船頭』；主郵遞，謂之『捉驛』；稅外橫取，謂之『白著』。人不堪命，皆去爲盜賊。上元、寶應間，如袁晁、陳莊、方淸、許欽等亂江淮，十餘年乃定。晏始以官船漕，而吏主驛事，罷無名之斂，正鹽官法，以裨用度。起廣德二年，盡建中元年，黜陟使實天下戶，收三百餘萬。王者愛人，不在賜與，當使之耕耘織紝，常歲平斂之，荒年蠲救之，大率歲增十之一。而晏尤能時其緩急而先後之。每州縣荒歉有端，則計官所贏，先令曰：『蠲某物，貸某戶。』民未及困，而奏報已行矣。議者或譏晏不直賑救，而多賤出以濟民者，則又不然。善治病者，不使至危憊；善救災者，勿使至賑給。故賑給少則不足活人，活人多則闕國用，國用闕則復重斂矣；又賑給近僥幸，吏下爲姦，彊得之多，弱得之少，雖刀鋸在前不可禁。以爲二害。災沴之鄉，所乏糧耳，它產尙在，賤以出之，易其雜貨，因人之力，轉於豐處，或官自用，則國計不覂；多出菽粟，恣之糶運，散入村閭，下戶力農，不能詣市，轉相沾逮，自免阻飢，不待令驅。以爲二勝。晏又以常平法，豐則貴取，饑則賤與，率諸州米嘗儲三百萬斛。豈所謂有功於國者邪！」

琇後以尙書右丞判度支，國無橫斂而軍旅濟。爲韓滉所惡，貶雷州司戶參軍。坐私入廣州，賜死。琠以兵部侍郎判度支，封聞喜縣公。衡歷戶部侍郎。

佶字幼正，潤州延陵人。父融，集賢院學士，與賀知章、張旭、張若虛有名當時，號

「吳中四士」。佶擢進士第，累官諫議大夫。坐善元載，貶嶺南。晏奏起爲汴東兩稅使。晏罷，以佶充諸道鹽鐵輕貨錢物使，遷刑部侍郎，改祕書監，封丹陽郡公。

徵，幽州人。晏薦爲殿中侍御史。晏得罪，貶珍州司戶參軍。元琇判度支，薦爲員外郎。琇得罪，貶秀州長史，三遷給事中。戶部侍郎竇參善之，方倚以代己，會同州刺史缺，參請用尚書左丞趙憬，德宗惡參，欲間其腹心，更用徵爲之。久乃徙華州，厚結權近，冀進用。同、華地迫而貧，所獻嘗觳陋，至徵厚賦斂，有所奉入，輒加常數，人不堪其求。

若初者，事晏爲冗職，包佶稱之。歷太康令，勸刺史李芃斂羨錢，交權倖，芃厚遇之。累遷浙東觀察使。代王緯爲浙西觀察、諸道鹽鐵使。時天下錢少貨輕，州縣禁錢不出境，商賈不通。若初始奏縱錢以起萬貨，詔可。而持剛檢下，吏民畏服。卒，贈禮部尚書。

宗經終給事中、華州刺史。子濛，字仁澤。舉進士，累官度支郎中。會昌初，擢給事中。以材爲宰相李德裕所知。時回鶻衰，朝廷經略河、湟，建遣濛按邊，調兵械糧餉，爲宣慰靈夏以北党項使。始議造木牛運。宣宗立，德裕得罪，濛貶朗州刺史，終大理卿。

晏兄暹，爲汾州刺史。天資疾惡，所至以方直爲觀察使所畏。建中末，召爲御史大夫。宰相盧杞憚其嚴，更薦前河南尹于頎代之。暹終潮州刺史。

頎字休明，河南人。初爲京兆士曹參軍，尹史翽器之。翽鎭山南東道，表爲判官。翽死亂兵手，頎挺出收葬之，時稱其誼。累遷京兆尹，任機譎，爲政煩碎無大體，元載昵厚之。載得罪，出鄭州刺史，徙河南尹，以佞柔，故得爲大夫。三遷工部尚書，入朝，仆金吾仗下，御史劾之，以太子少師致仕，卒。

暹孫潼，字子固。擢進士第，杜悰判度支，表爲巡官，累遷祠部郎中。大中初，討党項羌，軍食乏，宰相欲以潼爲使，難其遣。潼見宰相曰：「上念邊餽，議遣使，潼畏不稱耳，安敢憚行？」遂命爲供軍使。會復河、湟，調師屯守，以潼判度支河、湟供軍案。歷京兆少尹。山南有劇賊，依山爲剽，宣宗怒，欲討之，宰相崔鉉曰：「此陛下赤子，迫於飢寒，弄兵山谷間，不足討，請遣使喻釋之。」詔潼馳往。潼挺身直叩其壘曰：「有詔赦爾罪。」盜皆列拜，約潼就館而降。會山南節度使封敖遣兵擊賊，潼罷歸。數陳邊事，擢右諫議大夫。出爲朔方、靈武節度使。坐累貶鄭州刺史，改湖南觀察使。召爲左散騎常侍。拜昭義節度使，徙河東，又徙西川。時李福討南詔，兵不利，潼至，塡以恩信，蠻皆如約。六姓蠻持兩端，爲南詔間候。有皁籠部落者請討之，潼因出兵襲擊，俘五千人。南詔大懼，自是不敢犯邊。以功加檢校尚書右僕射。卒，贈司空。

第五琦字禹珪，京兆長安人。少以吏幹進，頗能言彊國富民術。天寶中，事韋堅。堅敗，不得調。久之，爲須江丞，太守賀蘭進明才之。安祿山反，進明徙北海，奏琦爲錄事參軍事。時賊已陷河間、信都，進明未戰，玄宗怒，遣使封刀趣之，曰：「不亟進兵，卽斬首。」進明懼，不知所出。琦勸厚以財募勇士，出賊不意。如其計，復收所陷郡。

肅宗駐彭原，進明遣琦奏事，旣謁見，卽陳：「今之急在兵，兵彊弱在賦，賦所出以江淮爲淵。若假臣一職，請悉東南寶貲，飛餉函、洛，惟陛下命。」帝悅，拜監察御史、句當江淮租庸使。遷司虞員外郎、河南等五道支度使。遷司金郎中，兼侍御史、諸道鹽鐵鑄錢使。鹽鐵名使，自琦始。進度支郎中，兼御史中丞。當軍興，隨事趣辦，人不益賦而用以饒，於是遷戶部侍郎、判度支，河南等道支度、轉運、租庸、鹽鐵、鑄錢、司農、太府出納、山南東西、江西、淮南館驛等使。乾元二年，進同中書門下平章事。

初，琦請鑄乾元重寶錢，以一代十。旣當國，又鑄重規，一代五十。會物痛騰踊，餓饉相望，議者以爲非是，詔貶忠州長史。會有告琦納金者，遣御史馳按，琦辭曰：「位宰相，可自持金邪？若付受有狀，請歸罪有司。」御史不曉，以爲具服，獄上之，遂長流夷州。

寶應初，起爲朗州刺史，有異政，拜太子賓客。吐蕃盜京師，郭子儀表爲糧料使，兼御史大夫、關內元帥副使。改京兆尹。俄加判度支、鑄錢、鹽鐵、轉運、常平等使。累封扶風郡公。復以戶部侍郎兼京兆尹。坐與魚朝恩善，貶括州刺史。徙饒、湖二州。復爲太子賓客、東都留守。德宗素聞其才，將復用，召之。會卒，年七十一，贈太子少保。子峯、婦鄭，皆以孝著，表闕于門。

班宏，衞州汲人。父景倩，國子祭酒，以儒名家。宏，天寶中擢進士第，調右司禦胄曹參軍。高適鎭劍南，表爲觀察判官。青城人以左道惑衆，謀作亂。事覺，誣引屯將規緩死，衆兇懼，宏驗治，卽殺之，人心大安。郭英乂代適，表雒令，以病解。

大曆中，擢起居舍人，四遷給事中。李寶臣死，子惟岳匿喪求節度，帝遣宏使成德喻其軍，惟岳厚獻遺，宏不納，還報稱旨，擢刑部侍郎、京官考使。右僕射崔寧署兵部侍郎劉迺爲上下考，宏不從，曰：「今軍在節度，雖有尺籍伍符，省署不校也。夫上多虛美，則下趨競；上阿容，則下朋黨。」因削之。迺聞，謝曰：「敢掠一美以邀二罪乎？」進吏部侍郎。

貞元初，仍旱蝗，賦調益急，以戶部侍郎副度支使韓滉。俄而竇參當國，代滉使。而參任大理司直時，宏已爲刑部侍郎。德宗以宏熟天下計，故進宏尚書副參，且曰：「朕藉宰相重，而衆務一委卿，無庸辭。」參亦以宏素貴，私謂曰：「閱歲當歸使於公。」宏喜。後參肸自安，不念前語。宏剛愎，以參欺己，議事稍不合。揚子院，鹽鐵轉運之委藏也，宏任御史中丞徐粲主之，粲以賄聞，參議所代，宏固不可。參選諸院吏，未始訪宏，宏數條參所用吏過惡以聞，輒留中。無何，參以使勞，加吏部尚書，而封宏蕭國公。恨參以虛寵加己，銜之。每制旨有所營建，必極瓌麗，親程役，媚結權嬖以傾參。

張滂先善於宏，薦爲司農少卿。及參欲滂分掌江、淮鹽鐵，宏以滂疾惡，且以法繩粲，因謬曰：「滂彊戾不可用。」滂聞，不喜。久之，參知帝遇己薄，乃讓使，然不欲宏專，問策於京兆尹薛珏，珏曰：「滂與宏交惡，而滂剛決。若分鹽鐵轉運，必能制宏。」參遂薦滂爲戶部侍郎、鹽鐵轉運使，而以宏判度支，分滂關內、河東、劍南、山南西道鹽鐵轉運隸宏，以悅其意。又還江淮兩稅，置巡院官，令宏、滂共差擇。滂欲得簿最，宏不與。及署院官，更持可否不能定，處處官乏不補。滂奏言：「臣職不修，無逃死，如國家大計何？」由是有詔分掌。宏見宰相辭曰：「宏主漕，歲得江、淮米五十萬斛，前年至七十萬。今職移於人，敢請罪。」滂在側儳曰：「公所言非也。朝廷不奪公職，乃公喪官緡，縱姦吏，自取咎爾。凡爲度支使，不一歲家輒鉅億，僮馬產第侈王公，非盜縣官財何以然？上既知之，故令滂分掌。今公無乃歸怨上乎？」宏不答，於是移病歸第。宰相白其狀，詔許如劉晏、韓滉故事，以東都、河南、淮南、江南、山南東道兩稅，滂主之，東渭橋以東巡院隸焉；關內、河東、劍南、山南西道宏主之。滂至揚州，乃窮劾粲，悉發其贓至鉅萬，徙死嶺表。

宏清絜勤力，晨入官署夕而出，吏不堪其勞，而已益恭。參得罪，宏爲有力。卒，年七十三，贈尚書右僕射，謚曰敬。後二年，滂亦罷爲衞尉卿。

王紹，本名純，避憲宗諱改焉。自太原徙京兆之萬年。父端，第進士，有名天寶間，與柳芳、陸據、殷寅友善。據嘗言：「端之莊，芳之辯，寅之介，可以名世。」終工部員外郎。紹少爲顏眞卿所器，字之曰德素，奏爲武康尉。再佐蕭復府。包佶領租庸、鹽鐵使，署判官。時李希烈阻兵江淮，輸物留梗，乃徙餉道自潁入汴。紹及關，德宗已西狩，乃督輕貨趣間道走洋州。紹先見行在，帝勞之曰：「吾軍乏春服，朕且衣裘，奈何？」紹流涕曰：「佶遣臣貢奉，無慮五十萬，當即至。」帝曰：「道回遠，經費方急，何可望邪？」後五日繼至，由是紓難。遷倉部員外郎。

是時，兵旱無年，詔戶部收闕官俸、稅茶及無名錢，以脩荒政。紹由員外郎判務，遷戶部、兵部郎中，皆專領。進戶部侍郎，判度支，頃之遷尚書。德宗臨御久，益不假借宰相，自竇參、陸贄斥罷，中書取充位，惟紹謹密，眷待殊厚。主計凡八年，每政事多所關訪，紹亦未嘗一言漏于人。

順宗立，王叔文奪其權，拜兵部尚書，出爲東都留守。元和初，檢校尚書右僕射，爲武寧軍節度使，復以濠、泗二州隸其軍。自張愔後，兵驕難治，紹蒐輯軍政，推誠示人，裨將安進達、唐重靖謀亂，紹以計取之，出家貲賞士，舉軍安賴。復拜兵部尚書，判戶部。卒，年七十二，贈右僕射，謚曰敬。

李巽字令叔，趙州贊皇人。以明經補華州參軍事，舉拔萃，授鄠尉。進累左司郎中、常州刺史，召拜給事中，出爲湖南觀察使。貞元五年，徙江西。巽銳於爲治，持下以法，察無遺私，吏不敢少紿。順宗立，擢兵部侍郎。杜佑表爲鹽鐵、轉運副使，俄代佑。使任自劉晏後，職廢不振，賦入浚耗。巽涖職一年，較所入如晏最多之年，明年過之，又明年，增百八十萬緡。再遷吏部尚書。

天資長於吏事，至治家，亦句檢案牘簿書如公府。史有過，秋毫無所縱，股慄脅息，常如與巽對。程异坐王叔文廢，巽特薦引之。异之計較精於巽，故巽能善職，蓋有助云。元和四年疾革，郎官省候，巽言不及病，但與商校程課功利。是夕卒，年六十三，贈尚書右僕射。

巽爲人忌刻狡怨，在江西，有所憎恨輒殺之。始，竇參爲相，出巽常州，促其行。及參貶郴州，巽時觀察湖南，宣武節度使劉士寧致絹數千匹於參，巽卽劾參交通藩鎭，以怒德宗，遂殺參云。

贊曰：生人之本，食與貨而已。知所以取，人不怨；知所以予，人不乏。道御之而王，權用之而霸，古今一也。劉晏因平準法，斡山海，排商賈，制萬物低昂，常操天下贏貲，以佐軍興。雖挐兵數十年，斂不及民而用度足。唐中償而振，晏有勞焉，可謂知取予矣。其經晏辟署者，皆用材顯，循其法，亦能富國云。

唐書卷一百五十

列傳第七十五

李揆　常袞　趙憬　崔造　齊映　盧邁

李揆字端卿，系出隴西，爲冠族，去客滎陽。祖玄道，爲文學館學士。父成裕，祕書監。揆性警敏，善文章。開元末，擢進士第，補陳留尉。獻書闕下，試中書，遷右拾遺，再轉起居郎，知宗子表疏，以考功郎中知制誥。扈狩劍南，拜中書舍人。

乾元二年，宗室請上皇后號曰「翊聖」。肅宗問揆，對曰：「前代后妃，終則有謚，景龍不君，韋氏專恣，乃稱翊聖。今陛下動遵典禮，奈何踵其亂哉？」帝驚曰：「幾誤我家事。」遂止。后即張氏，有子數歲，欲立爲太子，而帝意未決。時代宗以封成王，帝從容語揆曰：「成王長，有功，將定太子，卿意謂何？」揆曰：「陛下此言，社稷福也。」因再拜賀。帝曰：「朕計決矣。」

俄兼禮部侍郎。揆病取士不考實，徒露搜索禁所挾，而迂學陋生，葄枕圖史，且不能自措于詞。乃大陳書廷中，進諸儒約曰：「上選士，弟務得才，可盡所欲言。」由是人人稱美。未卒事，拜中書侍郎、同中書門下平章事，修國史，封姑臧縣伯。揆美風儀，善奏對，帝歎曰：「卿門地、人物、文學皆當世第一，信朝廷羽儀乎！」故時稱三絕。於是京師多盜，至驂衢殺人，尸溝中，吏褫氣。李輔國方横，請選羽林騎五百，備徼捕。揆曰：「漢以南、北軍相統攝，故周勃因南軍入北軍，以安劉氏。本朝置南、北衙，文武區別，更相檢伺。今以羽林代金吾，忽有非常，何以制之！」輔國議格。

揆決事明當，然銳於進，且近名。兄楷，有時稱，滯冗官不得遷。呂諲政事出揆遠甚，以故宰相鎮荆南，治聲尤高。揆懼復用，遣吏至諲所，構抉過失，諲密訴諸朝。帝怒，貶揆袁州長史。不三日，以楷爲司門員外郎。揆累年乃徙歙州刺史。

初，苗晉卿數薦元載，揆輕載地寒，謂晉卿曰：「龍章鳳姿士不見用，麞頭鼠目子乃求官邪？」載聞，銜之。及秉政，奏揆試祕書監，江淮養疾。家百口，貧無祿，丐食取給，牧守稍厭慁，則去之，流落凡十六年。載誅，始拜睦州刺史。入爲國子祭酒、禮部尚書。

德宗幸山南，揆素爲盧杞所惡，用爲入蕃會盟使，拜尚書左僕射。揆辭老，恐死道路，不能達命，帝惻然。杞曰：「和戎者，當練朝廷事，非揆不可。異時年少揆者不敢辭。」揆至蕃，酋長曰：「聞唐有第一人李揆，公是否？」揆畏留，因紿之曰：「彼李揆，安肯來邪？」還卒鳳州，年七十四，贈司空，謚曰恭。

常衮，京兆人，天寶末，及進士第。性狷潔，不妄交游。由太子正字，累爲中書舍人。文采贍蔚，長於應用，譽重一時。魚朝恩頼寵，兼判國子監。衮奏：「成均之任，當用名儒，不宜以宦臣領職。」始，回紇有戰功者，得留京師，虜性易驕，後乃創邸第、佛祠，或伏甲其間，數出中渭橋，與軍人格鬬，奪含光門魚契走城外。衮建言：「今西蕃盤桓境上，數入寇，若相連結，以乘無備，其變不細，請早圖之。」又天子誕日，諸道爭以侈麗奉獻，不則爲老子、浮屠解禱事。衮以爲：「漢文帝還千里馬不用，晉武帝焚雉頭裘，宋高祖碎琥珀枕，是三主者，非有聰明大聖以致治安，謹身率下而已。今諸道饋獻，皆淫侈不急，而節度使、刺史非能男耕而女織者，類出於民，是斂怨以媚上也，請皆還之。今軍旅未寧，王畿戶口十不一在，而諸祠寺寫經造像，焚幣埋玉，所以賞賚若比丘、道士、巫祝之流，歲巨萬計。陛下若以易芻粟，減貧民之賦，天下之福豈有量哉！」代宗嘉納。遷禮部侍郎。時宦者劉忠翼權震中外，涇原節度使馬璘爲帝寵任，有所干請，衮皆拒卻。

元載死，拜門下侍郎、同中書門下平章事，弘文、崇文館大學士，與楊綰同執政。綰長厚通可，而衮苛細，以清儉自賢。帝內重綰而顓任之，禮遇信愛，衮弗及也，每所恨忌。會綰卒，衮始當國。

先是，百官俸寡狹，議增給之。時韓滉使度支，與衮皆任情輕重。滉惡國子司業張參，衮惡太子少詹事趙惎，皆少給之。太子文學爲洗馬副，衮姻家任文學者，其給乃在洗馬上。其騁私祟怨類此。故事，日出內廚食賜宰相家，可十人具，衮奏罷之。又將讓堂封，它宰相不從，乃止。政事堂北門，異時宰相過舍人院咨逮政事，至衮乃塞之，以示尊大。懲元載敗，窒賣官之路，然一切以公議格之，非文詞者皆擯不用，故世謂之「黯伯」，以其黯黯無賢不肖之辨云。

衮爲相，散官纔朝議，而無封爵，郭子儀言于帝，遂加銀青光祿大夫，封河內郡公。德宗卽位，衮奏貶崔祐甫爲河南少尹。帝怒，使與祐甫換秩，再貶潮州刺史。

建中初，楊炎輔政，起爲福建觀察使。始，閩人未知學，衮至，爲設鄉校，使作爲文章，親加講導，與爲客主鈞禮，觀游燕饗與焉，由是俗一變，歲貢士與內州等。卒于官，年五十五，贈尚書左僕射。其後閩人春秋配享衮于學官云。

趙憬字退翁，渭州隴西人。曾祖仁本，仕爲吏部侍郎、同東西臺三品。

憬志行峻潔，不自衒賈。寶應中，方營泰、建二陵，用度廣，又吐蕃盜邊，天下荐饑，憬褐衣上疏，請殺禮從儉，士林歎美。試江夏尉，佐諸使府，進太子舍人。母喪免，有芝生壞樹。建中初，擢水部員外郎。湖南觀察使李承表憬自副。承卒，遂代之。召還，闔門不與人交。李泌薦之，對殿中，占奏明辯，通古今，德宗欽悅，拜給事中。

貞元中，咸安公主降回紇，詔關播爲使，而憬以御史中丞副之。異時使者多私齎，以市馬規利入，獨憬不然。使未還，尚書左丞缺，帝曰：「趙憬堪此。」遂以命之。考功歲終，請如至德故事課殿最，憬自言薦果州刺史韋証，以貪敗，請降考。校考使劉滋謂憬知過，更以考升。

竇參當國，欲抑爲刺史，帝不許。參罷，進中書侍郎、同中書門下平章事，與陸贄同輔政。贄於裁決少所讓，又徙憬門下侍郎，繇是不平。自以不任職，數稱疾。時杜黃裳遭奄人讒詆，穆贊、韋武、李宣、盧雲等爲裴延齡構擠，勢危甚，憬救護申解，皆得免。初，贄約共執退延齡，既對，贄極言其姦，帝色變，憬不爲助，遂罷贄，乃始當國。

憬精治道，常以國本在選賢、節用、薄賦斂、寬刑罰，懇懇爲天子言之。又陳前世損益、當時之變，獻審官六議。一議相臣，曰：「中外知其賢者用之，能者任之，責材之備，爲不可得。」二議庶官，曰：「臣嘗謂拔十得五，賢愚猶半。陛下曰：『何必五也，十二可矣。』故廣任用，明殿最，舉大節，略小瑕，隨能試事，用人之大要也。」三議京司闕官，曰：「今要官闕多，閑官員多。要官以材行，閑官以恩澤，是選拔少，優容衆也。宜補缺員，以育人材。」四議考課，曰：「今內庶僚，外刺史，課最尤者，擢以不次，善矣。臣謂黜陟宜責歲限，若任要重未當遷者，加爵或秩。其餘進退，宜示遲速之常。若課在中、考如限者，平轉而歷試之，即無苟且之心、滯淹之慮。」五議遺滯，曰：「陛下委宰輔舉才，不偏知也，則訪之庶僚；又不偏知也，訪之衆人。衆聲囂然，十譽之未信，一毀之可疑。臣謂宜采士論，以譽多者先用，非大故者勿棄。」六議藩府官屬，曰：「諸使辟署，務得才以重府望，能否已試，則引而置之朝，無俾久滯。」帝皆然之，下詔褒答。輔政五年卒，年六十一。其息上卒時藁奏，帝悼惜之。贈太子太傅，謚曰貞憲。

憬性淸約，位台宰，而第室童獲猶儒先生家也。得稟入，先建家廟，而竟不營產。其鎭湖南也，令孤峘、崔儆並爲部刺史，不守法，憬以正彈治之，皆遣客暴憬失於朝。及爲相，乃擢儆自大理卿爲尙書右丞，峘方貶衢州別駕，引爲吉州刺史，人以爲賢。

崔造字玄宰，深州安平人。永泰中，與韓會、盧東美、張正則三人友善，居上元，好言當世事，皆自謂王佐才，故號「四夔」。

浙西觀察使李栖筠辟爲判官，累遷左司員外郎。與劉晏善，晏得罪，貶信州長史。徙建州刺史。朱泚亂，造輒馳檄比州，發所部兵二千以待命，德宗嘉之。京師平，召還，至藍田，自以舅源休與賊同逆，上疏請罪。帝以爲有禮，下詔慰勉，擢給事中。

貞元二年，以給事中同中書門下平章事。帝謂造敢言，爲能立事，故不次用之。造久在江左，疾錢穀諸使罔上，或干沒自私，乃建言：「天下兩稅，請委本道觀察使、刺史選官部送京師。諸道水陸轉運使、度支巡院、江淮轉運使，請悉停，以度支鹽鐵務還尚書省，六曹皆宰相分領。」於是齊映判兵部，李勉刑部，劉滋吏、禮二部，造戶、工二部；又以戶部侍郎元琇判諸道鹽鐵、榷酒事，吉中孚度支諸道兩稅事。而浙江東、西歲入米七十五萬石，方歲饑，更以兩稅準米百萬，豪、壽、洪、潭二十萬，責韓滉、杜亞漕送東渭橋。諸道有鹽鐵處，仍置巡院。歲盡，宰相計最殿以聞。造厚元琇，故首命之。時滉方領轉運，有寵於帝，朝廷仰其須。滉持不可改，帝重違之，復以滉爲江淮轉運使，餘如造請。是秋，江淮米大集，帝美滉功，以滉專領度支諸道鹽鐵、轉運等使。造懼，始託疾辭位，乃罷爲太子右庶子，貶琇雷州司戶參軍。於是造所請悉罷，以憂愧卒，年五十一。

議者謂造舉不適時，方用之乏，不能權濟大事，雖據舊典，奚能抗一切之制云。

齊映，瀛州高陽人。舉進士，博學宏詞，中之，補河南府參軍事。滑亳節度使令狐彰署掌書記，彰疾甚，引映託後事。映因說彰納節，歸諸子京師。彰從之，即以女妻映。彰卒，軍亂，映間歸東都。

三城使馬燧辟爲判官。盧杞薦授刑部員外郎。又爲鳳翔張鎰判官。映練軍事，論奏數稱旨，進行軍司馬。會德宗出奉天，鎰儒緩不知兵，部將李楚琳者，素慓悍，欲介賊爲亂。映與齊抗請先事誅之，鎰不用，更示寬大，徐謂楚琳曰：「欲以君使外，若何？」楚琳恐，夜殺鎰以應賊，映雅爲軍中慕賴，故得免。奔奉天，授御史中丞。

從幸梁，道險澀，常爲帝御。會馬駭突，帝恐傷映，詔捨轡，固不去，曰：「馬奔踶，不過傷臣；捨之，或犯清蹕，臣雖死不足償責。」帝嘉嘆，擢給事中。映爲人白皙長大，言音鴻爽，故帝常令侍左右，或前馬臚傳詔旨。進中書舍人。貞元二年，以舍人同中書門下平章事，俄改中書侍郎，封河間縣男，與崔造、劉滋並輔政。滋端重寡言，映謙不肯事否可，一顓于造。會造疾，映乃當國。

吐蕃數入寇，關輔震騷，咸言帝欲避狄。映入諫曰：「戎狄不懲，臣之罪也。然內外恟恟，謂陛下具糗糧，欲治行。夫大幸不再，奈何不與臣等計乎？」因俯伏流涕，天子爲感寤。

後給事中袁高忤帝旨，而映以爲尚書左丞、御史大夫。始，映微時，張延賞遇之善。及映相，而延賞爲左僕射，數爲映畫事，又爲所親求官，映不答，延賞恚。既復用，卽劾映非宰相器。明年，貶虁州刺史，徙衡州。久之，爲桂管、江西兩觀察使。始，映罷不以罪，冀復進，乃掊斂獻貢，以中帝欲。初，諸藩銀大瓶止五尺，李兼爲江西，始獻六尺瓶，至映乃八尺云。卒，年四十八，贈禮部尚書，謚曰忠。

盧邁字子玄，河南河南人。性孝友。舉明經入第，補太子正字。以拔萃調河南主簿、集賢校理。公卿交薦之，擢右補闕。三遷吏部員外郎。以族屬客江介，出爲滁州刺史。召還，再遷諫議大夫。數條當世病利，進給事中。俄會考課，邁以不滿歲，固辭上考，薦紳高其讓。改尚書右丞。

將作監元亘攝祠，以私忌不聽誓，御史劾之。帝疑其罰，下尚書省議。邁曰：「按大夫士將祭於公，既視濯而父母死，猶奉祭。禮，散齊有大功喪，致齊有期喪，齊有疾病，聽還舍，不奉祭。無忌日不受誓者。雖令忌日與告，且春秋不以家事辭王事，今攝祭特命也，亘以常令拒特命，執非所宜。」遂抵罪。

以本官同中書門下平章事。進中書侍郎。時陸贄、趙憬專大政，邁居中，治身循法無它過。久之，暴眩省中，輿還第。詔大臣卽問，固乞骸骨，罷爲太子賓客。卒，年六十，贈太子太傅。

邁每有功、緦喪，必容稱其服，而情有加焉。叔下邽令休沐過家，邁終日與羣子姓均指使，無位貌之異。再娶無子，或勸畜姬媵，對曰：「兄弟之子，猶子也，可以主後。」所得稟賜，皆賑姻舊之乏。其從父弟迢喪還洛陽，過都，邁奏請往哭之，盡哀。時執政自以宰相尊，五服皆不過從問弔，而邁獨不徇時，議者重其仁而亮云。

贊曰：楊綰之德，陸贄之賢，而衮、憬以爲懀，何哉？士固蔽於媢前，然主聽不一，故乘以爲姦。昔齊桓、秦堅任管仲、王猛，興區區，霸天下，蓋不以不肖者參之。君臣相諒，果難哉！

唐書卷一百五十一

列傳第七十六

關播 李元平 董晉 溪 陸長源 劉全諒 袁滋 趙宗儒 竇易直

關播字務元，衞州汲人。及進士第。鄧景山節度青齊、淮南，再署幕府。遷右補闕。與神策軍使王駕鶴爲姻家，元載惡之，出爲河南兵曹參軍事，數試屬縣，政異等。陳少游鎭浙東、淮南，表爲判官，攝滁州刺史。李靈耀叛，少游屯淮上，所在盜賊蝟奮，播儲賞力，給軍興，人無愁苦。楊綰、常衮皆善播，引爲都官員外郎。

德宗初，湖南峒賊王國良驚剽州縣，不可制，詔播宣輯，因得請事，對殿中。帝問政治之要，播曰：「爲政之本，要得有道賢人乃治。」帝曰：「朕比下詔求賢才，又遣使黜陟，搜逮所遺，須能者用之，若何？」播曰：「陛下雖求賢，又使舉薦，然止得求名文辭士，焉有有道賢人肯奉牒丐舉選邪？」帝悅，曰：「卿姑去，還當更議。」播且言：「奉詔平賊，有如不受命，臣請發州兵剪定之。」帝曰：「善。」及還，再遷給事中。故事，諸司甲庫，以令史直曹，刓脫爲姦。播悉易以士人，時韙其法。

歷吏部侍郎。帝求宰相，盧杞雅知播韋柔可制，因從容言播材任宰相，其儒厚可鎭浮動。乃拜中書侍郎、同中書門下平章事，政一決於杞。嘗論事帝前，播意不可，避坐欲有所言，杞目禁輒止，退讓播曰：「以君寡言，故至此，奈何欲開口爭事邪！」播卽喑畏毋敢與。

時李元平、陶公達、張愻、劉承誡率輕薄子，游播門下，能侈言詭計，以功名自喜。播謂皆將相材，數請帝用之。元平本宗室疏裔，好論兵，鄙天下士大夫無可者，人人怨疾之。李希烈叛，帝以汝州據賊衝，刺史疲軟不勝任，播盛稱元平，帝召見，拜左補闕。不數日，檢校吏部郎中，兼汝州別駕，知州事。元平始至，募工築郛浚隍，希烈陰使亡命應募，凡內數百人，元平不寤。賊遣將李克誠以精騎薄城，募者內應，縛元平馳見希烈，遺矢於地。希烈以其眇小，無髯，戲克誠曰：「使爾取元平，乃以其子來邪？」因嫚罵曰：「盲宰相使汝當我，何待我淺邪！」僞署御史中丞。播聞詫曰：「元平事濟矣！」謂必覆賊而建功也，左右笑之。無何，僞署爲宰相，有告其貳者，元平斷一指自誓。公達等以元平屈賊，皆廢不用。

播從幸奉天。盧杞、白志貞已貶而播猶執政，議者不平，遂罷爲刑部尙書。韋倫等曰：「宰相不善謀，使天子播越，尙可尙書邪？」相與泣諸朝。未幾，知删定使。

初，上元中，詔擇古名將十人配享武成廟，如十哲侑孔子。播奏：「太公，古賢臣，今其下稱亞聖。孔子十哲，皆當時弟子，今所配年世不同，請罷之。」詔可。

貞元初，檢校尙書右僕射，持節送咸安公主降迴鶻，虜人重其淸。還，遷兵部尙書。以太子少師致仕，斥賣車騎，闔門不嬰外事。卒，年七十九，贈太子太保。

始，希烈死，或言元平雖屈賊，然有謀不克發，乃貸死流珍州。會赦還，住剡中，觀察使皇甫政表其至以發帝怒，遂流死賀州。

董晉字混成，河中虞鄉人。擢明經。肅宗幸彭原，上書行在，拜祕書省校書郎，待制翰林。出從淮南崔圓府爲判官。還朝，累遷祠部郎中。

大曆中，李涵持節送崇徽公主於回紇，署晉判官。回紇恃有功，見使者倨，因問：「歲市馬而唐歸我賄不足，何也？」涵懼，未及對，數目晉，晉曰：「我非無馬而與爾爲市，爲爾賜者不已多乎？爾之馬歲五至，而邊有司數皮償貲。天子不忘爾勞，敕吏無得問，爾反用是望我邪？諸戎以我之爾與也，莫敢确。爾父子寧，畜馬蕃，非我則誰使！」衆皆南面拜，不敢有言。還，遷祕書少監。

德宗立，授太府卿。不旬日，爲左散騎常侍，兼御史中丞，知臺事。出爲華州刺史。朱泚反，遣兵攻之，晉棄華走行在。改國子祭酒，宣慰恆州。還至河中而李懷光反，晉說之曰：「朱泚爲臣而背其君，苟得志，於公何有？且公位太尉，泚雖寵公，亦無以加。彼不能事君，能以臣事公乎？公能事彼，而有不能事君乎？公敵賊有餘力，若襲取之，淸宮以迎天子，雖有大惡猶將掩焉，如公則誰敢議？」懷光喜且泣，晉亦泣。又語其將卒，皆拜。故懷光雖偃蹇，亦不助泚。

帝還京師，遷左金吾衞大將軍，改尚書左丞。是時，右丞元琇爲韓滉排笮得罪，滉勢振朝廷。晉見宰相，誦元琇非罪，士大夫壯其節。貞元五年，以門下侍郎同中書門下平章事。方竇參得君，裁可大事不關咨晉，晉循謹無所駁異。參欲以其姪申爲吏部侍郎，諷晉以聞。帝怒曰：「無乃參迫卿爲之邪？」晉謝，具道所以然。帝卽問參過失，晉無敢隱，由是參罷宰相。晉惶恐，上疏固辭位。九年，罷爲禮部尚書，以兵部尚書爲東都留守。

會宣武李萬榮病且死，詔晉檢校尚書左僕射、同中書門下平章事，爲宣武節度副大使，知節度事。萬榮死，鄧惟恭總其軍。晉受命，不召兵，惟幕府騶傔從之，卽日上道。至鄭，逆者不至，人勸止以觀便宜，晉不聽，直造汴，及郊，惟恭始出迎謁。旣入，卽委以軍政，無所改更，衆服晉有體，莫測其謀。始，惟恭謀代萬榮，故不遣吏以疑晉，令不敢入。及晉至情得，則鞅鞅不能平。汴士素驕怙亂，嘗介勇士伏幕下，早暮番休，晉一罷之。惟恭乃結大將相里重晏等謀亂，晉覺之，殺其黨，械送惟恭京師。帝錄其勢李迺勞，貸死流汀州。帝恐晉儒懦，詔拜汝州刺史陸長源爲司馬，以佐晉。晉謙愿儉簡，事多循仍，故軍粗安。長源持法峭刻，數欲更張舊事，晉初許之，已而悉罷不用。以財賦委孟叔度，叔度爲人佻侻，軍中惡之。晉在軍凡五年，卒，年七十六，贈太傅，謚曰恭惠。

晉爲相也，五月朔，天子會朝，公卿在廷，侍中贊羣臣賀，竇參攝中書令，當傳詔，疾作，公卿相顧，未有詔，晉從容進曰：「攝中書令臣參病不能事，臣請代參事。」南面宣致詔詞，進退甚詳。金吾將軍沈房有期喪，公除，常服入閤，帝疑以問晉，對曰：「故事，朝官期以下喪，服縗縵，不復衣淺色，南班亦如之。」又問晉冠冕之制，對曰：「古者服冠冕，以佩玉節步。堂上接武，堂下布武，君前趨進而已。今或奔走以致顚仆。在式，朝臣皆綾袍，五品而上金玉帶，所以盡飾以奉上。故漢尚書郎含香，老萊采服，君父一也。若然，服縗縵，亦非禮也。」帝然其言。詔入閤官毋趨走，期以下喪不得以慘服會，令羣臣衣本品綾袍、金玉帶，自晉而復。

子溪，字惟深，亦擢明經，三遷萬年令。討王承宗也，擢度支郎中，爲東道行營糧料使。

坐盜軍貲流封州，至長沙，賜死。
子居中，善詩，爲張籍所稱。

陸長源者，吳人，字泳。祖餘慶，天寶中爲太子詹事，有淸譽。長源瞻於學，始辟昭義薛嵩幕府，嵩侈汰，常從容規切。嵩曰：「非君安能爲此。」歷建、信二州刺史。韓滉兼領江淮轉運使，辟署兼御史中丞以爲副。入遷都官郞中，復出汝州刺史。遂徙宣武，政皆出司馬。初，欲峻法繩驕兵，爲晉所持，不克行。而判官楊凝、孟叔度等又苛細，叔度淫縱，數入倡家調笑嬉褻。晉有所偷弛，長源輒裁正之。晉卒，長源總留後事，大言曰：「將士久慢，吾且以法治之！」衆始懼。軍中請出帑帛爲晉制服，不許。固請，止給其直。叔度希望又償直以鹽，乃高鹽直，賤帛估，人得鹽二斤，擧軍大怒。或勸長源曰：「故事，有大變則厚賜于軍，軍乃安。」長源曰「異時河北賊以錢買戍卒，取旌節，吾不忍爲。」衆怒益甚。長源性剛不適變，又不爲備。纔八日，軍亂，殺長源及叔度等，食其肉，放兵大掠。死之日，有詔拜節度使，遠近嗟悵，贈尙書左僕射。

長源好諧易，無威儀，而淸白自將。去汝州，送車二乘，曰「吾祖罷魏州，有車一乘，而圖書半之，吾愧不及先人」云。

長源死，監軍俱文珍密召宋州刺史劉全諒使總後務。全諒至，其夜軍復亂，殺大將及部曲五百人乃定。帝卽詔全諒檢校工部尙書、宣武節度使。

全諒，始名逸淮，至是賜名，本懷州武涉人也。父客奴，以行戍留籍幽州，事平盧軍，以材力顯。開元中，室韋首領段普洛數苦邊，節度使薛楚玉使客奴單騎襲之，斬首以歸。與卒伍，拜左驍衞將軍，爲遊奕使。性謹樸，數戰有功。安祿山反，詔以平盧節度副使呂知誨爲使。賊遣韓朝暘誘之，知誨卽降，賊害安東副都護馬靈詧。客奴不平，與諸將共殺知誨，遣使與安東將王玄志相聞。天寶十五載，以客奴爲柳城郡太守，攝御史大夫、平盧節度使，賜名正臣；以玄志爲安東副大都護。正臣遣使道海至平原，與太守顏眞卿相結。眞卿喜，以子爲質而歸貲糧焉，且請出師。未至，而眞卿棄平原，乃還。因襲范陽，爲史思明所敗，奔還，玄志酖殺之。

全諒事劉玄佐爲牙將，以勇果善騎射爲玄佐厚禮。累兼御史中丞。及玄佐子士寧代立，疑宋州刺史翟良佐不附己，揚言行部，至則以全諒代之，故汴將士多歸心焉。視事凡八月卒，贈尙書右僕射。軍中立韓弘代節度云。

袁滋字德深，蔡州朗山人，陳侍中憲之後。彊學博記。少依道州刺史元結，讀書自解其義，結重之。後客荆、郢間，起學廬講授。建中初，黜陟使趙贊薦于朝，起處士，授試校書郎。累辟張伯儀、何士幹幕府，進詹事府司直。部官以盜金下獄，滋直其冤，御史中丞韋貞伯聞之，表爲侍御史。刑部、大理覆罪人，失其平，憚滋守法，因權勢以請，滋終不署奏。遷工部員外郎。

韋皋始招來西南夷，南詔異牟尋內屬。德宗選郎吏可撫循者，皆憚行，至滋不辭，帝嘉之。擢祠部郎中，兼御史中丞，賜金紫，持節往。踰年還，使有指，進諫議大夫。遷尙書右丞，知吏部選。求外遷，爲華州刺史。政淸簡，流民至者，給地居之，名其里曰義合。然專以慈惠爲本，未嘗設條教，民愛向之。有犯令，時時法外縱舍。得盜賊，或哀其窮，出財爲償所亡。召爲左金吾衞大將軍，以楊於陵代之。滋行，耆老遮道不得去，於陵使諭曰：「吾不敢易袁公政。」人皆羅拜，乃得去，莫不流涕。

憲宗監國，進拜中書侍郎、同中書門下平章事。劉闢反，詔滋爲劍南兩川、山南西道安撫大使，半道，以檢校吏部尙書、平章事爲劍南東、西川節度使。是時，賊方熾，又滋兄峯在蜀爲闢所劫，滋畏不得全，久不進，貶吉州刺史。未幾，徙義成節度使。滑，用武地，東有淄青，北魏博，滋嚴備而推誠信，務在懷來。李師道、田季安畏服之。居七年，百姓立祠祝祭。以戶部尚書召，改檢校兵部，拜山南東道節度使，徙荆南。

吳元濟之反，滋言蔡兵勁，與下同欲，非朝夕計可下，宜廣方略，離潰其心。及宿兵三年，調發益屈，詔出禁錢繼之。滋揣天子且厭兵，自表入朝，欲議罷淮西事，道聞蕭俛、錢徽坐沮議黜去，滋翻其謀，更言必勝，順可天子意，乃得還。俄而高霞寓敗，帝思以恩信傾賊，且滋嘗云云，乃授彰義節度使，僑治唐州。又以滋儒者，拜陽旻爲唐州刺史，將其兵。滋先世墳墓在蔡，吳少陽時爲脩墓，禁芻牧，諸袁多署右職，稟給之。滋至治，去斥候，與元濟通好。賊圍新興，滋卑辭講解，賊因是易滋，不爲備。時帝責戰急，而滋至六月，以無功貶撫州刺史。未幾，遷湖南觀察使。累封淮陽郡公。卒，年七十，贈太子少保。

滋既病，作遺令處後事，訖三年，皆有條次。性寬易，與之接者，皆自謂可見肺肝，至家人不得見喜慍。薄居處衣食。能爲春秋，嘗以劉惲悲甘陵賦褒善斥惡戾春秋指，然其文不可廢，乃著後序。工篆隸，有古法。

子均，右拾遺；郊，翰林學士。

趙宗儒字秉文，鄧州穰人。八代祖彤，後魏征南將軍。父驊，字雲卿，少嗜學，履尚清鯁。開元中，擢進士第，補太子正字，調雷澤、河東丞。採訪使韋陟器之，表置其府。又爲陳留採訪使郭納支使。安祿山陷陳留，驊沒於賊。時江西觀察使韋儇族妹坐其夫爲戳官不供賊，沒爲婢。驊哀之，以錢贖韋，厚爲資給。賊平，訪近屬歸之，時人高其義。驊以嘗陷賊，貶晉江尉。久之，召拜左補闕，遷累尚書比部員外郎。建中初，遷祕書少監。敦交友行義，不以夷險惪操。少與殷寅、顏眞卿、柳芳、陸據、蕭穎士、李華、邵軫善，時爲語曰「殷顏柳陸，李蕭邵趙」，謂能全其交也。驊位省郎，衣食窶乏，俸單寡，諸子至徒步，人爲咨美。涇原兵反，驊竄山谷，病死，贈華州刺史。

宗儒第進士，授校書郎，判入等，補陸渾主簿。數月，拜右拾遺、翰林學士。時，父驊遷祕書少監，德宗欲寵其門，使一日並命。再遷司勳員外郎。貞元六年，領考功事。自至德後考績失實，內外悉考中上，殿最混淆，至宗儒，黜陟詳當，無所回憚。右司郎中獨孤良器、殿中侍御史杜倫以過黜考，左丞裴郁、御史中丞盧佋降考中中，凡入中上者，纔五十人。帝聞善之，進考功郎中。累遷給事中。十二年，以本官同中書門下平章事，賜服金紫。居二歲，罷爲太子右庶子，屛居愼靜，奉朝請而已。遷吏部侍郎，召見，勞曰：「知卿杜門六年，故有此拜，曩與先臣並命，尙忘之邪？」宗儒俯伏流涕。元和初，檢校禮部尙書，充東都留守。

三遷至檢校吏部、荆南節度使，散冗食戍二千人。歷山南西道、河中二鎭，拜御史大夫，改吏部尙書。

穆宗立，詔先朝所召賢良方正，委有司試。宗儒建言：「應制而來者，當天子臨問。試有司，非國舊典，請罷之。」詔可。俄檢校右僕射，守太常卿。太常有五方師子樂，非大朝會不作。帝嗜聲色，宦官領敎坊者，乃移書取之。宗儒不敢違，以訴宰相。宰相以事專有司，不應關白。以懦不職，罷爲太子少師。太和初，進太子太傅。文宗召訪政理，對曰：「堯、舜之化，慈儉而已，願陛下守之。」帝納其言。六年，授司空，致仕。卒，年八十七，册贈司徒，謚曰昭。

宗儒以文學歷將相，位任崇劇，然無儀矩，以治生瑣碎失名。

竇易直字宗玄，京兆始平人。擢明經，補校書郎。十年不應辟，以判入等，爲藍田尉。累遷吏部郎中。元和六年，進御史中丞。繇陝虢觀察使，入爲京兆尹。萬年尉韓晤坐賕，易直令官屬按之，得贓三十萬，憲宗疑未盡，詔窮治，至三百萬，貶易直爲金州刺史。久之，起爲宣歙、浙西觀察使。

長慶二年，李㝏以汴州叛，易直欲出庫財賞軍，或謂給與無名，必且生患，乃止。時江、淮旱，漕物淹積不能前，軍士聞易直嚮言，其部將王國清指漕貨激衆謀亂。易直知之，械國清送獄，其黨數千譟入獄，篡取之，欲大剽。易直登樓令曰：「能誅亂者，一級賞千萬！」衆喜，反縛爲亂者三百餘人，易直悉斬之。入爲戶部侍郎，判度支。四年，同中書門下平章事，轉門下侍郎，封晉陽郡公。卽讓度支，罝其俸三月，有詔停判。文宗立，檢校尚書右僕射、同平章事，爲山南東道節度使。入爲左僕射、判太常卿事。頃之，檢校司空，爲鳳翔節度。以疾還京師。卒，贈司徒，謚曰恭惠。

易直以公潔自喜，方執政，未嘗引用親黨。初，元和中，鄭餘慶議，僕射上儀，不與隔品官亢禮，易直爲中丞，奏駁之。及爲僕射，乃自用隔品致恭，爲時鄙笑。

子紃，仕至渭南尉、集賢校理。妻父王涯被禍，宦官知易直子，得不死，貶循州司戶參軍。

贊曰：闞播舉李元平守汝州，賊縛而臣之。宰相不知人，果可敗國，德宗不以是責宰相，幾喪天下。晉懦弛苟安，滋欲以恩信傾賊，迂暗之人，烏可語功名會哉！

唐書卷一百五十二

列傳第七十七

張鎰　姜公輔　武元衡 儒衡　李絳 璋　宋申錫

張鎰字季權，一字公度，國子祭酒後胤五世孫也。父齊丘，朔方節度使、東都留守。鎰以蔭授左衞兵曹參軍，郭子儀表爲元帥府判官，遷累殿中侍御史。乾元初，華原令盧樅以公事譙責邑人齊令詵。令詵，宦人也，銜之，構樅罪。鎰按驗當免官，有司承風以死論。鎰不直之，乃白其母曰：「今理樅，樅免死而鎰坐貶。嘿則負官，貶則爲太夫人憂，敢問所安？」母曰：「兒無累於道，吾所安也。」遂執正其罪，樅得流，鎰貶撫州司戶參軍。徙晉陵令。江西觀察使張鎬表爲判官，遷屯田、右司二員外郎。居母喪，以孝聞。不妄交游，特與楊綰、崔祐甫善。

大曆初，出爲濠州刺史，政條淸簡，延經術士講教生徒。比去，州升明經者四十人。

李靈耀反于汴，鎰團閱鄉兵嚴守禦，有詔褒美，擢侍御史，兼緣淮鎮守使。以最遷壽州刺史。歷江西、河中觀察使。不閱旬，改汴滑節度使，以病固辭，詔留私第。

建中二年，拜中書侍郎、同中書門下平章事。明年，以兩河用兵，詔省薄御膳及皇太子食物，鎰因奏減堂餐錢及百官稟奉三分一，以助用度。時黜陟使裴伯言薦潞州處士田佐時，詔除右拾遺、集賢院直學士。鎰以爲禮輕，恐士不勸，復詔州縣吏以絹百匹、粟百石就家致聘，佐時卒不至。

郭子儀婿太僕卿趙縱爲奴告，下御史劾治，而奴留內侍省。鎰奏言：「貞觀時有奴告其主謀反者，太宗曰：『謀反理不獨成，尙當有他人論之，豈藉奴告耶？』乃著令：奴告主者斬。由是賤不得干貴，下不得凌上，教本旣修，悖亂不萌。頃者，長安令李濟以奴得罪，萬年令霍晏因婢坐譴。輿臺下類，主反畏之，悖慢成風，漸不可長。建中元年五月辛卯詔書：奴婢告主，非謀叛者，同自首法，並準律論。由是獄訴衰息。今縱事非叛逆，而奴留禁中，獨下縱獄，情所不厭。且將帥功孰大於子儀，冢土僅乾，兩婿前已得罪，縱復繼之，不數月斥其三婿。假令縱實犯法，事不緣奴，尙宜錄勳念亡，以從蕩宥，況爲奴所愬耶？陛下方貴武臣以討賊，彼雖見寵一時，不能忘懷於異日也。」帝納之，貶縱循州司馬，杖奴死。鎰召子儀家僮數百，暴示奴尸。

盧杞忌鎰剛直，欲去之。時朱泚以盧龍卒戍鳳翔，帝擇人以代，杞即謬曰：「鳳翔將校，班秩素高，非宰相信臣，不可鎭撫，臣宜行。」帝不許。杞復曰：「陛下必以臣容貌蕞陋，不爲三軍所信，恐後生變，臣不敢自謀，惟陛下擇之。」帝乃顧鎰曰：「文武兼資，望重內外，無易卿者，其爲朕撫盧龍士。」乃以中書侍郎爲鳳翔、隴右節度使。鎰知爲杞陰中，然辭窮，因再拜受詔。頃之，與吐蕃相尙結贊盟淸水，約牛馬爲牲。鎰恥與盟，將未殺其禮，乃紿語吐蕃，以羊豕犬代之。

帝幸奉天，鎰罄家貲將自獻行在。而營將李楚琳者，嘗事朱泚，得其心。軍司馬齊映等謀曰：「楚琳必爲亂。」乃遣屯隴州。楚琳知之，稽故未行。鎰以帝在外，心憂惑，謂已亟去，不爲備。楚琳夜率其黨王汾、李卓、牛僧伽等作亂，齊映自竇出，齊抗託傭，皆免。鎰縋城走，不及遠，與二子爲候騎所執，楚琳殺之，屬官王沼、張元度、柳遇、李潊皆死。詔贈鎰太子太傅。

姜公輔，愛州日南人。第進士，補校書郎，以制策異等授右拾遺，爲翰林學士。歲滿當遷，上書以母老賴祿而養，求兼京兆戶曹參軍事。公輔有高材，每進見，敷奏詳亮，德宗器之。

朱滔助田悅也，以蠟裹書間道邀泚，太原馬燧獲之，泚不知也，召還京師。公輔諫曰：「陛下若不能坦懷待泚，不如誅之，養虎無自詒害。」不從。俄而涇師亂，帝自苑門出，公輔叩馬諫曰：「泚嘗帥涇原，得士心，向以滔叛奪之兵，居常怫鬱不自聊，請馳騎捕取以從，無爲羣兇得之。」帝倉卒不及聽。既行，欲駐鳳翔倚張鎰。公輔曰：「鎰雖信臣，然文吏也，所領皆朱泚部曲，漁陽突騎，泚若立，涇軍且有變，非萬全策也。」帝亦記桑道茂言，遂之奉天。不數日，鳳翔果亂，殺鎰。帝在奉天，有言泚反者，請爲守備。盧杞曰：「泚忠正篤實，奈何言其叛，傷大臣心！請百口保之。」帝知羣臣多勸泚奉迎乘輿者，乃詔諸道兵距城一舍止。公輔曰：「王者不嚴羽衞，無以重威靈。今禁旅單寡而士馬處外，爲陛下危之。」帝曰：「善。」悉內諸軍。泚兵果至，如所言，乃擢公輔諫議大夫、同中書門下平章事。

帝徙梁，唐安公主道薨。主性仁孝，許下嫁韋宥，以播遷未克也。帝悼之甚，詔厚其葬。公輔諫曰：「卽平賊，主必歸葬，今行道宜從儉，以濟軍興。」帝怒，謂翰林學士陸贄曰：「唐安之葬，不欲事塋壠，令累甓爲浮圖，費甚寡約，不容宰相關預，苟欲指朕過爾！」贄曰：「公輔官諫議，職宰相，獻替固其分。本立輔臣，朝夕納誨，微而弼之，乃其所也。」帝曰：「不然，朕以公輔才不足以相，而又自求解，朕既許之，內知且罷，故賣直售名爾。」遂下遷太子左庶子，以母喪解。復爲右庶子。

久不遷，陸贄爲相，公輔數求官，贄密謂曰：「竇丞相嘗言，爲公擬官屢矣，上輒不悅。」公輔懼，請爲道士，未報。它日又言之，帝問故，公輔隱贄言，以參語對。帝怒，黜公輔泉州別駕，遣使齎詔讓參。順宗立，拜吉州刺史，未就官卒。憲宗時，贈禮部尙書。

武元衡字伯蒼。曾祖載德，則天皇后之族弟。祖平一，有名。元衡舉進士，累爲華原令。畿輔鎭軍督將，皆驕橫橈政，元衡移疾去。德宗欽其才，召拜比部員外郎，歲內三遷至右司郎中，以詳整任職。擢爲御史中丞。嘗對延英，帝目送之，曰：「是眞宰相器！」

順宗立，王叔文使人誘以爲黨，拒不納。俄爲山陵儀仗使，監察御史劉禹錫求爲判官，元衡不與，叔文滋不悅。數日，改太子右庶子。會册皇太子，元衡贊相，太子識之。及卽位，是爲憲宗，復拜中丞，進戶部侍郎。元和二年，拜門下侍郎、同中書門下平章事，兼判戶部事。帝素知元衡堅正有守，故眷禮信任異它相。浙西李錡求入覲，既又稱疾，欲賒其期。帝問宰相鄭絪，絪請聽之，元衡曰：「不可，錡自請入朝，詔既許之，而復不至，是可否在錡。陛下新卽位，天下屬耳目，若奸臣得遂其私，則威令去矣。」帝然之，遽追錡。而錡計窮，果反。

是時，蜀新定，高崇文爲節度，不知吏治，帝難其代。詔元衡檢校吏部尙書，兼門下侍郎、同平章事，爲劍南西川節度使，繇蕭縣伯封臨淮郡公，帝御安福門慰遣之。崇文去成都，盡以金帛、帟幕、伎樂、工巧行，蜀幾爲空。元衡至，綏靖約束，儉己寬民，比三年，上下完實，蠻夷懷歸。雅性莊重，雖淡於接物，而開府極一時選。

八年，召還秉政。李吉甫、李絳數爭事帝前，不叶，元衡獨持正無所違附，帝稱其長者。吉甫卒，淮、蔡用兵，帝悉以機政委之。王承宗上疏請赦吳元濟，使人白事中書，悖慢不恭，元衡叱去。承宗怨，數上章誣詆。未幾入朝，出靖安里第，夜漏未盡，賊乘暗呼曰：「滅燭！」射元衡中肩，復擊其左股，徒御格鬬不勝，皆駭走，遂害元衡，批顱骨持去。邏司傳譟盜殺宰相，連十餘里，達朝堂，百官恟懼，未知主名。少選，馬逸還第，中外乃審知。是日，仗入紫宸門，有司以聞，帝震驚，罷朝，坐延英見宰相，哀慟，爲再不食。贈司徒，謚曰忠愍。詔金吾、府、縣大索，或傳言曰：「無搜賊，賊窮必亂。」又投書於道曰：「毋急我，我先殺汝。」故吏卒不窮捕。兵部侍郎許孟容言於帝曰：「國相橫尸路隅而盜不獲，爲朝廷辱。」帝乃下詔：「能得賊者賞錢千萬，授五品官。與賊謀及舍賊能自言者亦賞。有不如詔，族之。」積錢東西市以募告者。於是左神策將軍王士則、左威衞將軍王士平以賊聞，捕得張晏等十八人，言爲承宗所遣，皆斬之。逾月，東都防禦使呂元膺執淄青留邸賊門察、訾嘉珍，自言始謀殺元衡者，會晏先發，故藉之以告師道而竊其賞，帝密誅之。

初，京師大恐，城門加兵誰何，其偉狀異服、燕趙言者，皆驗訊乃遣。公卿朝，以家奴持兵呵衞，宰相則金吾彀騎導翼，每過里門，搜索喧譁。因詔寅漏上二刻乃傳點云。

從父弟儒衡。

儒衡字廷碩，姿狀秀偉，不妄言，與人交，終始一節。宰相鄭餘慶不事華絜，門下客多垢衣敗服，獨儒衡上謁，未嘗有所易，以莊詞正色見重於餘慶。元衡歿，帝待之益厚，累遷戶部郎中，知諫議大夫事，俄兼知制誥。皇甫鎛以宰相領度支，剝下以媚天子，儒衡疏其狀。鎛自訴於帝，帝曰：「乃欲報怨邪？」鎛不敢對。

儒衡論議勁正，有風節，且將大用。宰相令狐楚忌之，會以狄兼謨爲拾遺，楚自草制，引武后革命事，盛推仁傑功，以指切儒衡，且沮止之。儒衡泣見上曰：「臣祖平一，當天后時，避仕終老，不涉於累。」帝慰勉之，自是薄楚爲人也。遷中書舍人。時元稹倚宦官，知制誥，儒衡鄙厭之。會食瓜，蠅集其上，儒衡揮以扇，曰：「適從何處來，遽集於此？」一坐皆失色。然以疾惡太分明，終不至大任，以兵部侍郎卒，年五十六，贈工部尚書。

李絳字深之，系本贊皇。擢進士、宏辭，補渭南尉，拜監察御史。元和二年，授翰林學士，俄知制誥。會李錡誅，憲宗將輦取其貲，絳與裴垍諫曰：「錡僭侈誅求，六州之人怨入骨髓。今元惡傳首，若因取其財，恐非遏亂略、惠綏困窮者。願賜本道，代貧民租賦。」制可。樞密使劉光琦議遣中人持赦令賜諸道，以裒饋餉，絳請付度支鹽鐵急遞以遣，息取求之弊。光琦引故事以對，帝曰：「故事是耶，當守之；不然，當改。可循舊哉！」

帝嘗稱太宗、玄宗之盛：「朕不佞，欲庶幾二祖之道德風烈，無愧謚號，不爲宗廟羞，何行而至此乎？」絳曰：「陛下誠能正身勵己，尊道德，遠邪佞，進忠直。與大臣言，敬而信，無使小人參焉；與賢者游，親而禮，無使不肖與焉。去官無益於治者，則材能出；斥宮女之希御者，則怨曠銷。將帥擇，士卒勇矣；官師公，吏治輯矣。法令行而下不違，教化篤而俗必遷。如是，可與祖宗合德，號稱中興，夫何遠之有？言之不行，無益也；行之不至，無益也。」帝曰：「美哉斯言，朕將書諸紳。」即詔絳與崔羣、錢徽、韋弘景、白居易等搜次君臣成敗五十種，爲連屏，張便坐。帝每閱視，顧左右曰：「而等宜作意，勿爲如此事。」

是時，盛興安國佛祠，倖臣吐突承璀請立石紀聖德焉，營構華廣，欲使絳爲之頌，將遺錢千萬。絳上言：「陛下蕩積習之弊，四海延頸望德音，忽自立碑，示人以不廣。易稱：『大人與天地合德。』謂非文字所能盡，若令可述，是陛下美有分限。堯、舜至文、武，皆不傳其事，惟秦始刻嶧山，揚暴誅伐巡幸之勞，失道之君，不足爲法。今安國有碑，若敍游觀，卽非治要；述崇飾，又非政宜。請罷之。」帝怒，絳伏奏愈切，帝悟曰：「微絳，我不自知。」命百牛倒石，令使者勞諭絳。襄陽裴均違詔書，獻銀壺甕數百具，絳請歸之度支，示天下以信。帝可奏，仍赦均罪。時議還盧從史昭義，已而將復召之，從史以軍無見儲爲解。李吉甫謂鄭絪漏其謀，帝召絳議，欲逐絪，絳爲開白，乃免。

絳見浴堂殿，帝曰：「比諫官多朋黨，論奏不實，皆陷謗訕，欲黜其尤者，若何？」絳曰：「此非陛下意，必憸人以此營誤上心。自古納諫昌，拒諫亡。夫人臣進言於上，豈易哉？君尊如天，臣卑如地，加有雷霆之威，彼晝度夜思，始欲陳十事，俄而去五六，及將以聞，則又憚而削其半，故上達者財十二。何哉？干不測之禍，顧身無利耳。雖開納奬勵，尙恐不至，今乃欲譴訶之，使直士杜口，非社稷利也。」帝曰：「非卿言，我不知諫之益。」

初，承璀討王承宗，議者皆言古無以宦人統師者，絳當制書，固爭，帝不能奪，止詔宰相授敕。承璀果無功還，加開府儀同三司。絳奏：「承璀喪師，當抵罪，今寵以崇秩，後有奔軍之將，蹈利干賞，陛下何以處之？」又數論宦官橫肆，方鎭進獻等事。自知言切，且斥去，悉取內署所上疏稾焚之，以俟命。帝果怒，絳謝曰：「陛下憐臣愚，處之腹心之地，而惜身不言，乃臣負陛下；若上犯聖顏，旁忤貴倖，因而獲罪，乃陛下負臣。」於是帝動容曰：「卿告朕以人所難言者，疾風知勁草，卿當之矣。」遂繇司勳郎中進中書舍人。翌日，賜金紫，親擇良笏與之，且曰：「異時膺顧託南面，當如此。」絳頓首。

烏重胤縛盧從史，而承璀牒署昭義留後，絳曰：「澤潞據山東要害，磁、邢、洺跨兩河間，可制其合從。今孽豎就禽，方收威柄，遽以偏將莅本軍，綱紀大紊矣。河南、北諸鎮，謂陛下啗以官爵，使逐其帥，其肯默然哉？宜以孟元陽爲澤潞，而以重胤節度三城，兩河諸侯聞之，必欣然。」帝從之。

張茂昭舉族入覲，絳上言：「任迪簡既往代，則士之從茂昭，皆爲定人，宜亟授以官，且遣使者詔其麾下皆聽茂昭節度。」有詔拜河中節度使。會迪簡以帑廥匱竭，稍簡罷士之疲老者，人情不安，迪簡亦危，絳請斥禁帑絹十萬以濟事機。吳少誠病甚，絳建言：「淮西地不與賊接，若朝廷命帥，今乃其時，有如阻命，則決可討矣。然鎮、蔡不可幷取，願赦承宗，趣立蔡功。」時江淮大旱，帝下赦令有所蠲弛，絳言：「江淮流亡，所貸未廣，而宮人猥積，有怨鬲之思，當大出之，以省經費。嶺南之俗，鬻子爲業，可聽；非劵劑取直者，如掠賣法，敕有司一切苛止。」帝皆順納。

後閱月不賜對，絳謂：「大臣持祿不敢諫，小臣畏罪不敢言，管仲以爲害霸最甚。今臣等飽食不言，無履危之患，自爲計得矣，顧聖治如何？」有詔明日對三殿。帝嘗畋苑中，至蓬萊池，謂左右曰：「絳嘗以諫我，今可返也。」其見禮憚如此。

帝怪前世任賢以致治，今無賢可任，何耶？對曰：「聖王選當代之人，極其才分，自可致治。豈借賢異代，治今日之人哉？天子不以己能蓋人，痛折節下士，則天下賢者乃出。」帝曰：「何知其必賢而任之？」對曰：「知人誠難，堯、舜以爲病。然循其名，驗以事，所得十七。夫任官而辨廉，措事不阿容，無希望依違之辭，無邪媚愉悅之容，此近於賢矣。賢則當任，任則當久。賢者中立而寡助，舉其類則不肖者怨，杜邪徑則懷奸者疾，一制度則貴戚毀傷，正過失則人君疏忌。夫然，用賢豈容易哉？」帝曰：「卿言得之矣。」

六年，罷學士，遷戶部侍郎，判本司。帝以戶部故有獻，而絳獨無有，何哉？答曰：「凡方鎮有地則有賦，或畜用度易羨餘以爲獻。臣乃爲陛下謹出納，烏有羨贏哉？若以爲獻，是徙東庫物實西庫，進官物結私恩。」帝瞿然悟。帝每有詢訪，隨事補益，所言無不聽，欲遂以相。而承璀寵方盛，忌其進，陰有毀短，帝乃出承璀淮南監軍；翌日，拜絳中書侍郎、同中書門下平章事。封高邑男。方江淮歲儉，民荐饑，有御史使還，奏不爲災，帝以語絳，答曰：「方隅皆陛下大臣，奏孰不實？而御史苟悅陛下耳。凡君人者當任大臣，無使小臣得以間，願出其名顯責之。」李吉甫嘗盛贊天子威德，帝欣然，絳獨曰：「陛下自視今日何如漢文帝時？」帝曰：「朕安敢望文帝？」對曰：「是時賈誼以爲措火積薪下，火未及然，因以爲安，其憂如此。今法令所不及者五十餘州，西戎內訌，近以涇、隴爲鄙，去京師遠不千里，烽燧相接也；加比水旱無年，倉廩空虛。誠陛下焦心銷志求濟時之略，渠使高枕而臥哉！」帝入謂左右曰：「絳言骨骾，眞宰相也。」遣使者賜酴醾酒。

魏博田季安死，子懷諫弱，軍中請襲節度，吉甫議討之，絳曰：「不然，兩河所懼者，部將以兵圖己也，故委諸將總兵，皆使力敵任均，以相維制，不得爲變。若主帥彊，則足以制其命。今懷諫乳方臭，不能事，必假權于人，權重則怨生，向之權力均者，將起事生患矣。衆所歸必在寬厚簡易、軍中素所愛者，彼得立，不倚朝廷亦不能安。惟陛下蓄威以俟之。」俄而田興果立，以魏博聽命，帝大悅。吉甫復請命中人宣尉，因刺其變，徐議所宜。絳獨謂：「不如推誠撫納，卽假旄節。它日使者持三軍表來，請與興，則制在彼，不在此，可奏與特授，安得同哉？」然帝重違吉甫，故詔張忠順持節往，而授興留後。絳固請曰：「如興萬有一不受命，卽姑息，復如向時矣。」由是卽拜興節度使。絳復曰：「王化不及魏博久矣，一日挈六州來歸，不大犒賞，人心不激。請斥禁錢百五十萬緡賜其軍。」有言太過者，絳曰：「假令舉十五萬衆，期歲而得六州，計所轉給三倍于費。今興天挺忠義，首變汚俗，破兩河之膽，可啻小費隳機事哉？」從之。

帝患朋黨，以問絳，答曰：「自古人君最惡者朋黨，小人揣知，故常藉口以激怒上心。朋黨者，尋之則無跡，言之則可疑。小人常以利動，不顧忠義；君子者，遇主知則進，疑則退，安其位不爲它計，故常爲姦人所乘。夫聖人同跡，賢者求類，是同道也，非黨也。陛下奉遵堯、舜、禹、湯之德，豈謂上與數千年君爲黨耶？道德同耳。漢時名節骨鯁士，同心愛國，而宦官小人疾之，起黨錮之獄，訖亡天下。趨利之人，常爲朋比，同其私也；守正之人，常遭構毀，違其私也。小人多，譖言常勝；正人少，直道常不勝。可不戒哉！」絳居中介特，尤爲左右所不悅，遂因以自明。

王播爲鹽鐵使，而事月進。絳曰：「比禁天下正賦外不得有它獻，而播妄名羨餘，不出祿稟家貲，願悉付有司。」帝曰：「善。」訖絳在位，獻不入禁中。

吐蕃犯涇州，掠人畜，絳因言：「濱塞虛籍多，實兵少。今京西、北神策鎭軍，本防盛秋，坐仰衣食，不使戰。事至之日，乃先稟中尉。夫兵不內御，要須應變，失毫釐，差千里。請分隸本道，則號令齊一，前戰不還踵矣。」然士卒樂兩軍姑息，宦者以爲言，議遂寢。

嘗盛夏對延英，帝汗浹衣，絳欲趨出，帝曰：「朕宮中所對，惟宦官、女子，欲與卿講天下事，乃其樂也。」絳或無所論諍，帝輒詰所以然。又言：「公等得無有姻故冗食者，當爲惜官。」吉甫、權德輿皆稱無有。絳曰：「崔祐甫爲宰相，不半歲除吏八百人。德宗曰：『多公姻故，何耶？』祐甫曰：『所問當與不當耳，非臣親舊，孰知其才？其不知者，安敢與官？』時以爲名言。武后命官猥多，而開元中有名者皆出其選。古人言拔十得五，猶得其半。若情故自嫌，非聖主責成意。」帝曰：「誠然，在至當而已。」

帝又問：「玄宗開元時致治，天寶則亂，何一君而相反耶？」絳曰：「治生於憂危，亂生於放肆。玄宗嘗歷試官守，知人之艱難，臨御初，任用姚崇、宋璟，勵精聽納，故左右前後皆正人也。洎林甫、國忠得君，專引傾邪之人，分總要劇。於是上不聞直言，嗜欲日滋，內則盜臣勸以興利，外則武夫誘以開邊，天下騷動，故祿山乘隙而奮。此皆小人啓導，從逸而驕。繫時主所行，無常治，亦無常亂。」帝曰：「凡人舉事，病不通於理，追咎其失，古人處此有道耶？」絳曰：「事或過差，聖哲所不免。天子有諫臣，所以救過。上下同體，猶手足之於心膂，交相爲用。但矜能護失，常情所蔽，聖人改過不吝，願陛下以此處之。」

教坊使稱密詔閱良家子及別宅婦人內禁中，京師囂然。絳將入言于帝，吉甫曰：「此諫官所論列。」絳曰：「公嘗病諫官論事，此難言者，欲移之耶？」吉甫乃欲諷詔使止之，絳以吉甫畏不敢諫，遂獨上疏。帝曰：「朕以丹王等無侍者，比命訪閭里，以貲致之，彼不諭朕意，故至譁擾。」乃悉歸所取。

以足疾求免，罷爲禮部尚書。帝乃召承璀於淮南。絳雖去位，猶懷不能已，因上言：「北虜方彊，其憂有五。彼蔑信重利，歲入馬求直，今則置不取，當貯他謀，一也。屯士不足，斥候不明，城無完堞，非可應卒，二也。今之營築，不詢衆謀，遠規塞外，城非要地，虜一入寇，應援艱阻，三也。比年通好，往來窺覘，河山兵甲，悉知之矣，若寇掠驅脅，援兵非十日不至，既至虜去，兵罷復來，四也。北狄、西戎久爲仇敵，今回鶻思叛，脫相連約，數道並進，何以遏之？五也。」

十年，出爲華州刺史。承璀田多在部中，主奴擾民，絳捕繫之。會遣五坊使，帝戒曰：「至華宜自戢；絳，大臣，有奏卽行法矣。」州有捕鷂戶，歲責貢限，絳以爲言，幷勸止畋獵，有詔澤潞、太原、天威府幷罷之。入爲兵部尚書，母喪免。還授河中觀察使。河中故節制，而皇甫鎛惡絳，故薄其恩，議者不直。鎛得罪，復以兵部召。遷御史大夫。穆宗數游畋，絳率其屬叩延英切諫，不納。以疾辭，還兵部尚書，歷東都留守，徙東川節度使，復爲留守。寶曆初，拜尚書左僕射。絳偉儀質，以直道進退，望冠一時，賢不肖太分，屢爲讒邪所中。御史中丞王璠遇絳於道，不之避。絳引故事論列，宰相李逢吉右璠，下遷絳太子少師，分司東都。

文宗立，召爲太常卿，以檢校司空爲山南西道節度使，累封趙郡公。四年，南蠻寇蜀道，詔絳募兵千人往赴，不半道，蠻已去，兵還。監軍使楊叔元者，素疾絳，遣人迎說軍曰：「將收募直而還爲民。」士皆怒，乃譟而入，劫庫兵。絳方宴，不設備，遂握節登陴。或言縋城可以免，絳不從。牙將王景延力戰歿，絳遂遇害，年六十七。幕府趙存約、薛齊皆死。事聞，諫官崔戎等列絳冤，册贈司徒，謚曰貞，賻禮甚厚。景延亦贈官，祿一子。大中初，詔史官差第元和將相，圖形凌煙閣，絳在焉，獨留中。

絳所論事萬餘言，其甥夏侯孜以授蔣偕，次爲七篇。

子璋，字重禮。大中初擢進士第，辟盧鈞太原幕府。遷監察御史，奏太廟祫享復用宰相攝事。進起居郞。舊制，設次郊丘，太僕盤車載樂，召羣臣臨觀，璋奏罷之。咸通中，累官尙書右丞、湖南宣歙觀察使。

宋申錫字慶臣，史失其何所人。少而孤，擢進士第，累辟節度府，後頻遷起居舍人，以禮部員外郞爲翰林學士。敬宗時，拜侍講學士。長慶、寶曆間，風俗囂薄，驅煽朋黨，申錫素孤直少與，及進用，議者謂可以激浮競。

文宗卽位，再轉中書舍人，復爲翰林學士。帝惡宦官權寵震主，再致宮禁之變，而王守澄典禁兵，偃蹇放肆，欲剗除本根，思可與決大議者。察申錫忠厚，因召對，俾與朝臣謀去守澄等，且倚以執政，申錫頓首謝。未幾拜尙書右丞，踰月進同中書門下平章事。乃除王璠京兆尹，密諭帝旨。璠漏言，而守澄黨鄭注得其謀。大和五年，遣軍候豆盧著誣告申錫與漳王謀反，守澄持奏浴堂，將遣騎二百屠申錫家，宦官馬存亮爭曰：「謀反者獨申錫耳，當召南司會議，不然，京師跂足亂矣。」守澄不能對。時二月晦，羣司皆休，中人馳召宰相，馬奔乏死於道，易所乘以復命。申錫與牛僧孺、路隋、李宗閔至中書，中人唱曰：「所召無宋申錫。」申錫始知得罪，望延英門，以笏叩額還第。僧孺等見上出著告牒，皆駭愕不知所對。守澄捕申錫親吏張全眞、家人買子緣信及十六宅典史，脅成其罪。帝乃罷申錫爲太子右庶子，召三省官、御史中丞、大理卿、京兆尹會中書集賢院雜驗申錫反狀。京師譁言相驚，久乃定。

翌日，延英召宰相羣官悉入，初議抵申錫死，僕射竇易直率然對曰：「人臣無將，將而必誅。」聞者不然。於是左散騎常侍崔玄亮、給事中李固言、諫議大夫王質、補闕盧鈞、舒元褒、羅泰、蔣係、裴休、竇宗直、韋溫，拾遺李羣、韋端符、丁居晦、袁都等伏殿陛，請以獄付外。帝震怒，叱曰：「吾與公卿議矣，卿屬弟出！」玄亮、固言執據愈切，涕泣懇到，繇是議貸申錫於嶺表，京兆尹崔琯、大理卿王正雅苦請出著與申錫劾正情狀，帝悟，乃貶申錫開州司馬，從而流死者數十百人，天下以爲冤。擢豆盧著兼殿中侍御史。

初，申錫既歸，易素服俟命外舍，其妻責謂曰：「公何負天子，乃反乎？」申錫曰：「吾起孤生，位宰相，蒙國厚恩，不能鉏姦亂，反爲所陷，我豈反者乎？」初，申錫以淸節進，疾要位者納賕餉，敗風俗，故自爲近臣，凡四方賄謝一不受。既被罪，有司驗劾，悉得所還問遺書，朝野爲咨閔。然在宰府無它謀略。七年，感憤卒，有詔歸葬。

開成元年，李石因延英召對，從容言曰：「陛下之政，皆承天心，惟申錫之枉，久未原雪。」帝慚曰：「我當時亦悟其失，而詐忠者迫我以社稷計故耳。使逢漢昭、宣時，當不坐此。」因追復右丞、同中書門下平章事，贈兵部尙書，錄其子愼微爲城固尉。會昌二年，賜謚曰貞。

贊曰：鎰、元衡暴忠王室，絳亙德大臣，皆爲賊姦所乘，不殄元身，蓋福善禍淫之訓有時而橈。雖然，賢者於忠誼，寧以一不幸，遽使慊然於其心哉！要歿可殞，而名與佖、崧等矣。公輔隙開，而猶納說焉。申錫謀小任大，顚沛從之，惜乎！